WOGUO KONGJIAN JIANSHE YONGDI
SHIYONGQUAN ZHIDU YANJIU

我国空间建设用地使用权制度研究

以地下空间开发为主要研究对象

史浩明 张 鹏◎著

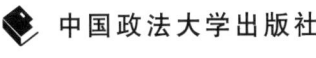
中国政法大学出版社

2022·北京

图书在版编目（ＣＩＰ）数据

我国空间建设用地使用权制度研究/史浩明, 张鹏著. —北京:中国政法大学出版社,2022.11
ISBN 978-7-5764-0709-9

Ⅰ.①我… Ⅱ.①史… ②张… Ⅲ.①城市建设−土地利用−土地使用权−土地制度−研究−中国 Ⅳ.①D922.344

中国版本图书馆 CIP 数据核字 (2022) 第 204698 号

出 版 者	中国政法大学出版社
地　　址	北京市海淀区西土城路 25 号
邮寄地址	北京 100088 信箱 8034 分箱　邮编 100088
网　　址	http://www.cuplpress.com（网络实名：中国政法大学出版社）
电　　话	010-58908586(编辑部) 58908334(邮购部)
编辑邮箱	zhengfadch@126.com
承　　印	固安华明印业有限公司
开　　本	720mm×960mm　1/16
印　　张	15.75
字　　数	260 千字
版　　次	2022 年 11 月第 1 版
印　　次	2022 年 11 月第 1 次印刷
定　　价	69.00 元

目录 CONTENTS

绪 论

一、研究背景

城市化进程中对土地的需求主要通过外部扩张与内部潜挖两种途径解决，当城市发展到一定规模后，外延式发展受到用地成本与宏观调控等因素的制约，开发用地不足成为普遍而严峻的问题，走内涵式可持续发展道路就成了必然选择。[1]18世纪中叶以后，随着城市化进程带来的土地稀缺，以及现代建筑技术的日益发达，人类对于土地的利用不再局限于以地表为中心，而是广泛地涉及地表上下空间。人类土地空间开发历程，就此开始。在一定的土地资源稀缺区域，借助于现代建筑技术，甚至于出现了离开地表而独立使用地表以上空间，或地表以下空间的情形。一般认为，以1863年伦敦建设的人类历史上第一条地下铁路为标志，表明人类具有了脱离地表，独立开发土地空间的能力。150多年来，人类对于土地空间的利用已经形成了完备的建筑体系。利用地上空间的方式有：设置高架道路（含铁路与公路）、空中缆车、空中走廊、高压线路；利用地下空间的方式有：建设地下铁路、道路、地下商店、地下停车场、地下油库以及地下电缆、地下水（气）管道等等。在发达国家，对于土地空间（特别是地下空间）的开发已经取得了令人瞩目的成果。截至2020年年底，全球共有57个国家和地区的178座城市开通了地铁，总里程达17 584.77公里。[2]在日本，截至2019年，日本地下铁路网密度达0.2%

---

[1] 参见付坚强：《土地空间权制度研究》，东南大学出版社2014年版，第58~59页；陈祥健：《空间地上权研究》，法律出版社2009年版，第37页。

[2] 参见韩宝明等："2020年世界城市轨道交通运营统计与分析综述"，载《都市快轨交通》2021年第1期，第6页。

（同期我国仅 0.05%），目前共登记地下街 80 处，总面积达 120 万平方米，面积最大的一体化地下空间位于东京站及其周边地区，连接面积达 26.3 万平方米，地下步行距离长达 18 公里。[1]目前，日本已在东京、大阪、名古屋、横滨、福冈等近 80 个城市修建了总长度达 2057 公里的地下共同沟，为日本城市现代化、科学化建设发挥了重要作用。[2]加拿大的蒙特利尔已经建立起当今世界最大的地下城市——在 400 万平方米的土地上建造了 1600 家商店、200 家饭店、34 家影剧院、2 座会展大厅、1600 套住宅等，每天大约有 500 万行人通过 150 个通道进出这个地下城。美国纽约市地铁在世界上运营线路最长（443 公里），车站数量最多（504 个），每天接待 510 万人次，每年接近 20 亿人次；休斯敦市地下步行道系统也有相当大的规模，全长 4.5 公里，连接了350 座大型建筑物。瑞典的斯德哥尔摩在 20 世纪初就有了地下音乐厅，其排水系统的污水处理厂全在地下，仅斯德哥尔摩市就有大型排水隧道 200 公里，拥有大型污水处理厂 6 座，处理率为 100%。[3]在新加坡，2014 年建成的裕廊岛地下储油库，耗资 9.5 亿新元，位于海床以下距离地表 150 米处，是新加坡迄今最深的地下公共设施工程。[4]

在我国，土地空间开发最早以地下人防工程建设为表现形式。20 世纪 50 年代，伴随着我国开展人防工程设施建设号召的发布，在此后 20 多年的历史中，全国各地开展了轰轰烈烈的地下人防工程建设。但是，这些人防工程设施主要是基于备战防空需要，社会经济价值较小。改革开放以后，随着我国经济实力的增强、建筑水平的提高、城市化进程的加快，城市区域内纵深开发土地上下空间的进程明显提速。空中走廊、城市立交桥、地下铁路、地下商场、地下管廊等地上地下空间建（构）筑物日益普及。截至 2016 年底，全国平战结合开发利用的人防工程面积超过 1 亿多平方米，年产值 300 多亿元，总利润 120 多亿元，提供就业岗位约 700 万个，共向社会提供停车位 620

〔1〕 参见廖钰琪、许熙巍、汤岳："日本城市历史地区地下空间的适应性利用与借鉴"，载《国际城市规划》2021 年第 5 期，第 3 页。

〔2〕 参见雷升祥等："城市地下空间开发利用现状及未来发展理念"，载《地下空间与工程学报》2019 年第 4 期，第 969~970 页。

〔3〕 绍兴市人民防空办公室（民防局）："国外地下空间开发利用的现状"，载 http://rfb. sx. gov. cn/art/2019/4/29/art_ 1484638_ 33912286. html，最后访问日期：2021 年 10 月 2 日。

〔4〕 参见雷升祥等："城市地下空间开发利用现状及未来发展理念"，载《地下空间与工程学报》2019 年第 4 期，第 969~970 页。

万个。[1]截至 2019 年 6 月，全国已有 21 个城市制定了地下空间总体规划，
52 个城市制定了地下空间管理法规，21 个城市已建成大规模地下空间。[2]截
至 2019 年底，我国城市地下空间呈现"三带三心多片"的总体发展形态。
2016 年至 2019 年间，全国累计新增地下空间面积 10.7 亿平方米，以 2019 年
末大陆地区城镇常住人口 84 843 万人计算，新增地下空间人均建筑面积为
1.26 平方米。2019 年全国地下空间新增建筑面积约 2.57 亿平方米，同比增
长 2.47%，新增地下空间建筑面积（含轨道交通）占同期城市建筑竣工面积
的比例约为 19%，而在作为东部发展中心的长三角城市群，该比值达到 26%，
成为名副其实的主导中国地下空间发展增长极。[3]截至 2020 年底，我国地铁
运营里程达 7108.49 公里，排名世界第一，超过 1 万平方米的地下综合体达
200 个以上。其中，上海虹桥地下商业服务区地下空间开发面积达 260 万平方
米，是目前中国最大的地下商业综合体。截至 2019 年底，全国 31 个省级行
政区划公布了城市地下综合管廊建设规划，合计拟建设城市地下综合管廊
12 000 公里以上，已建与在建达到约 8640 公里。[4]十多年来，上海市每年建
设新增地下空间开发面积 500 万平方米，[5]至 2018 年，仅上海城市普通地下
室数量便达 14 246 个，规划建筑面积约为 335.68 万平方米，已用建筑面积约
为 312.37 万平方米。而 2020 年仅上海市普陀区城市普通地下室数量便达
1975 个。[6]在北京市，截至 2016 年底，已经开发建设地下空间面积近 7000
万平方米，而根据《北京市地下空间规划（2004-2020 年）》，到 2020 年，
北京市地下空间开发利用面积将达到 9000 公顷。在深圳市，拟建设前海综合

〔1〕 参见雷升详等："城市地下空间开发利用现状及未来发展理念"，载《地下空间与工程学
报》2019 年第 4 期，第 973 页。
〔2〕 参见"2019 中国城市地下空间发展蓝皮书（公共版）"，载 http://www.csrme.com/Home/
Content/show/id/979.do，最后访问日期：2021 年 10 月 4 日。
〔3〕 参见"2020 中国城市地下空间发展蓝皮书（公共版）"，载 http://www.planning.org.cn/
news/view?id=11172，最后访问日期：2021 年 10 月 2 日。
〔4〕 参见"2020 中国城市地下空间发展蓝皮书（公共版）"，载 http://www.planning.org.cn/
news/view?id=11172，最后访问日期：2021 年 10 月 3 日。
〔5〕 参见赫磊、戴慎志、王岱霞："上海城市地下空间规模需求预测的实证研究"，载《城市规
划》2018 年第 3 期，第 30 页。
〔6〕 上海市住房和城乡建设管理委员会："2018 城市普通地下室信息公开"；普陀区民防办公室：
"普陀区公共数据开放数据表格""普通地下室 202108 更新"，载 https://data.sh.gov.cn/view/data-re-
source/index.html，最后访问日期：2021 年 10 月 3 日。

地下空间交通枢纽，开发利用规模约为 600 万平方米，面积相当于 850 个标准足球场，实现立体公共交通与高端城市综合体无缝连接，将地面空间释放并还给城市。[1]在苏州市，截至 2019 年，初步估算苏州市地下空间已开发总量约为 4260 万平方米，人均 6.1 平方米，主要功能包括商业设施、轨道交通、地下停车、隧道、市政设施等，其中地下停车比例最高，约 65%。[2]由此可见，地下空间开发利用已经成为当前以及今后相当一段时间内我国土地开发利用的一个重要发展方向。

伴随着地上地下空间开发建设的发展，为了确定其相关的法律权属，以特定空间为客体的空间权制度亦日益成为各国立法、修法的重点领域。在美国，先是以判例形式承认了以特定范围空间为客体的空间权，而后各州又以成文法形式系统确认、规范了以特定范围空间为客体的权利设立、权利内容、权利行使等诸多内容。早期判例如 1857 年艾奥瓦州判决（Rodes v. Mccormick，4 Lowa，386）、1898 年伊利诺伊州判决（Westside Elevated Raiway Company. v. Springer，171，I11. 170）。在成文法方面，1927 年伊利诺伊州制定的《关于铁道上空的转让与租赁的空间权立法》是美国历史上关于空间权问题的第一部成文法。此后，还有 1973 年《俄克拉荷马州空间法》(Oklahoma Air Space Act)，1985 年《明尼苏达州地下空间开发条例》。大陆法系中，德国主要是通过直接适用《德国民法典》中的地上权制度，以次地上权形式承认以特定空间为客体的空间权制度，而并没有进行单独立法。在日本，为了引入空间权制度，于 1966 年修改《日本民法典》，于"地上权"一章增加一个条款，即第 269 条之二。[3]据此，日本以"区分地上权"制度构建了空间权体系。同时，日本还修改了《日本不动产登记法》，就有关区分地上权登记制度予以规范。

我国立法中有关空间权制度构建，最早可以追溯至 1995 年原国家土地管理局颁布的《确定土地所有权和使用权的若干规定》。其第 54 条就"地面与

---

〔1〕 "前海地下空间曝光：深 32 米共 6 层，将建前海综合交通枢纽"，载 https://baijiahao. baidu. com/s？id=1667263574531497992&wfr=spider&for=pc，最后访问日期：2021 年 3 月 5 日。

〔2〕 苏州市自然资源和规划局："对市政协十四届三次会议第 023 号提案的答复"，载 http:// zrzy. jiangsu. gov. cn/gtapp/nrglIndex. action？type = 2&messageID = ff8080816f79d3fa016fcb74360d18eb，最后访问日期：2021 年 10 月 4 日。

〔3〕 参见《日本民法典：2017 年大修改》，刘士国、牟宪魁、杨瑞贺译，中国法制出版社 2018 年版，第 51 页。

空中、地面与地下立体交叉使用土地的"土地权属确认问题，给出了规范方针。原建设部于 1997 年公布的《城市地下空间开发利用管理规定》对地下空间开发建设过程中各个环节进行了规范，可以说是我国有关地下空间开发建设的基础性规范文件。许多地方也颁布了有关地下空间开发建设的地方性规范，如《深圳市地下空间开发利用管理办法》《天津市地下空间规划管理条例》《苏州市地下（地上）空间建设用地使用权利用和登记暂行办法》等等。原国土资源部也于 2000 年发布《关于地下建筑物土地确权登记发证有关问题的复函》（国土资厅函［2000］171 号，2010 年被废止）。在上述立法实践基础上，我国 2007 年《中华人民共和国物权法》正式以第 136 条、第 138 条引入了"建设用地使用权分层设立制度"，并以此作为构建我国空间权制度体系的基础性规范。应当说，随着建设用地使用权分层设立制度的确立，伴之以各类地方性规范和部门规范，我国已经初步建立了包括空间权属确认、设立、规划、建设、测绘、管理等在内的一整套制度体系。根据各级政府公开文件整理，截至 2019 年底，我国共颁布各类城市地下空间法律法规、规章、规范性文件 463 件。[1]2021 年 1 月 1 日实施的《中华人民共和国民法典》[2]第 345 条、第 348 条沿袭了原《物权法》对我国空间权体系规范设计的相关规定，以《民法典》第 345 条（原《物权法》第 136 条）建设用地使用权分层设立思路构建"空间建设用地使用权制度"，这是我国土地空间开发法制体系的基础性制度。

2007 年《物权法》虽然以建设用地使用权分层设立思路构建了有中国特色的"空间建设用地使用权制度"，但十多年来的实践表明，其实施效果却不尽如人意：

（1）建设用地使用权分层设立制度虽然系为了构建我国空间建设用地使用权制度而设置，但其制度设计是内嵌于建设用地使用权制度中的，其制度内容和传统的地表建设用地使用权之间，多有叠加和交融。也正是因为该制度内涵的不清晰，不论在学理上，还是在实务中，对于该制度内涵多有歧义。有的学者甚至认为，我国的建设用地使用权分层设立制度等同于日本立法中

---

［1］ 参见"2020 中国城市地下空间发展蓝皮书（公共版）"，载 http：//www. planning. org. cn/news/view？id＝11172，最后访问日期：2021 年 10 月 3 日。

［2］ 为全书论述方便，下文中所涉及的中国法典，全部省略"中华人民共和国"字样，全书统一，下不赘述。

的"区分地上权"制度。在实务中，一些地方有关地下空间建设用地使用权的规范文件也未能真正落实建设用地使用权分层设立制度，从而将某些不应被纳入地下空间建设用地使用权制度的问题，也纳入了调整范围。

（2）建设用地使用权分层设立制度并未能够真正落地实施。建设用地使用权分层设立制度实施的关键在于，一定要明确地表（地上空间、地下空间）建设用地使用权的竖向空间界限。《物权法》颁布以后，相关部门也对此提出了要求。但十多年来，该竖向空间界限如何划定，一直未能解决，相关建设用地使用权出让实践中，也都是做空白处理。[1]这一状况直接导致了建设用地使用权分层设立制度在实践中未能完全落实。而究其原因，既是由于当初制度设计不周延，也是因为未能考虑现实运作环境。

（3）空间建设用地使用权制度的诸多配套措施尚不完善。建设用地使用权分层设立，其目的在于构建我国的空间建设用地使用权制度。空间建设用地使用权和传统的地表建设用地使用权有诸多类似之处，但在设立主体、出让金、权利年限、设立程序、确权登记等方面具有自身特殊性。原《物权法》通过第136条、第138条引入了建设用地使用权分层设立制度，但对于空间建设用地使用权的诸多具体问题，均未涉及，《民法典》在此方面亦未能予以完善。正因如此，才导致空间建设用地使用权在实际运行中存在诸多障碍。

（4）需要设立空间建设用地使用权的建筑物类型不明确。现实中，利用地上地下空间的建筑物、构筑物类型繁多，哪些建筑物、构筑物类型需要通过设置空间建设用地使用权方式予以解决，哪些可以通过其他他物权方式予以解决，目前理论和实务中也存在很多争议。如长输地下油气管道，其所占用的地下空间，是否需要设立地下空间建设用地使用权，如不设立，则需要设立何种他物权？这些问题均需要进一步研究明确。

也正是因为以"建设用地使用权分层设立思路"构建我国空间建设用地使用权制度所存在的种种问题，在2021年《民法典》"物权编"制定过程中，有学者建议改变上述思路，转而以日本的"普通地上权-区分地上权"模式重

---

〔1〕　参见王廷等："建设用地使用权分层设立研究"，载《资源开发与市场》2009年第8期，第697页；张鹏、史浩明："论中国空间建设用地使用权的设立"，载《中国土地科学》2012年第1期，第51页；薄燕娜、刘植："建设用地分层使用的空间权利探讨"，载《福建论坛（人文社会科学版）》2012年第3期，第169页。

构我国空间使用权制度。[1]还有学者主张空间权利立法应坚持民法与特别法相结合的立法模式,即在《民法典》"物权编"中规定空间权的权利体系,并通过指引性条款将规划管理、用地管理、建设管理、产权登记等内容与相应特别法有效衔接。[2]由此可见,对于《民法典》"物权编"沿袭"建设用地使用权分层设立制度"的做法,学界仍有很多学者持不同观点。但令人遗憾的是,《民法典》基本是照抄了《物权法》的相关条文,几乎无增删。相应地,对于前列问题亦未作回应、解决。

二、研究目的、研究对象、研究内容

本书的研究目的是:在充分评估 2007 年《物权法》以建设用地使用权分层设立思路构建我国空间建设用地使用权制度实际效果的基础上,结合《民法典》对《物权法》相关规定的沿袭,就我国建设用途性质的空间使用权制度的设置路径予以分析与判断。在此基础上,以构建符合我国国情的、系统完整、能够有效运行的空间建设用地使用权制度为目标,通过对地上地下空间开发相较于地表开发特点的分析,就空间建设用地使用权制度的主体、客体、适用范围、权利设置、权利内容、权利冲突、权利登记等一系列问题展开研究。

本书的研究对象为:以城市地上地下特定空间(主要是地下空间)为客体,出于建设用途目的的空间建设用地使用权制度。除了研究空间建设用地使用权制度本身及相关内容外,对与土地空间开发相关的其他法律制度(如登记法律制度、勘测法律制度、规划法律制度等)也一并进行研究。对此,有几点需要说明如下:

(1)本书以建设用途的空间使用权(空间建设用地使用权)为研究对象。理论上,以特定范围空间为客体可以成立空间所有权、空间永佃权、空间地役权等多种权利类型。但是,在我国,不论是学理上,还是立法上,均只承认他物权性质的,以建设开发为目的的,以特定范围空间为客体设立的

---

[1] 参见房绍坤:"民法典物权编用益物权的立法建议",载《清华法学》2018 年第 2 期,第 70 页;陈华彬:"我国民法典物权编立法研究",载《政法论坛》2017 年第 5 期,第 37 页。

[2] 参见于明明、李磊:"民法典物权编编纂背景下的空间权利法律制度重构",载《广西社会科学》2019 年第 10 期,第 105 页;王者洁:"空间地上权:一项新型用益物权的生成",载《东北师大学报(哲学社会科学版)》2018 年第 6 期,第 83 页。

"空间建设用地使用权"。鉴于我国的现实情况，本书研究仅仅局限于空间建设用地使用权制度，对于理论上存设的其他空间权类型不予研究。

（2）本书以国有土地（城市）上下空间所设立的空间建设用地使用权为研究对象。从理论上讲，亦存在利用集体土地上下特定范围空间设立集体土地上空间建设用地使用权的可能性。但是，一方面，作为我国现行空间建设用地使用权制度存设基础的"建设用地使用权分层设立制度"被规定于《民法典》"物权编"第十二章"建设用地使用权"，而该章所称的"建设用地使用权"，依第345条规定，仅仅指在"国家所有的土地"设立的建设用地使用权。据此，依据我国现行法律，尚不承认在集体土地上设置空间建设用地使用权。因此，研究相关集体土地上的空间建设用地使用权，似乎没有法律前提。另一方面，空间建设用地使用权制度的存设是与土地稀缺程度直接关联的。一般而言，城市土地资源较为稀缺，而农村土地资源则较为充分。我国《宪法》《民法典》明确规定，城市土地属于国家所有，换言之，集体土地只能是农村土地。因此，在土地资源较为充沛的农村（集体）土地上，脱离地表单独设置土地上下空间建设用地使用权的实践需求不大。基于以上理解，本书将主要以国有土地（城市）上下空间所设立的空间建设用地使用权为研究对象，而集体土地上下空间设置空间建设用地使用权问题，将不在本书研究的范围之内。（实际上，如果现实中有在集体土地上下空间设置空间建设用地使用权的需求，相关法律也通过修改予以确认，现有国有土地上空间建设用地使用权制度相关规则直接移植至集体土地即可。）

（3）本书以地下空间建设用地使用权为主要研究对象。现代社会中，脱离地表单独开发地上空间、地下空间，均成为可能，现实实例亦屡见不鲜。但在实际建造中，利用地上空间均需要地面支撑，故地上空间建筑物、构筑物多和地面支撑物结为一个整体，而此时，其和传统的地表建设用地使用权属于同类。借助于其他支撑物，而不直接利用垂直地表支撑的地上空间建筑物，虽然也有，但数量相对较少。然就地下空间而言，由于其不存在"需要地表支撑"的技术问题，故脱离地表独立开发地下空间的现实实例，相对较多。也正因为此，我国相关部门、地方出台的空间开发规范性文件，亦多以"地下空间开发"为调整对象。基于现实需要考虑，本书虽然以"空间建设用地使用权制度"为主题，但所研究的内容主要以"地下空间"为对象。

（4）本书除了研究空间建设用地使用权制度本身相关内容外，还研究了与土地空间开发相关的其他法律制度。土地空间开发牵涉到一系列的法律制度，空间建设用地使用权制度只是解决了其民事上的土地权属问题，除此之外，配套的规划法律制度、勘测法律制度、建设管理制度、工程质量标准制度、建设信息档案系统制度等，也直接关系空间开发的成功与否。而且，由于法律制度具有体系性特点，空间建设用地使用权制度的科学设置和有效实施，有赖于其他法律制度的完善和配合。反之，其他法律制度的合理构建与充分运行也将促进空间建设用地使用权制度的顺利落地。基于以上考虑，本书除研究空间建设用地使用权制度本身外，对于我国地下空间开发法制体系也进行了较为完整的研究。

结合研究背景、研究目的、研究对象，本书主要分为七章，各章主要内容介绍如下：

第一章我国地下空间开发与土地空间权利类型选择。首先，本章主要对"空间""空间开发""空间权利"等本书所涉的基本要素予以事先界定，以此为后续研究提供范围界限。具体而言，这一章主要是对法律意义上的"空间"进行界定，同时对我国地下空间开发所具有的现实特点进行分析，归纳出我国地下空间开发所应当贯彻的指导思想。其次，对我国现行法律所承认的空间权类型进行法律定位，从而得出，我国目前仅承认建设用途的空间使用权（即空间建设用地使用权）这一结论。

第二章《民法典》空间建设用地使用权制度立法溯源。本章主要对建设用途的空间使用权（空间建设用地使用权）的立法模式予以梳理，并准确表述原《物权法》建设用地使用权分层设立制度的内涵。具体而言，这一章介绍了各国的建设用途空间使用权立法模式，以及我国《物权法》立法过程中学者有关建设用途空间使用权立法模式的建议，并在此基础上，还原立法真实意图，介绍《物权法》引入建设用地使用权分层设立的制度背景和思路设计。

第三章建设用地使用权分层设立制度的实施状况与完善路径。本章主要聚焦原《物权法》建设用地使用权分层设立思路十多年来的实施效果、难点所在，并结合当前民法典时代，对于建设用地使用权分层设立的完善路径，予以系统化分析。具体而言，这一章首先明确了结建工程与空间建设用地使用权制度之间的关系，在此基础上，考察了原《物权法》建设用地使用权分层设立制度的实施状况，并分析了其未能有效实施的原因。其次，针对有学者主张否定建设用地使用权分层设立制度的建议，本章进行了权衡考量，对《民法典》继续坚持该制度的做法表示肯定。同时，对于如何贯彻实施建设用地使用权分层设立制度，借助于土地管理实践中的用地复核验收制度，给出了自己的制度方案。

第四章空间建设用地使用权内部设立体制现状考察与完善路径。本章主要聚焦实践中争议巨大的空间建设用地使用权内部能否区分设立问题。基于地下空间开发的特点，不同地下层数，其开发价值、开发成本、利用用途悬殊，此是和传统的地表建设用地使用权的一个显著区别，是空间建设用地使用权，特别是地下空间建设用地使用权的一个特有问题，故值得展开专题研究。具体而言，这一章在考察了当前我国空间建设用地使用权内部区分设立现状并进行了原因梳理和弊端分析的基础上，借助于共有物分管契约理论，提出了自己的空间建设用地使用权内部整体设立的路径方案。

第五章我国空间建设用地使用权制度运行中的几个专有问题。基于空间建设用地使用权制度和传统的地表建设用地使用权制度之间的类似性，加之我国采用的建设用地使用权分层设立思路，空间建设用地使用权在设立主体、权利内容、设立方式等方面，和传统的地表建设用地使用权具有高度的可借鉴性。因此，在相关制度设计方面，可以广泛移植后者的制度内容。但是，空间建设用地使用权还具有一定的自身特殊性，需要对个别问题展开专题研究。基于以上认识，本章没有一般性地、全面地研究我国地下空间建设用地使用权制度的各项内容，而是只针对其特有的一些问题展开研究。具体而言，这一章主要研究了空间建设用地使用权制度运行中的一些特殊问题，如既存的建设用地使用权人能否作为空间建设用地使用权的设立主体问题；如何确定科学合理的地下空间土地出让金问题；如何设置符合地下空间开发实践需要的地下空间使用年限问题；如何设置地上地下空间建（构）筑物利用地表土地权源问题；如何构建我国"相邻空间利用关系约定制度"；如何确认我国结建防空地下室权属等问题。

第六章地下油气管道占地权源：国有建设用地使用权、地下空间建设用地使用权，抑或地役权？长输油气管道通常也是占用地下空间进行建设，其相应的土地权属如何设置，立法上尚是空白，理论上亦存在争议。有的学者主张以（国有）建设用地使用权制度予以设置，有的学者主张成立空间建设用地使用权。考虑到地下油气管道的日益普及和发达，明确其相应土地权属设置，不仅仅有利于维护油气管道公司的合法权益，也有利于明确（地下）空间建设用地使用权制度的适用对象。具体而言，这一章在介绍地下油气管道利用土地现状的基础上，分析了（国有）建设用地使用权、地下空间建设用地使用权两种权利配置思路利弊，并提出了以"地役权"制度予以设置的建议。

第七章我国地下空间开发法制体系研究。地下空间开发法制是一个完整的系统，空间建设用地使用权制度只是其中的民事权属制度，而其他法律制度完善与否，有效实施与否，将直接关系到空间建设用地使用权制度的科学设置和有效运行。因此，作为对（地下）空间建设用地使用权制度研究的拓展，对我国地下空间开发法制体系展开研究，亦具有相当必要性。具体而言，这一章主要研究我国地下空间开发法制体系现状、存在的主要问题以及将来予以完善的路径选择。在此基础上，本章全面介绍了地下空间开发法制体系的主要方面和内容，并重点研究了我国地下空间开发规划法制建设和我国地下空间开发勘测、调查法制建设两个问题。

三、研究价值和进一步展望

结合我国空间建设用地使用权制度的立法现状以及实践需求，本书通过上述多个方面的研究，对于我国构建相关制度和解决现实问题，具有如下价值：

（1）理论上，为构建完整的、符合中国国情的空间建设用地使用权制度提供学理支撑。有关建设用途的空间使用权制度如何规范，自 20 世纪 80 年代起，我国出台了诸多规范文件，理论上也日益重视，原《物权法》《民法典》"物权编"也以民事基本法身份对此予以规范，但整体上，相关制度体系尚不完整。本书立足于空间建设用地使用权制度的完整构建，从模式选择、立法思路、现实困境、解决方案到制度构成、权利设置、配套措施等多层面、多角度进行了研究。整体上，本书对于我国空间建设用地使用权制度所涉各项问题均有涉及与论述，为构建我国完整的空间建设用地使用权制度提供了较为全面的参考。

（2）实践中，对未准确理解、贯彻建设用地使用权分层设立制度的做法予以评析，并提出纠正意见。由于 2007 年《物权法》提出的建设用地使用权分层设立制度较为新颖、规范较为简单，故实践中各地的理解、实施很不一致，有些做法其实是背离《物权法》立法初衷的。本书较为系统地收集、整理并分析了各地规范性文件中贯彻实施建设用地使用权分层设立制度的实践做法，对于某些背离《物权法》思路的方式进行了评析，并提出了修订路径。相关研究成果对于有效贯彻《民法典》建设用地使用权分层设立制度、统一各地实践做法具有积极价值。

（3）为我国《民法典》"物权编"落实建设用途的空间使用权制度提出了较为完整的方案。本书通过梳理各国立法模式、《物权法》立法过程中的各类建议方案，探析《物权法》制定时的背景和思路，在分析目前实践状况的基础上肯定《民法典》坚持建设用地使用权分层设立制度的做法。并以此为基础，对如何落实该制度提出了完备方案。相关研究成果能够直接服务于当前《民法典》"物权编"的实施，并为其提供了完整的方案设计。

限于本人研究水平以及时间、资料、课题性质等多方面原因，本书的研究也存在一些不足，还留待以后进一步加强：

（1）本书在实践素材收集方面，主要集中于各地、各部门出台的相关规范性文件，而对于各地实际建设的地上地下空间建筑物、构筑物情况，介绍不多。实际上，本书作者曾经参与中国土地勘测规划院组织的对北京、上海、重庆、西安等多个城市的地上地下空间开发情况调查。该调查收集了各城市实际开发建设地上地下空间项目的各类精确数据，如地上地下空间建（构）筑物分类情况、权利设置情况、登记情况等。但是，考虑到相关数据成果已经发表（姜栋、孙建宏主编：《我国土地空间权利制度调查与研究》，中国大地出版社2014年版），故未在本书中再次引用。虽然本书系统梳理了相关地方出台的大量的规范性文件，分析并评价其中反映出来的实践状况，但相对还是较为抽象，未能给读者一个更为直观、具象的实践状况展示。

（2）本书主要以地下空间开发，以及相应的地下空间建设用地使用权为研究对象。从严格意义上说，空间开发及其空间建设用地使用权包括地上空间和地下空间两个部分。实践中，由于建筑技术原因，地上空间开发多是连同地表建筑结建进行，脱离地表支撑而单独开发的情形相对较少。相应地，我国目前各部门、各地方出台的规范性文件亦是以地下空间开发为规范对象。基于上述实践状况，本书主要以地下空间开发及其相应空间建设用地使用权为研究内容。然必须看到，实践中，特别是随着建筑技术的发达，单独利用地上空间的情形还是存在的，甚至有越来越多的趋势。因此，对地上空间开发及其相应地上空间建设用地使用权制度的研究仍具有必要性。这一问题是本书研究的不足，还有待在今后的研究过程中予以弥补。

（3）本书围绕空间建设用地使用权制度中的热点、难点展开专题研究，在体系上、全面性上可能存在一定疏漏。空间建设用地使用权本质上还是建设用地使用权的一种，特别是我国采用建设用地使用权分层设立制度，故其制度构建基本上可以借鉴目前已经较为成熟的地表建设用地使用权制度。两个制度，在权利性质、设置方式、权利内容，甚至登记制度、配套措施等方面，具有相当一致性。基于这一原因，本书没有对空间建设用地使用权制度中的各项内容依教科书体例逐一展开研究，而主要是针对其特有的难点、差异性问题进行研究。这一研究思路虽然可以较为深入地探析空间建设用地使用权制度中的核心问题，但可能体系性不足，甚至对于某些重要的问题可能有遗漏。对于这一问题，本书作者将在今后的研究中结合具体问题再展开专题研究。

我国地下空间开发与土地空间权利类型选择

　　传统意义上的土地开发以及权属确认是以"平面土地"为观念基础的。换言之，"土地"是水平四至意义上的一种不动产。但随着土地资源的稀缺和现代建筑技术的发展，脱离地表而独立开发地上地下空间成为可能。相应地，"特定范围空间"亦成为一类独立的物、一类独立的不动产。[1]空间既然作为一类独立的"物"，则必然需要对"空间"的范围予以界定并对其开发利用特点予以研究。此外，还需要对"空间"这一物上权利类型予以规范。

第一节　民事财产权意义上"空间"的限定

　　从直观上看，地上地下空间属于土地的一部分。土地为一个独立物，为一项法律上的独立客体，系无争议的。但是，作为土地一部分的"特定范围的地上地下空间"能否成为法律上一项独立的物以及明确其范围的大小，则是法律上构建独立的以"空间"为客体的"空间权"体系的前提。[2]

一、"空间"能够成为一种独立的"物"

　　从法律上构建"空间权"体系，特别是从物权法角度构建"空间权"体系首先需要解决的问题是："空间"能否成为一个独立的"物"，或者说"空间"能否成为独立的物权客体。传统民法对"物"的认识一般都局限于有体

---

　　〔1〕参见江平主编：《民法学》，中国政法大学出版社 2007 年版，第 261 页。

　　〔2〕参见于明明、李磊："民法典物权编编纂背景下的空间权利法律制度重构"，载《广西社会科学》2019 年第 10 期，第 104 页。

物，即有长宽高、体积、重量，依人的感官能够感受的物质。[1]随着人类对自然开发的多样性，对"物"的认识发生了重大的变化，从注重物的实在性发展到倾向于注重物的法律性。现在通常认为，"物"的实质是能为人所支配并满足人类的需要，这也是物的法律属性，只要满足这一属性的都可被纳入物的范畴。物的范围的扩大折射出了现代民法的观念，即物权客体应更加强调其价值性而非物质性。[2]

人类为满足发展的需要而开发各种空间资源的实践已经说明，空间能够满足法律上"物"的法律属性，能够成为权利的客体、物权的客体。具体而言：

（1）空间可以独立存在。作为权利或者物权客体的前提是，其必须能够独立存在。有人否认空间能够作为法律或物权法上的物，其理由就在于空间是与土地混为一体的，离开了土地不存在独立存在的"空间"，甚至认为，承认空间权将违反"一物一权"原则。现代社会，随着建筑技术的发展，人类不利用地表而独立开发地表上下空间已经成为可能，如空中走廊、地下隧道、地下商场等。如此"空间"从"土地"中分离并独立成为一个可以独立利用、独立存在的物。空间独立于地表而存在，是特殊的不动产，适用不动产的物权规则。[3]土地上下空间与土地表面分离，单独设定用益物权或其他物权，此时的土地和其上下的空间从法律观念上看应该不是一物而是数物了，因此，在地表上下一定范围的空间成立空间权并不与"一物一权"原则相违背。[4]

（2）空间具有特定性。作为权利客体的"物"必须具有特定性，其必须和其他"物"相分离，能够独立度量、独立支配。有人否定空间可以作为权利客体的一个原因是，空间不具有特定性，是附属于土地范围的一部分。随着现代度量技术的发展，通过三维坐标体系，完全可以将一个不依赖于地表的独立地上或地下空间标注出来，即通过长宽高三个层面的定位，可以将一

---

〔1〕　参见梁慧星、陈华彬：《物权法》（第4版），法律出版社2007年版，第23页。

〔2〕　参见谢在全：《民法物权论》（第5版·上册），中国政法大学出版社2011年版，第107页。

〔3〕　参见王刚："我国建设用地分层利用制度之物权法建构"，载《甘肃政法学院学报》2013年第1期，第103页。

〔4〕　参见赵秀梅："土地上下空间使用权问题的思考"，载《法学杂志》2008年第5期，第22页；崔文星："民法典视野下空间物权体系的解释论"，载《江汉论坛》2020年第11期，第112页。

定范围的地上或地下空间分离出来。据此，在现代社会，一定范围的空间完全可以被从传统意义上的"土地"概念中分离出来，具有相当的特定性。

（3）空间具有独立经济价值。空间属于客观存在的自然资源，无疑具有使用价值。空间作为自然物存在时，由于空间具有容纳性，能够被人们发现、占据、利用，但不像其他物质财产那样可以被人们生产或者消耗，它们的范围也不会因此增加或减少。人们可以在其间活动，为满足自己的某种需要而对之进行开发与利用，如现代城市都在地表之下建造地铁、地下商场等。[1]

综上所述，空间已经具有了独立作为权利客体"物"的资格和条件，能够成为物权法上或土地法上一类独立的权利客体。[2]这种观点也已经得到了理论界和立法界的支持。例如，梁慧星教授主持起草的《物权法建议草案》第 10 条规定："能够为人力控制并具有价值的特定空间视为物……"[3]其在《中国物权法草案建议稿附理由》第 198 条中承认空间可以作为物权客体的地位，但必须附加条件，即"可为不动产登记确定的空间"。[4]再如，王利明教授主持起草的《物权法建议草案》第 8 条规定："能够为人力控制并具有价值的特定空间视为物。"[5]2016 年原国土资源部颁布的《不动产登记暂行条例实施细则》第 39 条亦确认"具有独立利用价值的特定空间"为一类不动产，可以予以登记。

二、民事财产意义上的"空间"限于"地表上下一定幅度的空间"

"空间"虽然已经取得了法律上独立的"物"的身份，但是还有一个值得关注的前提性问题，即空间的范围。一般常识告诉我们，土地以地表为中心，延伸至地表上下广泛空间，向上可以无限延伸，直至浩瀚宇宙，向下可以无限推进，历经地壳、地幔，直至地核。那么，是否所有的"土地空间"都是法律意义上的空间权对象？因此，在正式研究空间权、空间建设用地使

---

　〔1〕　参见屈茂辉：《用益物权制度研究》，中国方正出版社 2005 年版，第 402 页。

　〔2〕　参见陈本寒、谢媛："论物权法上空间权的类型与立法模式"，载《财经法学》2018 年第 3 期，第 28 页。

　〔3〕　参见梁慧星主编：《中国民法典草案建议稿附理由——物权编》，法律出版社 2004 年版，第 250 页。

　〔4〕　参见中国物权法研究课题组（梁慧星主持）：《中国物权法草案建议稿：条文、说明、理由与参考立法例》，社会科学文献出版社 2000 年版，第 395 页。

　〔5〕　参见王利明主编：《中国民法典建议稿及说明》，中国法制出版社 2004 年版，第 148 页。

用权之前，有必要对作为权利客体的"空间"，即法律意义上空间范围进行界定。

我们认为，土地所延伸的高层空间和地下深层空间没有必要被归入空间权法制中"空间"的范畴。一方面，就高层空间和地下深层空间而言，土地权利人并不具备对其进行开发的能力，故法律赋予土地权利人对这一部分空间的财产权并没有价值。就人类开发利用能力而言，世界上最高的哈利法塔（迪拜塔）也不过828米，世界上最深的钻井深度不过12千米多。[1]这些高度和深度相对于浩瀚无垠的宇宙外太空和深邃无垠的地球内核而言，根本不值一提。而实际上，对于大多数普通土地权利人而言，限于需求、技术、资金等方面的限制，其对于地表以上空间和以下空间的开发利用程度根本达不到前面所提的高度和深度。民法理论认为，法律上的物必须以能够为权利人带来利益为前提，否则，即不称之为"物"。[2]鉴于地表以上过高空间和以下过深空间已经超出了人类实际开发能力，这些空间范围没有必要被纳入空间权客体范围进行研究。另一方面，我们也要看到，就高层空间和地下深层空间而言，这些空间根本无法成为侵权人侵扰的对象。或者说，其他人的开发利用对于土地权利人而言也根本不会产生不利影响或伤害。就离地表较近的上下空间而言，侵权人完全可能加以侵害，并对土地权利人造成不利影响。如房屋平台侵入邻人地上空间，抑或房屋地基侵入邻人地下空间，抑或地下管道非法占用他人地下空间等。这些现实侵害是完全可能的，也必然会给土地权利人造成利益上的损失。但是，就具有一定高度的高层空间和一定深度的地下空间而言，侵权人恐怕也根本无法进行占用和侵扰。关于侵权人非法使用土地权利人离地表300米高度的空间，或者侵权人非法占用土地权利人离地表500米深度的空间的假想，限于现实需求和科学技术的限制，恐怕根本就不存在。退而言之，即便某些社会主体借助于先进的科学技术手段，对相当高度的高空或者相当深度的地下进行了占用（例如，飞机在万米高空进行飞行，油井在数百米深的地下采油），此时，由于这些活动距离地表过于遥远，且发生的概率较低，故而对土地权利人开发利用地表及其一定限度内的地

---

〔1〕　世界上最深的钻探井是1970年5月苏联在北极圈北250公里的科拉半岛扎波利亚内城西北部附近所钻的SG—3号井。该深井地处北纬69度以北的永冻土带，地层为坚实的结晶岩层，设计井深1.5万米，1987年最终钻探井深超过1.2万米。

〔2〕　参见王利明：《物权法研究》（第4版·上卷），中国人民大学出版社2016年版，第58页。

上地下空间的活动并不会构成过多的侵扰。民法理论认为，无侵害无救济。[1]既然并不存在侵害行为，自然也就不需要给予侵权法律的保护。

参考各国法律、国际惯例，我们也可以发现，国际上通常将民事财产意义上的"土地空间"限缩为"地表上下一定幅度内的人类具有开发价值的地上地下空间"，此范围外的高层空间和地下深层空间并不是民事财产意义上的"空间"。

如在美国，格雷（Gray）教授将土地上空分为"低层空间"和"高层空间"。"低层空间"是指紧邻地面部分的空间范围，在这一部分空间范围内，土地权利人从事农业种植、房屋建设、工业生产均是可能的，也必须利用相关空间，与此同时，其他人未经土地权利人同意而进行占有、使用也存在可能性，故而需要法律予以保护和救济。而对于"高层空间"而言，由于其高度已经超出了土地权利人能够利用的范围，土地权利人根本无法对其实施有效的开发利用，故也就没有成为物权对象的必要了。所以，格雷教授认为，土地权利人享有土地权利的空间范围，限制在"他对于自己的土地按普遍的用途使用和享受所需的必要的高度"。[2]当然，对于这里的"低层空间"和"高层空间"的确切划分标准究竟是什么，肯定存在一定的争议，"不可避免有些不确切"。在美国，虽然普通法也没有给出明确的界限，但大多数法院均认为，就地表以上 200 米空间而言，土地权利人具有开发利用价值，应当属于土地权利人的"土地空间"范畴，而超过此 200 米以上空间，则不应当再属于"土地空间"范围了。[3]

再如，国际隧道协会（ITA）曾经指出，关于土地所有权的空间范围，世界上有三种立法例。第一种认为，土地所有权人所拥有的土地空间深度范围及于地表以下一切空间，可以无限制深入地球的地心；第二种认为，土地所有权人所拥有的土地空间深度范围仅仅及于土地权利人能够开发利用的深度空间，即土地权利人能够从中获得"有效利益"的深度空间才是土地所有权的空间范围；第三种认为，土地所有权人所拥有的土地空间深度范围仅仅限

---

〔1〕 参见杨立新：《侵权损害赔偿》（第 5 版），法律出版社 2010 年版，第 89 页。

〔2〕 参见薄燕娜："空间使用权若干问题探讨"，转引自王利明主编：《物权法专题研究》（上册），吉林人民出版社 2002 年版，第 840~841 页。

〔3〕 参见薄燕娜："空间使用权若干问题探讨"，转引自王利明主编：《物权法专题研究》（上册），吉林人民出版社 2002 年版，第 840~841 页。

于法律规定的地表以下一定深度空间，此深度空间不是无限制的，而是由法律根据国情规定一定的深度。虽然第一种立法例较为符合自罗马法以来的土地所有权范围的观念，但是，学者一般认为，后两种立法例相对而言更多地代表了现代民法发展的方向和趋势。[1]

综上所述，我们认为，民法上"空间权"制度所调整的空间范围并不是无限制的，而一定是"以地表为中心一定限度内的地上及地下空间"，其范围应当以人类开发利用技术所能利用，且具有现实开发利用需求的空间范围为限。反之，超出此范围的地上一定高度的高层空间或一定深度的地下空间，由于缺少开发利用的财产价值，难以成为侵权保护对象，并不是民法上"空间权"制度中"空间"所指称的对象。

第二节　我国地下空间开发利用的特点与指导方针

从理论上说，土地空间开发包括地上空间开发和地下空间开发，但现实中，由于建筑技术限制与实际需求等原因，包括我国在内的世界各国多以地下空间开发为主要领域。地下空间开发和地表开发，由于建设区域的不同，存在诸多差异，相应的指导方针也有其独特之处。毫无疑问，对于地下空间开发利用特点与指导方针展开研究有利于更加精准地设计我国空间建设用地使用权制度。

一、我国地下空间开发利用的特点

地下空间开发建设与地表开发建设具有很多不同之处，这些不同之处对于我们构建地下空间开发法制体系具有重要的指导价值。在此，我们应当首先了解地下空间开发建设中的一些自身特点。

（一）地下空间开发建设具有不可逆性

所谓"地下空间开发不可逆性"是指，鉴于地下空间开发和周围土层、岩石、地下水等地质条件的紧密关联，地下空间一旦开发，即破坏原有地质环境，形成新的地质环境，考虑到地质环境的稳定性，地下空间一般不得进行

---

[1]　参见马栩生："论城市地下空间权及其物权法构建"，载《法商研究》2010年第3期，第85页。

二次开发，具有不可逆性。[1]地下空间是一个连续的、整体化空间，地下空间开发建设意味着必然会改变整个地下空间的物理环境。地下空间建筑设施的主要承重来源于周围的岩土层，除了承重力外，还有剪切力、上浮力等。一般而言，在进行地下空间开发建设的同时必须对周围的地质承重结构进行重构或加固，否则必然会影响地下建筑物、构筑物的稳定性，甚至发生坍塌事故。而一旦地下空间建筑物、构筑物建成，即意味着新的地质环境应力结构形成。一旦形成新的地质环境应力结构，应当保持稳定，不应当再行变动。如果再行变化，如因为地下空间建筑物、构筑物的重新规划、设计而重新建造，必然需要重建地下建筑物、构筑物周围的地质环境。在地下空间地质环境已经改变的情况下再次重建，一方面建造成本巨大，另一方面恐也难以维持地质环境的稳定性、坚固性。所以，和地表建设不同，地下空间开发建设一般均为一次性开发，在建成之后，很难像地表建筑物那样可以再行拆毁重建。理论上一般认为，大深度地下空间资源再次开发的可能性很小，浅层地下空间具有一定的再开发可能。但是，相关改建成本也是巨大的。[2]

我国在 20 世纪六七十年代建设了许多地下防空工程，当时主要是为了应对战争防空需求，而对于其他的社会经济功能考虑较少。随着战争防空需求的消失，许多地下防空工程由于不能适应其他社会经济需求，加之地下空间建设工程的"不可逆性"，这些地下防空工程目前往往处于闲置状态，极难改造重建。如据记者调查，在浙江省台州市，改革开放前开挖了许多防空洞，但由于当初建设时仅仅考虑了战时的防护作用，消防问题、排水问题均未加统筹考虑。而如今，当地政府也希望对这些防空洞进行改造，转向商业开发。基于此，有学者提出了"和平时期可用，灾难时期好用"的构想，设计"城市方舟"——融合人防工程、军事基地与地下商业街模式的改造方案，[3]但由于这些"先天缺陷"，改造资金巨大，难以实施，以至于目前这些防空洞至多只被用于储放香蕉。[4]

〔1〕 参见贾世平、李伍平："城市地下空间资源评估研究综述"，载《地下空间与工程学报》2008年第3期，第398页。

〔2〕 参见王波："城市地下空间开发利用问题的探索与实践"，中国地质大学2013年博士学位论文，第25页。

〔3〕 参见郑程元等："城市方舟——基于军民融合的新型城市地下空间设计构想"，载《隧道建设（中英文）》2021年第4期，第634~641页。

〔4〕 参见"除了纳凉，防空洞还有什么用"，载《台州商报》2010年7月12日。

（二）地下空间开发建设成本高，利用效益相对较低

地下空间建筑物、构筑物的建设成本相对地表建设要高很多，具体表现在：①对原有地下空间的挖掘、清运成本。在地表进行建筑，只需要采用建筑手段直接搭建建筑物、构筑物即可。但在地下空间开发中，必须首先将原有地下空间中的所有物资予以挖掘、清运，方才能够创造出可以开发的空间，而这往往就需要巨大的建造成本。②对周边地质结构的加固、重塑成本。为了维持地下空间建筑物、构筑物周围地质环境的稳定性、坚固性，还必须对周边地质结构进行加固和重塑，在此过程中，势必又要增加相当的建造成本。而如果在地下空间开发过程中遭遇地下水带等情况，还必须对地下水源进行隔离、阻断，这往往也是需要相当建造成本的。

所以，一般而言，地下空间开发建设成本要远远高于地表建设成本。北京、上海、广州等城市建成的地铁，平均造价为每公里 6 亿~8 亿元人民币，是地面同样长度铁路造价的几倍甚至几十倍。[1]就目前我国而言，在江西南昌地区，地下空间开发建设成本达到 5500 元每平方米，而同样地段的地表建筑建设成本一般不超过 3000 元每平方米。截至 2017 年，我国运行的地下污水处理厂有 27 座，虽然占用土地只有传统污水处理厂的 1/3，然地下污水处理厂的造价是传统污水处理厂的 8 倍。[2]2021 年 9 月 9 日公布的湖南省株洲市长江广场地下空间综合开发（一期）工程信息显示，该项目 11 119 平方米的地下建设工程造价达 7815 万元，平均每平方米造价约 7029 元。[3]也正是由于地下空间建造难度大，建造成本高，所以人类目前对于地下空间开发建设的深度要远远小于地表建设开发的高度。例如，地上建筑的空间高度已经超过 500 米，吉隆坡双子星大厦高度达 452 米，台北国际金融中心高度达到509 米，迪拜塔则达到 828 米；而世界各国地下空间开发建设深度目前仍限制在地下 100 米之内（采矿空间不计），地下 20 米~50 米之间即为大深度开发利用。我国跟民用相关的地下空间开发基本上是在 50 米~60 米的深度，如上

---

〔1〕参见胡毅夫、梁凤："城市地下空间开发效益研究综述"，载《水文地质工程地质》2015 年第 4 期，第 128 页。

〔2〕参见程光华等："国内城市地下空间开发利用现状与发展趋势"，载《地学前缘》2019 年第 3 期，第 42 页。

〔3〕"工程造价为 7815 万元的地下空间综合开发工程"，载 https://www.okcis.cn/20210909-p1-1090906.html，最后访问日期：2021 年 10 月 3 日。

海苏州河段深层排水调蓄管道系统工程隧道深度为 55 米~60 米。〔1〕上海张江硬 X 射线自由电子激光装置项目 5 号井 TRD 工法（等厚度水泥土地下连续墙工法）止水帷幕顺利完成，止水墙总长 360 米、厚 900 毫米、深 69 米。〔2〕

与地下空间建筑物、构筑物建造高成本相对应的是地下空间建筑物、构筑物利用效益相对较低。地下空间由于其所处地下的特点，决定了其实际使用效能受到了诸多限制。如由于处于地下空间，阳光无法直射，空间以及人体舒适性大大降低；由于处于封闭环境，空气流通不畅，空气湿度大，且有毒有害气体及异味难以排出；由于处于地下封闭环境、缺少有效参照物，人体方向性和方位感较差，空间定位较难；由于阳光直射和空间流通性的制约，地下空间无法直接种植绿色植物，植物景观观赏性大大降低；由于处于地下空间，区域狭小、周转不便，一旦发生各类灾害事件，既不利于地面及时组织救援，也不利于地下人员及时疏散。〔3〕

（三）地下空间开发具有整体性

相较于地表及其以上空间开发建设，地下空间开发建设更加具有整体性的特点。一方面，地下空间建筑物、构筑物的通风、采光、出入口等需求均难以自我满足，必须借助地面设施才能实现。因此，地下空间建筑物、构筑物在开发建设时对于上述设施的设计、建筑均必须一体考虑，同时设计、同时建造，否则势必会影响将来地下空间建筑物、构筑物的实际使用效能。〔4〕如江苏省吴中太湖新城地下空间长 900 多米，总建筑面积 30 万平方米，地下一层打造水盘天窗，地下二层和三层建设成公共停车空间，最多可容纳约 3000 辆车，不仅能够无缝转换地面公交和轨道交通，还能采用自行车等绿色出行方式，是一套完整、高效的综合交通体系，集地下空间开发、轨道交通、综

---

〔1〕 "地下空间建设策略"，载 https://weibo. com/ttarticle/p/show？id = 2309404578027458920654 #_ loginLayer_ 1633235882969，最后访问日期：2021 年 10 月 3 日。

〔2〕 "69.4 米超深基坑！上海这个项目施工工法打破同类世界纪录"，载 https://baijiahao. baidu. com/s？id =1669820355476309972&wfr =spider&for = pc，最后访问日期：2021 年 10 月 4 日。

〔3〕 根据 2019 年全国各地公布报道的数据整理统计，共发生地下空间灾害事故 243 起，较 2018 年增加 50%，死亡人数共计 174 人，受伤人数共 163 人。其中，中毒事件 13 起，数量不多，但所造成的死亡人数高达 37 人，占地下空间灾害与事故总死亡人数的 21%。参见 "2020 中国城市地下空间发展蓝皮书（公共版）"，载 http://www. planning. org. cn/news/view？id =11172，最后访问日期：2021 年 10 月 3 日。

〔4〕 参见裴亚洲、陈柏桥："经济学视角下的地下空间权的探讨"，载《生产力研究》2011 年第 4 期，第 21 页。

合管廊、周边地块地下连接、海绵城市、智慧城市于一体。[1]也正因此，目前许多地方性法规均明确规定，在设计开发建设地下空间建筑物、构筑物时，必须将通风、采光、出入口等设施的设置予以一体化安排，加强地下空间的连通性，规定地下空间连通义务。[2]如《武汉市地下空间开发利用管理暂行规定》第9条要求，在进行地下空间规划时，地下空间开发规划或建设方案应当对地面出入口、地面通风口、地面排水口、地面土地利用情况等进行统筹安排。另一方面，对地下空间建筑物、构筑物内部结构安排必需予以整体化考虑，统筹安排相关设施的内部功能。一般而言，对于地上建筑物、构筑物而言，根据使用用途需求相应的事后改造内部结构安排，具有可行性。但是，因为地下设施空间狭小，改造困难，对既成的地下建筑物、构筑物再行改建，成本巨大，实践中往往很难操作。如针对出入通道的位置，地上建筑物、构筑物基于特定需要事后改造，完全是可行的，但对于地下建筑物、构筑物而言，由于地下空间的局促和建筑成本等原因，基本上是难以变更的。

实践中，由于对地下空间建筑物、构筑物整体性认识不足，导致建成的地下空间建筑物、构筑物设施安排欠妥当，以致影响最终功效发挥的案例也是屡见不鲜。例如，北京市中关村西区，地下空间规模达50万平方米，其中包括购物中心、地铁、停车场、餐饮、办公楼等诸多设施。但是，由于规划建设时缺少整体考虑，相关设施之间的整体性、连贯性不够，故整个区域的商业气氛、产业效应均未能有效发挥。[3]再如，广州市的"花城汇"号称"全球最大地下空间"项目，项目立项中有超市和餐饮的功能配套。但是，在规划建设时，对于相关产业的物流系统、通风系统、排水系统等均未全面考虑，整体设计。这种设计整体性上的欠缺，直接导致该项目商业开发价值大大降低。[4]再如，南京市新街口地区作为城市中心，开发建设了许多地下空

---

〔1〕 "苏州地下空间开发利用走在全国前列""苏州湾地下空间竣工，预计今年底投运"，载 http://www.suzhou.gov.cn/szsrmzf/szyw/202105/3877b909195c42548e06b4214609c4c2.shtml，最后访问日期：2021年10月3日。

〔2〕 参见陈广华、庞艳杰："城市地下空间连通义务研究"，载《现代城市研究》2019年第4期，第46页。

〔3〕 参见祝文君："拓展城市发展的战略新空间"，载《光明日报》2014年10月7日。

〔4〕 参见"揭秘中标'花城汇'隐情"，载《南方都市报》2011年7月29日。

间建筑物、构筑物。但是，这些地下空间多为孤立开发，没有形成完整的地下空间系统，发挥不出规模效应，空间资源浪费巨大。[1]截至2019年，南京市共174个轨道站点，其中地下站点118个，仅有6个站点与周边地块无缝连通，除新街口站和玄武门站外，其余4个站点有且仅有一处与地块地下空间直接连通。[2]再如，青岛市"海底世界"，相关设施建于地下空间，但是由于未考虑和周边停车设施配套衔接，经常发生交通堵塞的情况，严重影响了该旅游景点的品质。[3]再如，深圳市赛格广场是一栋高245米的商业大厦，是深圳高层标志性建筑，但由于缺少事先的整体地下空间开发规划，相关地下空间预留不够，深圳地铁七号线建设时，无法与其实现无缝对接。由此，该商业大厦失去了连通地铁的机会，直接导致了商业价值的降低。[4]

（四）地下空间设施大多为公益设施

根据利用地下空间建设的建筑物、构筑物的功能，可以将其分为以下几类：①地下公共交通设施，包括隧道、地铁、地下过街道等；②地下市政管线设施，包括给水管道、地下电力设施、地下燃气管道等市政公用基础设施等；③地下市政建筑设施，包括地下变电站、地下水处理中心、地下泵站等；④地下民用设施，包括地下车库、地下住宅、地下停车场等；⑤地下商用设施，包括地下商场、地下仓库、地下娱乐场所等。[5]

从地下空间建筑物、构筑物的实际品质来看，其在公益性市政设施用途方面比在民用、商用用途方面更具优势。基于地下建筑设施在通风、采光、防灾、空间定位等方面的不足，当其被用于民用、商用用途时，使用者的舒适度、经济效益存在很大障碍。但就市政用途（如地下交通、地下管线、地

---

〔1〕 参见张安等："控规体系中城市地下空间开发控制初探"，载《城市规划》2009年第2期，第21页。

〔2〕 参见"2020中国城市地下空间发展蓝皮书（公共版）"，载 http://www.planning.org.cn/news/view? id=11172，最后访问日期：2021年10月3日。

〔3〕 参见蔡庚洋、姚建华："城市地下空间开发利用的若干思考"，载《地下空间与工程学报》2009年第A6期，第1073页。

〔4〕 参见翁锦程："基于存量开发的地下空间控制性详细规划的思考"，载《城市发展研究》2016年第1期，第66页。

〔5〕 参见中华人民共和国住房和城乡建设部：《城市地下空间利用基本术语标准 JGJ/T 355-2014》，中国建筑工业出版社2014年版，第2~11页。

下电站等）而言地下空间建筑物、构筑物具有其独特的优势价值。[1]一方面，诸多市政设施必须位于城市中心地段，而城市中心地段土地资源稀缺，难以为市政设施提供足够的开发空间。将市政设施移转至地下空间，可以很好地就近解决城市市区设立市政设施难题。另一方面，市政设施中，相关人员停留时间短，通风、采光、防灾等需求较低，且可能引起的相关污染必须被限制在最小范围内。这些情况决定了地下空间建筑物、构筑物必然被优先用于公益性市政设施。

就目前的实际情况来说，地下空间建筑物、构筑物绝大多数也是被用于市政设施的公益用途。如根据中国土地勘测规划院的调查，在天津市的地下空间建筑、构筑物中，地下市政管线设施占 33.8%，地下公共交通设施占14.1%，而地下民用设施占 15.5%，地下商用设施占 16.9%。在对天津、上海、重庆等地的调查后发现，整体上而言，地下空间主要还是被用于交通、市政设施等公益用途（天津市占总计 57.8%、上海市占总计 70%、重庆市南岸区占总计 87%、重庆市渝中区占总计 92%），用于民事、商事等经营性开发利用的还是少数（天津市占总计 36.6%、上海市占总计 30%、重庆市南岸区占总计 13%、重庆市渝中区占总计 8%）。[2]

根据《深圳市地下空间资源规划》，地下空间大致可被分为 4 个开发层次，各类用地、各层空间适宜的功能如表 1-1 所示。可以看出，地下空间的功能还是以市政设施功能为主，而民用设施、商用设施相对较少。

表 1-1　深圳市地下空间竖向布局指引

地下空间位置	1 米 ~ 10 米	10 米 ~ 30 米	30 米 ~ 100 米
城市城镇道路下空间	地铁、地下道路、人行地道、地下车库、共同沟、地下街	地铁（隧道）、地下河、地下道路（干道）、地下物流设施、基础设施（导水管、高压煤气管等）	地下骨干设施（高压变电站、地下水处理中心等）

---

〔1〕 参见刘桂禄、杨浪："城市地下空间开发利用特征及限制因素初探"，载《城市规划学刊》2010 年第 S1 期，第 107 页。

〔2〕 参见姜栋、孙建宏主编：《我国土地空间权利制度调查与研究》，中国大地出版社 2014 年版，第 52 页以下。

地下空间位置	1米~10米	10米~30米	30米~100米
城市水域下空间	城市公用的管网、隧道、地铁、道路	城市水域下空间	城市公用的管网、隧道、地铁、道路
城市绿地/广场下部空间	局部区域开发地下休闲、娱乐等配套设施	地下公共停车库、地下场站等	地下骨干设施(高压变电站、地下水处理中心等)
建设用地下部空间	地下街、地下住宅、办公用房、公共建筑、地下车库、地下泵站、变电站、区域性供暖等	地下车库、地下设施(泵站、变电所)	地下骨干设施(高压变电站、地下水处理中心)

从目前我国有关地下空间开发建设的地方性法规、规章中也可以看出，各地对地下空间开发建设的用途，虽然不排除在某些重点区域的商业性开发，但整体上还是以公益性市政设施为主。如《广州市地下空间开发利用管理办法》第10条规定："编制地下空间规划，应当优先安排地下交通、应急防灾、消防、公共安全、人民防空、垃圾处理、电力设施、通信、水务等城市基础设施和公共服务设施，……"

（五）结建式地下空间开发多于单建式地下空间开发，地下空间层叠式利用较少

地下空间开发建设分为结建式地下工程和单建式地下工程。结建式地下工程是指，利用地下空间和地表一体建设的建筑设施。如目前大量存在的商品房的地下车库、地下车位，虽然也是利用地下空间，但其相关建筑部分和地表建筑是连为一体的，属于一个建筑整体。单建式地下工程是指，脱离地表，单独利用地表以下特定空间建设的建（构）筑物。单建式地下工程的地表上无建筑物，即便有建筑物，也是与地下部分建筑物相分离的。

实践中，基于地下空间建筑物、构筑物本身性质的附属性以及独立开发利用时舒适性较差等特点，随同地表建筑物一并开发建设的结建式地下工程较为多见。如随同地表住宅楼、商业大厦开发的地下车库，地上地下一体化开发的地铁综合体，随同地表厂房开发建设的地下仓储设施等。实践中，当然也不乏脱离地表建筑物而独立开发建设的单建式地下工程，如城市道路下的地铁线路，城市广场或绿地下的下沉式商业中心等。由于地下空间开发建

设存在成本高、效益低的特点，如果结合地面开发，整体性利用，配套地表土地价值的实现，地下空间开发便会具有一定价值，但如果离开了地表土地开发，仅仅是独立开发地下空间，由于其建造成本巨大，而实际使用效能较低，故经济效益往往不明显。正因为此，实践中结建式地下工程要多于单建式地下工程。单建式地下工程往往也属于由政府投入，带有公益性质的市政设施，如地下铁路、地下防空处所。除此之外，如果是经营性的、需要计算投入产出比的地下空间开发项目，往往都会选择结建式地下工程。

根据中国土地勘测规划院的调查，在西安市，结建式地下工程为 825 项，占比 81%，单建式地下工程为 71 项，占比 7%；在北京市，从"中关村科技园西区""北京地铁""东直门交通枢纽"和"风林绿洲住宅小区"4 个典型地下空间开发区域来看，其还是主要以结建工程利用地下空间居多，独立利用地下空间的单建工程较少。[1]

这里还需要关注的一个问题是，同一地块上，在结建开发浅层地下空间的同时还单建开发深层地下空间，这是否可能？2007 年《物权法》立法时，立法者曾经设想：同一地块上，国家可以将该幅土地的"地表以上 20 米~30 米空间为某空中走廊创设地上空间建设用地使用权"，将该幅土地的"地表以下 5 米~地表以上 20 米空间的地表建设用地使用权"出让给了某开发商，同时将该幅土地的"地表以下 10 米~20 米空间为某地下商场创设地下空间建设用地使用权"。[2]但实际上，《物权法》所设想的这种地表结建式开发和地下单建式开发同时并存、重叠式利用的地下空间理想状态在实践中极少出现。究其原因，如下：

（1）技术有限，人类建筑技术还没有发展到可以随意拓展土地开发深度的水平。在地表结建开发地下空间的同时，在一定隔离层之下再单独开发地下单建式工程，那意味着对地下地质状况的破坏是极深，也是极严重的。如何保证建设地块的地质安全？如何保证深层的地下单建工程使用功能正常实现？如何保证地表结建工程的稳定性？这些技术难题都是巨大障碍。

（2）成本与收益难相匹配，这样建设的建造成本极高，然而投资-收益效

---

〔1〕 参见姜栋、孙建宏主编：《我国土地空间权利制度调查与研究》，中国大地出版社 2014 年版，第 56 页。

〔2〕 参见全国人大常委会法制工作委员会民法室编：《中华人民共和国物权法条文说明、立法理由及相关规定》，北京大学出版社 2007 年版，第 256 页。

率极低。随着现代建筑技术的发展，开发深层地下空间也不是完全不可能，但随着开发深度的下降，建造成本势必将累进递增，而使用效能势必将累进递减。在这种情况下，重叠利用地下空间，开发深度地下空间的价值有多大恐是值得怀疑的。当然，基于地下铁路或国防设施的需要，开发一定的深层地下空间的情形亦有，但毕竟是少数情形。

（3）实际需求不及，我国土地资源的稀缺性恐尚未紧张到必须重叠开发地下空间的程度。一方面，即使在大城市，虽然土地资源紧张，但也还没有到必须空中、地表、地下层层叠叠同时开发的地步，毕竟地下空间开发成本巨大，在强化土地合理规划和集约使用的情况下，完全可以基本满足经济发展和人民生活需要。另一方面，随着现代建筑物技术的发展，摩天大楼鳞次栉比，向高空发展，也可以在相当程度上弥补土地资源的短缺。相比而言，向空中发展的建筑成本比向地下发展的建筑成本要低许多。有调查表明，在合肥市，中层地下空间开发建安成本将达到 10 000 元/平方米，而高层建筑建安成本可以控制在 2500 元/平方米。[1]基于上述原因，我们可以发现，目前我国对地下空间的开发一般仅止于浅层地下空间，并不会太深，大多为地下一层，少部分为地下二层、三层，一般深度仅为地下 3 米~10 米。[2]也正因为此，有学者对地下空间重叠式开发利用的理想状态提出了质疑，由于成本太高，免费使用地下空间都未必有人愿意开发。[3]而在地下空间开发实践中，到目前为止，这种在高层建筑物的地基（地下部分）之下再行单建地下建设工程的情形也尚未听说。[4]

（六）地下空间开发主要集中于大城市，特别是中心城区

受制于建造成本、使用舒适度和土地价格之间的互动关系，地下空间开发的强度和深度呈现从中心城区向城市郊区、农村区域逐渐递减的趋势。如前所述，地下空间建筑物、构筑物的建筑成本巨大、对周围环境影响深刻，

---

〔1〕 参见"城市究竟应该往哪个方向发展？"，载 http://www.ieforex.com/jjgc/20170626/1397795.html，最后访问日期：2017 年 6 月 28 日。

〔2〕 参见王国萍、黄锡生："我国城市地下空间利用的立法探讨"，载《城市发展研究》2014 年第 8 期，第 86 页。

〔3〕 参见罗秀兰："高层建筑之地下空间权利冲突探析——兼论对结建地下空间开发的规制与激励"，载《中国土地科学》2015 年第 5 期，第 75 页。

〔4〕 参见陶钟太朗、杨遂全："论宅基地使用权的空间权塑造"，载《中国土地科学》2014 年第 6 期，第 21 页。

然其实际使用效能较低，因此作为经济理性人，在可能选择地表建筑开发的情况下，一般是不会开发地下空间的。只有当地表土地稀缺，无地可用，或者地价飙涨，已经远远大于开发地下空间的建筑成本时，社会主体方才会选择开发地下空间，不惜以较高的建筑成本获得相对较低的使用效能。相反，在土地资源充沛或者地价不高的情况下，各类社会主体通常还是会优先选择地表开发建设的。基于此，地下空间开发的频率和幅度会随着地块距离中心城区距离的增加而逐渐减少。有学者根据土地价格变动趋势、地面建筑开发成本、地下建筑开发成本等因素绘制了地下空间开发区位图，形象地说明了这一现象。[1]（具体参见图1-1）

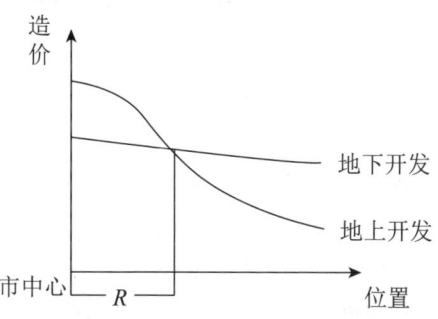

图1-1　地下空间造价与区位的关系

中国土地勘测规划院的有关调查情况基本也印证了地下空间开发建设主要集中在中心城区，城市郊区、农村区域较少的现象。如在天津，在所调查的地下空间开发项目中，97.2%是利用城市国有土地，而仅有2.8%是利用农村集体土地开发建设的；北京、重庆所选择的若干典型地下空间开发案例，多为地铁综合体、商业综合体、高层商住楼等，也均是开发建设在城市中心区域的，绝不可能开发建设在城市郊区或农村区域。[2]

在浙江省，作为城市核心区域的钱江新城，在4平方公里范围内，依据规划，将建设300万平方米地下工程，已建、在建120万平方米，最深达到

---

〔1〕　参见［美］吉迪恩·S.格兰尼、尾岛俊雄：《城市地下空间设计》，许方、于海漪译，中国建筑工业出版社2005年版，第114页。

〔2〕　参见姜栋、孙建宏主编：《我国土地空间权利制度调查与研究》，中国大地出版社2014年版，第58页。

地下4层，且将联络成一个包含商业设施、交通设施、市政设施、人防设施等多用途的地下综合体。[1]同时，在作为县级区域存在的绍兴市，其地下空间开发状况却是：地下空间主要位于地下1层，开发强度较低，并且没有利用绿地、广场和道路等公共空间的单建式地下空间开发，地下空间使用功能也较为单一，绝大部分为停车库，地下商业、娱乐及体育等设施基本没有。[2]

从目前各地有关地下空间开发建设的地方性立法中也可以看出，当前各地规范的重点均是城市地下空间的开发建设，而对于农村地下空间的开发建设，均是关注不多。如目前唯一的一部全国性地下空间开发利用部门规章，即由原建设部颁布的《城市地下空间开发利用管理规定》，也是以"城市地下空间"相命名的。其他各地有关地下空间的立法，也多是以"城市地下空间"冠名的。[3]即便有些地方立法在名称上没有明确指明适用范围仅限于"城市地下空间"，但其实际内容还是仅以"城市地下空间"为对象。如《广州市地下空间开发利用管理办法》虽然没有在名称上限定"城市地下空间"，但其第1条即明确规定："为加强城市地下空间开发利用管理……制定本办法。"再如《天津市地下空间规划管理条例》虽然没有在名称上限定"城市地下空间"，但其第2条第2款也明确规定"本条例所称地下空间，是指……地表以下空间"。

当然，我们也应当看到，有些地方性立法在适用范围方面也是包含非城市区域的农村土地地下空间开发建设的。如《上海市地下空间规划建设条例》第1条、第2条、第3条明确规定，条例适用于"本市行政区域内"各类地下空间。据此，上述条例不仅适用于城市地下空间开发，也适用于农村地区地下空间开发。再如，《福建省地下空间建设用地管理和土地登记暂行规定》第2条虽然将自身适用范围局限于"国有土地"，但其第19条规定，集体土地地下空间开发建设可以参照该规定，故还是为其适用于农村集体土地留下

---

〔1〕 参见蔡庚洋、姚建华："城市地下空间开发利用的若干思考"，载《地下空间与工程学报》2009年第A6期，第1072~1073页。

〔2〕 参见贺俏毅、蔡庚洋："中小城市地下空间开发利用规划实践——以浙江省绍兴县地下空间开发利用专项规划为例"，载《规划师》2014年第1期，第43~44页。

〔3〕 如《郑州市城市地下空间开发利用管理暂行办法》《福州市城市地下空间开发利用管理若干规定》《南昌市城市地下空间开发利用管理办法》等。

了空间。但整体而言，我国目前地下空间开发建设还是以城市区域为主，特别是城市中心区域居多，城市郊区、农村地域的地下空间开发情形较少。

二、构建我国地下空间开发体系的指导方针

开发地下空间资源是一件利国利民的好事，我国当前在社会生活中也已经开展了广泛的实践。但是，由于理论研究的不足以及实践经验的匮乏，我国当前的地下空间开发以及相应的土地空间权法律体系建设缺少规范性、有序性。为了更好地发挥我国有限的土地资源效能，必须积极规范我国当前的地下空间开发秩序，并努力着手建立兼顾各方当事人利益的、符合我国国情的土地空间权法律体系。为此，我们认为，应当贯彻如下几个指导思想：

（1）有利于充分发挥地下空间资源的效能。构建我国地下空间开发规则体系的目的是实现我国相关地下空间开发的有序、充分实施，使我国土地资源得到最大效能的发挥，其他价值取向都应当让位于这一目标。[1]围绕这一目标，我们要从制度设计上促成相关主体有意愿、有责任、有机会、有条件开发相关地下空间，绝不能因为各方当事人之间的利益不协调或者权利滥用，导致对有利用价值的土地空间资源的利用受阻，使社会资源闲置，未能实现最大限度开发、利用土地空间资源的既定目标。

（2）尊重我国土地公有制的现实。我国土地实行公有制，这是宪法规定的基本国家政策。这样一个特定国情对于我们开展相关的土地空间权利研究，必然会产生深刻的影响，在进行相关制度设计时，不得不予以考虑。因为城市土地只能属于国家所有，因此地表以下空间也只能属于国家所有，而且国家不能将其所拥有的空间所有权转让给其他社会主体。其他社会主体是没有机会获得空间所有权的，其要想获得空间开发利用的权利，只能从所有权人——国家——那里通过设定使用权的方式来获得。空间权利有主权属性的一面，亦有财产属性的一面[2]，这样一种状况对于土地空间的所有权主体、使用权主体乃至于空间权利的创设和分类都必将产生重要的影响。

（3）与现有法律制度框架要顺利对接。我国虽已经建立了较为完善的传统土地法律制度体系，但土地空间权利概念体系却是一个新出现的法律概念。

---

〔1〕　参见付坚强：《土地空间权制度研究》，东南大学出版社 2014 年版，第 112 页。
〔2〕　参见沈守愚：《土地法学通论》（下），中国大地出版社 2002 年版，第 525 页。

我们现在要引入这一新的概念，但在引入之后，传统的土地法律制度体系还将会继续存在并运行。因此，我们引入的土地空间权利概念必须能够和现有的传统土地法律制度体系相衔接。为此，我们在进行土地空间权利体系设计时，必须考虑到将来如何和既存的传统土地法律制度体系相衔接。[1]如果我们所设计的土地空间权利制度体系在实施中和现有的传统土地法律制度体系存在矛盾、不衔接的地方，那么必将会影响到土地空间权利这一新型权利形式的实际实施。基于上述指导思想，我们必须在现有传统土地法律观念之下设计新型的土地空间权利体系。考虑到将来的衔接问题，有关"土地""土地所有权""土地使用权"等与传统土地法律制度体系相共用的概念，最好不要加以变更和创新，而是在这些既存法律概念的基础上勾画土地空间权利的创设、属性、管理、审批、登记等问题。这样将会便于土地空间权利体系更好地融入整个土地法法律体系，减少不必要的实施成本，产生更好的实施效果。

（4）制度设计要有针对性，简便、实用。对于城市地下空间权利体系问题可以展开学理上的研究，但具体到制度设计，应当具有较强的针对性，其就是为解决我国现实生活中有关地下土地空间利用的相关现实问题提供可行性方案，解决相关纷争。对于某些实践中无争议、不存在的理论问题，我们没有必要为了追求一个所谓的理论上"圆满"的法律体系而将各式各样现实的、假想的问题统统包括在制度框架之内。实务要求理论是能够圆满地解决现实中存在的问题的，而并非构建一个由概念和逻辑组成的推理体系。基于上述指导思想，我们认为，在进行土地空间权利体系设计时，必须具有针对性，即针对现实中存在的有关空间利用的权属问题进行研究、定性、规范。相应地，对于现实中已经从法律上解决的某些问题，也许从某种角度上讲，也可以被归入土地空间权利制度。但是，考虑到制度设计要具有针对性，简便、实用，故而，我们将不再放在土地空间权利体系中进行研究，而是让它们继续沿用现有的理论体系、法律制度来解释、适用。

（5）充分发挥城市建设规划的先导统筹作用。城市地下空间的开发势必会造成地下建筑物和地表建筑物的重叠和复合，这其中必然会涉及大量的相关当事人之间的利益协调问题。如果处理不慎，必然会造成既有权利人或者

---

〔1〕 参见付坚强：《土地空间权制度研究》，东南大学出版社 2014 年版，第 115 页。

将来权利人的利益受损，并引发相应的社会矛盾。在实践中，也已经出现了此类纠纷。而兼顾各方当事人利益、平衡既得权利人和将来权利人利益的最好办法就是制定科学、合理的城市建设规划，事先充分考虑各方当事人利益需求，划定各地块或空间的使用用途、使用范围、使用限制等诸多内容。只有这样，才能最大限度地减少各方当事人在土地空间立体开发过程中的矛盾和利益纠纷。发挥城市建设规划的先导统筹作用主要体现为两个方面：第一，要制定科学、合理，兼顾各方当事人利益，充分发挥土地空间利用潜能的城市建设规划。规划的制定既不能损害既存权利人利益，也要为将来权利人的利益预留足够的空间。第二，要严格、准确地执行城市建设规划，任何人、任何单位均不得随意变更。城市建设规划是各方当事人利益的红线，任何一方违反必然会侵害另一方利益，甚至于损害社会公共利益。因此，规划必须被严格执行，未经正当程序不得变更。

第三节　我国空间权权属类型限定

理论上，学者提出了多种以一定范围空间为客体的物权性质空间权类型，如空间所有权、空间地上权、空间永佃权、空间地役权等。一个国家物权体系的构建需要结合本国实际国情需要以及法律传统来统一设计，并不是单纯地追求法律逻辑的完整。[1]所以，在我国法律上，是否需要承认如上各种所谓的空间权类型，有待商榷。

一、《民法典》未承认"空间所有权"

空间所有权是以地表上下一定范围的空间作为所有权标的的一种所有权。空间所有权人可以直接地、不经任何中介地、无条件地对其所有空间实施占有、使用、收益和处分，是有全面、最高支配力的自物权。在英美法系，判例承认土地空间可以单独成为所有权的客体，即承认空间所有权概念。[2]如1587年"伯里诉波普案"（Bury v. Pope）、1610年"贝特案"（Baten's Case）、

---

〔1〕　参见袁震："论农村土地承包经营权的相当所有权属性"，载《河南大学学报（社会科学版）》2016年第5期，第18页。

〔2〕　参见屈茂辉：《用益物权制度研究》，中国方正出版社2005年版，第415页。

1870 年"科比特诉希尔"（Corbett v. Hill）等，均以判例形式确认了在一定范围空间内可以独立创设"空间所有权"。[1]在大陆法系，立法是不承认空间所有权概念的，对空间的所有，是从属于对土地的所有的。换言之，土地所有权即包含地表、地表上下空间的所有，并不存在一个单独的对地表上下某特定范围的空间享有所有权的概念，相应空间只能是土地的一部分，属于土地所有权的当然内容。换言之，空间所有权实质为土地所有权所包含。[2]

就我国而言，尽管有学者主张土地所有权与空间所有权应相区别而独立存在[3]，但一般认为，我国既没有承认，也没有必要承认"空间所有权"概念。[4]首先，《民法典》第 249 条、第 260 条（原《物权法》第 47 条、第 58 条）规定，"土地"属于"国家所有"或者"农民集体所有"。虽然立法没有对这里的"土地"进行解释，但从词义解释来看，显然是指包括地表以及地表上下广泛空间在内的一个立体概念。因此，在我国，"土地所有权"既包括对地表的所有，也包括对地表上下空间的所有，并不存在单独的针对一定范围"空间"所存设的"空间所有权"。其次，考虑到我国社会主义土地公有制的现实国情，在土地所有权概念外再另行设置"空间所有权"，并不具有任何实际价值。由于我国实行土地公有制，这意味着，包括一定范围空间所有权在内的所有土地（地表、空间）所有权均只能归属于国家或集体，且不能以转让的方式为私人所有。既然都是归国家或集体所有，那还有什么必要一定在原已包含的权利范围内再另设一个空间所有权概念呢？那岂不是有架床叠屋、多此一举之嫌？最后，从土地所有权人、空间利用权人各方利益需求来看，也没有引入空间所有权概念的必要。就对空间享有所有权的权利人而言，引入空间所有权概念没有任何意义；就空间的开发利用权属设置而言，土地所有权人是不会愿意将自己土地一定范围的空间所有权转让给他人的；就新的空间使用人而言，空间所有权概念未必会引起其兴趣和

---

〔1〕 参见陈华彬："土地所有权理论发展之动向——以空间权法理之生成及运用为中心"，载梁慧星主编：《民商法论丛》（第 3 卷），法律出版社 1999 年版，第 101 页。

〔2〕 参见王利明主编：《中国物权法草案建议稿及说明》，中国法制出版社 2001 年版，第 411 页。

〔3〕 参见崔文星："民法典视野下空间物权体系的解释论"，载《江汉论坛》2020 年第 11 期，第 112~118 页。

〔4〕 参见刘保玉：《物权体系论——中国物权法上的物权类型设计》，人民法院出版社 2004 年版，第 228 页。

选择。[1]

二、《民法典》未承认"空间永佃权（空间土地承包经营权）"

永佃权是指，以支付佃租为对价永久地在他人土地上耕作或放牧牲畜的权利。沿用传统土地观念，一般认为，永佃权人可以利用的土地范围及于地表以及地表上下广泛空间。[2]针对基于一定范围空间进行的农牧业生产，有学者提出了"空间农地使用权"（空间永佃权、空间土地承包经营权）[3]概念。如梁慧星教授在其《物权法学者建议稿》中提出，"在水面或水中一定空间，可设立农地使用权"。在立法说明中称："空间农地使用权是指，在一定的三维闭合空间所设立的农地使用权。一般设立农地使用权，只确定农地在平面上的范围即可，但设定空间农地使用权，除了要确定农地的平面范围外，还要确定农地的纵向范围。空间农地使用权，大多数是在一定的水面或水体中，为养殖目的而设立。"[4]

就我国而言，一般认为，我国既没有承认，也没有必要承认"空间永佃权"（空间土地承包经营权）制度。[5]首先，《民法典》第331条（原《物权法》第125条）规定："土地承包经营权人依法对其承包经营的耕地、林地、草地等享有占有、使用和收益的权利，有权从事种植业、林业、畜牧业等农业生产。"此处，《民法典》将土地承包经营权的对象限定为"土地（耕地、林地、草地等）"。地表用途若为种植或养殖，空间范围包括地表以上植物、动物生长所需空间以及地表以下植物根系生长、凿井汲水等所需空间。[6]从词义解释来看，这里的"土地"显然是指包括地表以及地表上下广泛空间在内的一个立体概念。基于物权法定理念，既然《民法典》"物权编"没有将

---

〔1〕 参见史浩明、张鹏："论我国法律上的空间权及其类型"，载《政法论丛》2011年第5期，第28~29页。

〔2〕 参见谢在全：《民法物权论》（中），三民书局2003年版，第200页。

〔3〕 我国没有永佃权概念，类似制度称为"土地承包经营权"，故学理上相应使用"空间土地承包经营权"概念。梁慧星教授在其"物权法学者建议稿"中，将其称为"空间农地使用权"。

〔4〕 参见梁慧星主编：《中国民法典草案建议稿附理由——物权编》，法律出版社2004年版，第254页。

〔5〕 参见陈耀东、罗瑞芳："我国空间权制度法治化历程与问题探究"，载《南开学报（哲学社会科学版）》2009年第6期，第95页。

〔6〕 参见陈耀东、罗瑞芳："我国空间权制度法治化历程与问题探究"，载《南开学报（哲学社会科学版）》2009年第6期，第97页。

一定范围的"空间"作为土地承包经营权（永佃权）客体，而是将以地表为中心包括上下广泛空间的"土地"作为土地承包经营权（永佃权）客体，那么从法律文本来看，应当认为，我国现行立法并没有承认空间土地承包经营权（空间永佃权）概念。其次，从实际需求来看，似乎也没有承认的必要性。原因在于：就目前的农业生产技术而言，农业生产恐未能脱离土壤和阳光两大要素。受制于这两类要素，要想在同一水平范围的土地内进行复合的立体式农业开发，恐不现实。试想，底层的农业生产离开了阳光，上一层的农业生产离开了土壤，各类生物如何存活、生长？而实际上，如前述所，梁慧星教授提出的"空间农地使用权"概念，其主要是以在水中分层设立空间永佃权（空间农地使用权）为蓝本的。而这种利用需求究竟有多大，且是否需要推广到陆地上的农业生产领域，恐都值得商榷。

三、《民法典》未承认"空间地役权"

所谓空间地役权系指以他人享有权属的一定范围空间为供役地，以自己土地（或空间）为需役地的一种地役权。[1]①就空间地役权关系而言，空间地役权不仅成立于横向关系上，在纵向上下关系上亦可发生。例如，地下铁路系统行经的地下空间，其地表若建造超重量建筑物或施以重压，将导致空间隧道陷落。因而地表权利人必须负有限制或禁止在地表上建造一定重量以上的工作物的地役权存在。故有学者主张无论作为一个权利概念，还是作为一种权利类型，空间地役权都应当单独予以承认。[2]②就空间地役权的内容而言，空间地役权对供役空间，可课予不作为义务、作为义务，亦可课予容忍义务。如禁止在某一高度以上空间建筑房屋，以免妨碍日照、眺望；如在某一水平空间设置水管供汲水或排水之用；如要求某一空间忍受排烟或振动之义务。[3]

我们认为，虽然确实存在以"空间"为客体设立地役权的现实需求，但其实这一需求完全可以为《民法典》地役权概念所涵盖，而无需再另行承认空间地役权制度。传统民法中的地役权是指，以满足需役地需要为目的而成

---

〔1〕 参见陈华彬："土地所有权理论发展之动向——以空间权法理之生成及运用为中心"，载梁慧星主编：《民商法论丛》（第3卷），法律出版社1999年版，第81页；王利明主编：《中国物权法草案建议稿及说明》，中国法制出版社2001年版，第409页。

〔2〕 参见陈祥健：《空间地上权研究》，法律出版社2009年版，第9页。

〔3〕 参见陈祥健：《空间地上权研究》，法律出版社2009年版，第10页。

立的利用他人供役地的用益物权。需要指出的是，虽然这里所称之"供役地""需役地"的范围不限于"土地"，而是泛指各类不动产。[1]《民法典》第372条（原《物权法》第156条）规定："地役权人有权按照合同约定，利用他人的不动产，以提高自己的不动产的效益。前款所称他人的不动产为供役地，自己的不动产为需役地。"据此可见，我国《民法典》中地役权客体亦是以"不动产"为限。《民法典》关于地役权的规定，不仅适用于横向不动产之间，也应适用于纵向不动产之间。[2]而如前所述，现代法律认为，"空间"亦属于一类不动产。所以，以一定范围"空间"为供役地或需役地设立地役权的需求，其实完全符合《民法典》第372条（原《物权法》第156条）关于地役权的概念内涵。既如此，我国似乎也就没有再另行承认空间地役权的必要性了。[3]

四、《民法典》承认"空间地上权（区分地上权、空间建设用地使用权）"[4]

地上权是指，以非农业生产为目的而利用他人土地从事建设开发，并享有相应建筑物、构筑物所有权的权利。[5]受限于传统建筑技术，过去的建设开发行为往往是以地表为中心，延伸至地上地下一定范围空间以建设一定的建筑物、构筑物。相应地，在传统民法中，地上权观念亦以"土地"为客体，可以利用的土地范围包括以地表为中心的地上地下广泛空间。[6]然现代建筑技术日益发达，脱离地表而仅仅利用一定范围的地上地下空间从事建设开发行为日益成为可能，如空中走廊、地下隧道日渐普及。因此，单独以一定范围的他人地上地下空间为客体设立空间地上权的需求日益凸显，并经由社会

---

　　[1] 参见苏永钦："重建役权制度"，载苏永钦：《走入新世纪的私法自治》，中国政法大学出版社2002年版，第257页。

　　[2] 参见崔文星："民法典视野下空间物权体系的解释论"，载《江汉论坛》2020年第11期，第117页。

　　[3] 参见苗延波："关于我国物权法中是否规定空间权的思考——兼评《物权法（草案）》中关于空间权的规定"，载《河南省政法管理干部学院学报》2005年第6期，第19页。

　　[4] 学理上除使用"空间地上权"概念外，日本称之为"区分地上权"。而在我国，类似地上权的制度在《民法典》中被称为"建设用地使用权"，故相应地，学理上也有"空间建设用地使用权"的称谓。

　　[5] 参见江平主编：《中国土地立法研究》，中国政法大学出版社1999年版，第297页。

　　[6] 参见谢在全：《民法物权论》（中），三民书局2003年版，第129页。

实践而为大众接受。一般认为，空间地上权（区分地上权、空间建设用地使用权）是指，以他人享有所有权的地表上下一定范围的空间为权利客体开发建设建筑物、构筑物及其附属设施并享有所有权的权利。[1]

随着我国社会经济的发展，土地资源日益稀缺。因此，在现代建筑技术的配合下，承认以一定范围空间为客体设立以建设建筑物、构筑物及其附属设施为目的的空间地上权（空间建设用地使用权）制度，正日益得到广泛共识。[2]《民法典》第345条（原《物权法》第136条）规定："建设用地使用权可以在土地的地表、地上或者地下分别设立。"据此，依据《民法典》，在我国，可以以脱离地表的一定范围的地上空间或地下空间为客体设立（地上、地下）空间建设用地使用权。

综上所述，鉴于我国的现实国情需要以及《民法典》的相关规定，我国立法并未承认空间所有权、空间永佃权（空间土地承包经营权）、空间地役权等概念，而仅仅承认了空间地上权（空间建设用地使用权）制度。因此，本书对我国空间权法制的研究也仅以空间建设用地使用权制度为对象。

我国《民法典》"物权编"中以"土地"／"空间"为客体的权利类型如表1-2所示：

表1-2 《民法典》"物权编"中以"土地"／"空间"为客体的权利类型

土地（空间）权利种类	客体		
土地所有权	土地		
建设用地使用权	一定范围空间		
	地上一定范围空间	以地表为中心一定范围空间	地下一定范围空间
地役权	不动产		
	土地	建筑物	一定范围空间
土地承包经营权	土地（耕地、林地、草地）		

注：此处"土地"是指包括地表以及地表上下广泛空间的一个立体概念

---

〔1〕 参见赵秀梅："土地上下空间使用权问题的思考"，载《法学杂志》2008年第5期，第22页。

〔2〕 参见屈茂辉：《用益物权制度研究》，中国方正出版社2005年版，第415页。

《民法典》空间建设用地使用权制度立法溯源

如前所述，我国现行立法并没有承认空间所有权、空间永佃权（空间土地承包权）、空间地役权等制度，而仅仅于《民法典》第 345 条（即原《物权法》第 136 条）以"建设用地使用权分层设立"的思路承认了"空间建设用地使用权"。应当说，《民法典》（原《物权法》）的这一制度安排是切合我国现实需要和实际法律体系的，是立法者慎重考虑的结果。我们对于《民法典》第 345 条（即原《物权法》第 136 条）立法背景以及立法原理的溯源、探究，可以帮助我们更好地理解相关条款的立法本义，对于其现实实施效果及其原因，也会有更深层次的认识、反思。

第一节　各国建设用途空间使用权立法模式研究

考察世界各国和地区有关空间权的立法可以发现，各立法例均只承认以建设开发为目的的他物权性质的空间权。此类以利用他人空间从事建筑为目的的物权立法主要有三种立法模式，下面分别介绍之：

一、"地上权−次地上权"模式：以德国为代表

一般认为，德国是通过"地上权−次地上权"模式来实现以他人一定范围空间为客体设立建设开发建筑物、构筑物及其附属设施为目的的空间使用权制度。[1]1986 年《德国民法典》第 1012 条规定："土地得以此种方式设定其

---

〔1〕 参见胡碧霞、姜栋："部分国家和地区土地空间利用法律制度比较"，载《中国土地科学》2010 年第 12 期，第 71~72 页。

他权利，是因设定权利而享有利益的人，享有在土地的地上或地下设置工作物的可转让或可继承的权利。"[1]在德国，地上权人享有的可利用他人土地空间范围是广泛的，原则上和土地所有权人所享有的土地利用空间相等，或者说，在土地所有权人具有利益范围内的空间，均可以使用。[2]由于土地所有权人已经将该幅土地的地上权授予了"地上权人"，地上权人享有等同于土地所有权人可资利用的所有的土地空间，因此，土地所有权人既没有剩余土地空间可以为第三人再设立空间利用权，也无法再在其已经为地上权人设定地上权的空间范围为第三人再设定空间利用权。但是，此时，地上权人可以在自己享有支配利用权限的空间范围内的地上或地下划定特定范围的空间，并将此空间开发建设的权利让渡给第三人。此时，第三人从地上权人处获得的利用地上或地下特定范围空间的权利被称为"次地上权"，而第三人则被称为"次地上权人"。因为此时第三人所获得的"次地上权"源于地上权人的"地上权"，故而此种以开发利用特定范围地上地下空间为目的的权利被称为"次"地上权。

有关德国"地上权-次地上权"模式，还需要强调的是：第一，由于次地上权的设立是以地上权的存设为前提的，因此，次地上权人可以利用的空间范围不能超出地上权人可以利用的土地空间范围，而只能是地上权人可以利用的地上、地下土地空间范围的特定部分。而且，必须强调的是，只能是地上权人可以利用的地上、地下土地空间范围的"一定部分"，如果是地上权人可以利用的土地空间的"全部"，那么此时第三人所获得的权利就不应当是以地上权为基础的"次地上权"了，而应当是基于转让而获得的"地上权"了。第二，在次地上权设立后，就存设次地上权的特定范围的地上、地下空间而言，既属于地上权人的"地上权空间范围"，也属于次地上权人的"次地上权空间范围"。就此特定范围空间利用而言，将出现权利冲突问题。但是，鉴于次地上权是经由地上权人同意而设立的，故应当优先保障次地上权人对于该特定范围的地上、地下空间的开发利用。

需要讨论的一个问题是，有学者提出，在德国，不仅仅是"次地上权"

---

[1] 参见刘德宽：《民法诸问题与新展望》，中国政法大学出版社2002年版，第409页。

[2] 《德国民法典》第905条（所有权的界限）第一句规定：土地所有人的权利，及于地表上的空间和地表下的地壳。

制度，普通的"地上权"制度也具有在特定范围地上、地下空间设立他物权（空间利用权），实现建设开发目的的功能。如马栩生指出，在德国，现实中的有关使用特定范围地上、地下空间进行开发建设的相关问题均是通过一般的地上权制度加以解决的。[1] 如陈祥健认为，关于空间使用权立法，德国采用了"合并式立法"，即以特定空间为对象的空间利用权也是《德国民法典》"地上权"制度的一部分。[2] 这种观点的依据是《德国民法典》原第 1012 条［地上权］。该条款规定："土地可以此种方式设定其他权利，使因设定权利而享有利益的人，享有在土地的地上或者地下设置建筑物的可转让或者可继承的权利。"[3] 薄燕娜认为，该条是德国有关空间权问题的最早立法。[4]

我们认为，上述观点值得商榷。地上权人享有利用他人土地建设建（构）筑物的权利，而建（构）筑物并不以地表建筑为限，在地面上空从事建筑（如修筑高架桥）、在地下空间从事建筑（如修筑储油罐）等均可。因此，世界各国民法典，包括德国民法典在界定地上权内涵时，均强调地上权人可以在"地上"，也可以在"地下"建设建筑物、构筑物及其附属设施。但是，不论地上权人是在"地上"还是在"地下"进行建筑，其所享有的利用他人土地的空间范围应当是等同于土地所有权人可利用的空间范围的。土地所有权人可以利用的土地空间范围是"上及天宇、下及地心"的，那么地上权人可以利用的土地空间范围便也是"上及天宇、下及地心"的；土地所有权人可以利用的土地空间范围仅限于"法律规定或具有利用开发价值的空间范围"，那么地上权人可以利用的土地空间范围也及于全部的"法律规定或具有利用开发价值的空间范围"。但是，此点和他物权意义上的空间权概念相去甚远。他物权意义上的空间权概念虽然也是对他人所有空间的利用，也包括对地上空间或地下空间的开发建设，但是其所能够支配的空间范围必须是有限的、特定化的。换言之，空间权人也是可以在地上空间或地下空间从事建设

---

〔1〕 参见马栩生："论城市地下空间权及其物权法构建"，载《法商研究》2010 年第 3 期，第 86 页。

〔2〕 参见陈祥健："建立我国空间建设用地使用权制度若干问题的探讨"，载《政法论坛》2003 年第 1 期，第 62 页。

〔3〕 德国民法典中地上权相关条款于 1919 年 1 月 15 日被删除，取而代之以《地上权条例》。然该条关于地上权概念的规定被《地上权条例》完全采纳。因此，该条有关地上权定义的规定，一直是有效的。参见孙宪忠：《德国当代物权法》，法律出版社 1997 年版，第 231 页。

〔4〕 参见薄燕娜："空间使用权若干问题探讨"，转引自王利明主编：《物权法专题研究》（上册），吉林人民出版社 2002 年版，第 826 页。

开发活动的，但其可以利用、支配的空间范围仅仅限于当事人所预先划定的有限范围，如地面以上 10 米~20 米范围，或者地下 5 米~10 米范围，等等。而对于除此之外的地上空间、地下空间，空间权人是无权使用的，其仍然属于土地所有权人或者地上权人。综上，我们认为，《德国民法典》所规定的地上权概念虽然强调了地上权人拥有以在"地表以上""地表以下"进行建筑及其附属设施的权利，但此并非意为设立"空间权"，而仅仅只是为了明确地上权的内涵，指示地上权人可以进行的土地开发利用方式罢了，与"空间权"还是两个完全不同的概念。

二、"普通地上权–区分地上权"模式：以日本为代表

该模式的主要架构在于同时规定"普通地上权"和"区分地上权"。"普通地上权"即传统意义上的地上权，地上权人从土地所有权人处获得地上权后，即可以完全支配原本土地所有权人可以利用的空间范围。而"区分地上权"是指，土地所有权人在"普通地上权"人享有开发利用权限的空间范围内，划定特定范围的地上、地下空间，并以此"特定空间"满足区分地上权人在地上空间或地下空间进行建筑及其附属设施的需求。又鉴于土地所有权人设定"区分地上权"的空间范围原本已经属于"普通地上权"人开发利用的权限范围，故而有的立法例要求土地所有权人在此空间范围内新设"区分地上权"时，必须征得既存的普通地上权人的同意；也有的立法例从简化设立程序出发，认为不必征得既存的普通地上权人的同意，但为了协调物之利用的冲突，同时强调，除非有特别约定，否则在先设立的"普通地上权"应当优先于在后设立的"区分地上权"加以实现。

需要强调的两点是：①此种立法例认为，设立普通地上权为法律常态，设立区分地上权为偶发现象。换言之，在通常情况下，当事人应当以设立普通地上权为原则，而不存有区分地上权，只有在当事人确实有利用特定范围的地上或地下空间需求时，才可寻求土地所有权人为其设立"区分地上权"。否则，某一宗土地上将仅仅存设普通地上权，而并无区分地上权的存在。②区分地上权所占据的空间范围虽然仅仅是普通地上权可资利用土地空间的一部分，但形式也较多样。可以是地表以上特定范围的空间，如地面以上 10 米~地面以上 20 米；可以是地表以下特定范围的空间，如地面以下 5 米~地面以下 15 米；可以是以地表为中心的及于地表上下特定范围的空间，如地面以下 5 米~地面

以上 10 米；可以是上下空间一端固定，而另一端未固定的特定范围的空间，如为地面以上 5 米以上的空间，或地面以下 5 米以下的空间；等等。[1]但无论怎样，需强调的是，此区分地上权空间必须只能是普通地上权可资利用土地空间的一部分，而不能覆盖普通地上权的全部可利用土地空间，否则便会有鸠占鹊巢之嫌，设立区分地上权以同时兼顾普通地上权之效用将无法体现。

《日本民法典》第 265 条所列地上权即为"普通地上权"，地上权人可以使用土地所有权人可以支配的所有的地表上下的土地空间。[2]第二次世界大战以后，随着人口城市化带来的土地稀缺问题，加之现代建筑技术的突飞猛进，日本为了更好地开发地上地下空间，实现土地开发的立体化，对《民法典》进行了修改，引进了"区分地上权"概念。1966 年，《日本民法典》修改，为了保持体系完整，日本采取了"附加模式"，即在"地上权"一章后增设一个条款——第 269 条之二，以此规定"区分地上权"。[3]如此，依据《日本民法典》第 265 条和第 269 条之二，日本构建了"普通地上权"和"区分地上权"二元模式。在日本，土地所有权人在某地块为他人设定普通地上权后，再在该地块的特定范围空间为第三人设立区分地上权，必须征得既存的普通地上权人的同意。《日本不动产登记法》第 111 条第 2 项专为区分地上权规定了有关登记手续。该条明确，就区分地上权进行登记时，必须明确记载区分地上权所占据的"地下或空间的上下范围"。

三、"空间所有权-他物权"模式：以美国为代表

前述"地上权-次地上权"模式和"普通地上权-区分地上权"模式均是在他物权层面上对于空间权的一种设计。在所有权层面，上述立法例还是认为，特定范围的地面上下空间仍然是"土地空间的不可分割的组成部分"，不存在独立的"特定空间所有权"，故而此特定部分的空间仍隶属于"土地"，为"土地所有权"的组成部分。简言之，"特定范围空间"只能成为他物权

---

〔1〕　参见谢在全：《民法物权论》（中），三民书局 2003 年版，第 131 页。

〔2〕　参见［日］田山辉明：《物权法》（增订本），陆庆胜译，齐乃宽、李康民审校，法律出版社 2001 年版，第 202 页。

〔3〕　《日本民法典》第 269 条之二：①地下或空间，以对工作物的所有为目的确定上下范围后，可以作为地上权的标的。此时，可以通过设定行为，为地上权的行使对该项土地的适用加以限制。②前项地上权，即使存在第三人对土地使用或收益的权利，只要得到享有其权利或以其权利为标的的权利的一切人承诺，亦得设定。此时，对土地享有使用或收益权利的人不得妨碍该地上权的行使。

（用益物权，特别是地上权）客体，而不能成为所有权客体。然美国的"空间所有权-他物权"模式完全承认特定范围空间的"物格"〔1〕，允许在其上设立独立、完整的包涵所有权-他物权在内的物权体系。此点，正如屈茂辉教授所言，大陆法系不承认独立的"空间所有权"，而英美法系认为，就特定范围空间可以成立独立所有权，此点是两大法系在空间权立法上最大的差异。〔2〕

　　"空间所有权-他物权"模式认为，土地所有人可以将自身所有土地水平方向分割出一定范围的空间断层，如地面以上5米~地面以上10米，土地所有人可以将此特定范围空间的所有权出让给他人，他人在取得该特定范围空间的所有权之后，可利用该特定范围空间从事建设开发活动，抑或将该所有权进行转让或设定他物权，自属理所当然。如此，在美国，理论上，同一块土地上可能存在地表以下10米到~地表、地表~地表以上10米、地表以上10米~地表以上20米等数个空间所有权。这些空间所有权是真正意义上的所有权，所有权人可以自己开发利用相应空间，也可以出让所有权，抑或出租、设定他物权等。正如官本仁先生所指出的："在美国，通常情况下，空中权是根据土地所有权的阶层上的分割而获得的权利，多数情况下被看作是一种所有权。"〔3〕一旦空间权设立，这种权利便将独立存在，权利人可以自己实际行使，也可以将其作为买卖、租赁的对象，且没有期限的限制，在依附于空间权建造的建筑物毁损灭失后，该空间权也将继续独立存在。依据美国不动产鉴定人协会的"空间权"（air rights/air space rights）概念，"空间权"是一个"综合性""全面性"使用、支配特定空间的权利。〔4〕

　　在美国，空间所有权-他物权模式也是随着社会经济的发展而逐渐兴起、成熟的。英美法系在土地所有权观念上其实也是继承了罗马法传统，认为土地所有权人可以支配的土地空间广阔，"谁拥有了土地，谁亦就拥有了天空和地下"。但是，19世纪末20世纪初以后，地上地下土地空间的独立开发显得越来越迫切。正是在这种背景下，一定范围的特定空间可以脱离土地所有权

---

　　〔1〕　参见杨立新、王竹："不动产支撑利益及其法律规则"，载《法学研究》2008年第3期，第55~58页。

　　〔2〕　参见屈茂辉：《用益物权制度研究》，中国方正出版社2005年版，第415页。

　　〔3〕　参见官本仁："美国空间权制度"，载《引进与咨询》2005年第8期，第6页。

　　〔4〕　官本仁："美国空间权制度"，载《引进与咨询》2005年第8期，第6~7页。

而成为独立的物，进而成为财产权客体，可以完整地在其上设立包括所有权、他物权在内的各种财产权。[1]美国最早承认空间能够独立设置所有权的判例有：1857年艾奥瓦州的"Rodes v. Mccormick 案"（4 Lowa，386）、1898年伊利诺伊州的"Westside Elevated Raiway Company. v. Springer 案"（171，I11.170）。[2]20世纪初，纽约 Grand Center 火车站需要改造，但限于土地资源稀缺，土地所有权人授权火车站建设二层的终点停车场，而将停车场以上的空间出售给其他权利人开发建设其他设施，以此实现了不同权利人对同一块土地的不同层面空间分割所有、分别利用的目的。纽约 Grand Center 火车站案例成为美国早期典型的空间权之设立实例。随着全美各地铁路设施空间分层设立空间权的情形日益增多，1927年伊利诺伊州、1938年新泽西州、1973年俄克拉何马州、1985年明尼苏达州等均进行了有关地上地下空间开发利用的专门性立法。[3]

第二节　原《物权法》立法过程中学者有关建设用途空间使用权立法模式的建议

随着我国城市化的发展，土地资源也日益稀缺，同一块土地上地表、地上、地下同时开发建设各类建筑设施的情形也日益多见。因此，如何构建我国的以开发建设为目的的他物权性质的空间权制度也引起了我国法律学界的重视。在2007年《物权法》制定之时，对于如何构建我国的建设用途空间使用权制度，学者们纷纷给出了自己的建议。《民法典》制定过程中，有很多学者就"物权编"空间建设用地使用权制度设计提出了见解，[4]但实质上，其主张与《物权法》制定过程中的争议大同小异。因此，本书在追溯《民法典》空间建设用地使用权制度立法渊源时，仍聚焦于探寻原《物权法》有关空间建设用地使用权制度的相关立法争议，仍然具有意义。

---

〔1〕 参见屈茂辉：《用益物权制度研究》，中国方正出版社2005年版，第413页。

〔2〕 参见陈华彬："土地所有权理论发展之动向——以空间权法理之生成及运用为中心"，梁慧星主编：《民商法论丛》（第3卷），法律出版社1999年版，第83~84页。

〔3〕 参见姜栋、孙建宏主编：《我国土地空间权利制度调查与研究》，中国大地出版社2014年版，第16页。

〔4〕 参见于明明、李磊："民法典物权编纂背景下的空间权利法律制度重构"，载《广西社会科学》2019年第10期，第105~107页；崔文星："民法典视野下空间物权体系的解释论"，载《江汉论坛》2020年第11期，第113~117页。

一、"普通地上权-区分地上权"模式

梁慧星教授主张我国应借鉴区分地上权制度来构建我国的建设用途空间使用权制度。梁慧星教授在其《物权法草案专家建议稿》第197条、第198条分别规定了"基地使用权"和"空间基地使用权"制度。[1]在梁教授的建议思路中，其将传统民法中的"地上权"称为"基地使用权"。第197条所规定的"基地使用权"即为"普通地上权"，可利用空间范围等同于土地所有权人。[2]在"基地使用权"（普通地上权）所覆盖的土地空间范围内，土地所有权人仍然可以以特定范围空间为标的为第三人创设"空间基地使用权"（即区分地上权），且不需要征得既存的基地使用权人同意。但是，如果和既存的基地使用权人支配土地空间的利益发生冲突，依物权优先性，"在先设立的基地使用权"应当优先于"在后设立的空间基地使用权"。

陈祥健教授也主张我国应当借鉴普通地上权和区分地上权二元的"分立式立法例。"[3]具体而言，其建议我国承认"普通建设用地使用权"和"空间建设用地使用权"两类建设用地使用权。其中，前者即为"普通地上权"，后者即为"区分地上权"。[4]空间建设用地使用权可以在尚未设立普通建设用地使用权的土地空间范围内设立，也可以在已经设立普通建设用地使用权的土地空间范围内设立，但在后一情形下，需要征得既存的普通建设用地使用权人的同意。

徐国栋亦是赞同区分地上权模式。徐教授主持拟定的《绿色民法典草案》"物权法分编"在"地上权"一节最后特设一条，即第547条［空间地上权］。[5]徐教授在此还特别注明，该条系参考《日本民法典》第269条之二草拟。据此，徐教授也是将地上权分为"普通地上权"和"空间地上权"，普通地上权使用土地空间及于地表上下所有空间，而空间地上权仅及于地表

---

〔1〕 参见中国物权法研究课题组（梁慧星主持）：《中国物权法草案建议稿：条文、说明、理由与参考立法例》，社会科学文献出版社2000年版，第452、454页。

〔2〕 参见梁慧星主编：《中国物权法研究》（下册），中国法律出版社1998年版，第668页。

〔3〕 参见陈祥健："建立我国空间建设用地使用权制度若干问题的探讨"，载《政法论坛》2003年第1期，第69~71页。

〔4〕 参见陈祥健："建立我国空间建设用地使用权制度若干问题的探讨"，载《政法论坛》2003年第1期，第70页。

〔5〕 参见徐国栋主编：《绿色民法典草案》，社会科学文献出版社2004年版，第379页。

上下一定范围空间。而且，若在已经设立普通地上权的土地空间内设立空间地上权，需要征得既存土地用益权人的同意。

除了以上学者提出了完整的专家建议稿条文以外，还有许多学者明确建议，我国物权法应当参照区分地上权制度来构建我国的建设用途空间使用权制度。如洪波认为，空间建设用地使用权就是一种特殊的建设用地使用权，区别仅仅在于，普通建设用地使用权可以支配的范围及于土地的全部空间，而空间建设用地使用权可以支配的范围仅仅是普通建设用地使用权可以支配的土地空间范围的一部分。[1]如崔建远认为，日本民法中的普通地上权和区分地上权二分模式完全能够适应我国国情，故应当为我国物权法制定时所采纳、参考。[2]

但是，也有学者对于此种空间利用权制度体系构建模式提出了反对意见。[3]主要理由有：一则，其认为，这种模式涉嫌有违"一物一权"原则。既然"普通地上权"可以支配土地所有权人全部土地空间，土地所有权人就应当再没有权利支配上述空间。而依据该模式，土地所有权人仍然可以在上述空间内划定一定范围，为第三人另行设定新的空间利用权（区分地上权），此必然会导致同一空间上同时并存"普通地上权"和"区分地上权"，即"一物"上存有"两权"。此显然会导致权利体系混乱，有违"一物一权"原则。二则，其认为，权利人设立"普通地上权"的目的即在于利用相应土地及其空间，而如果在相应土地上再划定一定范围的空间另行设立新的"区分地上权"，建设相应的空间建筑物，这必然和既存的"普通地上权"人利益相冲突。

二、"建设用地使用权分层设立"模式

建设用地使用权分层设立模式是借鉴英美法系分层所有空间权观念设计的。该思路借鉴了英美法系特定范围空间能够成为物权客体的思路，但不承认特定范围空间上可以创设"空间所有权"，而仅仅承认可以创设以特定范围空间为客体的"空间建设用地使用权"。这种思路认为，所有的建设用地使用

---

〔1〕　参见洪波："空间建设用地使用权的理论解析——以普通建设用地使用权人的同意权为中心"，载《烟台大学学报（哲学社会科学版）》2006年第3期，第265页。

〔2〕　参见崔建远主编：《我国物权立法难点问题研究》，清华大学出版社2005年版，第178页。

〔3〕　参见王卫国、王广华主编：《中国土地权利的法制建设》，中国政法大学出版社2002年版，第162页。

权都是有特定空间范围的，只不过，有的是以地表为中心的一定范围空间（如地表以下 5 米~地表以上 10 米）；有的是地表以下一定范围空间（如地表以下 5 米~地表以下 15 米）；有的是地表以上一定范围空间（如地表以上 10 米~地表以上 20 米）。这种思路和前述普通地上权——区分地上权二元模式相比，最大的区别在于，不存在普通地上权和区分地上权之间的差异，这种思路下所有的建设用地使用权在法律性质上都是一样的，只不过有的占据地表上下一定空间，有的占据地表以上一定空间，有的占据地表以下一定空间。

王利明教授持这种建设用地使用权分层设立的思路。其草拟的《物权法草案专家建议稿》第 362~365 条规定了"空间利用权"制度。[1][2]此处，王利明教授虽然使用了"空间利用权"的概念，以区别于"土地使用权"（建设用地使用权）等概念。但是，其认为，"土地使用权"（建设用地使用权）等土地用益物权可以支配的土地空间是有限的，仅仅及于"地表上下一定范围的空间"，而对于此外的土地空间，"土地使用权"（建设用地使用权）等土地用益物权人并没有支配的权限，仍然属于土地所有权人的权限范围。对于这些既存的"土地使用权"（建设用地使用权）等土地用益物权可以支配的土地空间以外的空间，土地所有权人仍然可以为第三人划定范围，设定新的"空间利用权"。如此，"土地使用权"（建设用地使用权）和"空

---

〔1〕 参见王利明主编：《中国物权法草案建议稿及说明》，中国法制出版社 2001 年版，第 87~88 页。

〔2〕 有学者对第 365 条第 2 款规定提出了批评。"应当指出的是，王稿第 365 条中将土地使用权人、农村土地承包经营权人、宅基地使用权人取得和行使其权利所及的'必要的空间范围'，也作为空间利用权的情况来规定，应是混淆了土地使用权人的权利所及的必要空间范围（此仍属土地用益物权本身的内容）和空间利用权在客体上的区别。"（参见刘保玉："空间利用权的内涵界定及其在物权法上的规范模式选择"，载《杭州师范学院学报（社会科学版）》2006 年第 2 期，第 71 页。）我们认为，这一批评可能源于误解。此处，王利明教授指出，土地使用权人、农村土地承包经营权人、宅基地使用权人对于其基于权利性质必须加以利用的"必要的地表上下空间"享有利用权。此处，王利明教授的用意在于指出，这些"必要的地表上下空间"属于土地使用权等土地用益物权人的权利范围，而并非认为，权利人对于这些"必要的地表上下空间"的权源非为土地使用权等土地用益物权，而是另行来源于"空间利用权"。在这里，王利明教授虽然认识到了不论是"空间利用权"，还是"土地使用权"等土地用益物权，其可以支配的范围均是一个特定的"土地空间"，但是，他尚没有将这种"空间分层设立思想"贯彻到底，将所有的空间利用权和土地使用权等量齐观，统一认识为一种性质的权利。在他的权利体系中，虽然空间利用权和土地使用权的权利结构具有同等性，但是，它们仍然是两个不同的权利类型。据此，王利明教授并没有混淆"空间利用权"和"土地使用权"等用益物权之间的关系，相反，他恰恰是认为这是两类不同的权利。

间利用权"虽然名称不同，但是其权利结构均是相同的，即均仅仅是以特定范围空间为客体的一种土地用益物权。因此，虽然空间利用权具有一定的独立性，但其本质上仍然只是"土地使用权"（建设用地使用权）的一种具体体现，"空间利用权"和"土地使用权"（建设用地使用权）并无本质区别。[1]

孟勤国教授也持这种建设用地使用权分层设立的思路。其草拟的《物权法草案专家建议稿》第156条、第167条分别规定了"土地使用权"制度和"空间使用权"制度。[2]从上述建议条款中我们可以发现，孟勤国教授虽然区分了"土地使用权"和"空间使用权"的概念，但是，其所称的"土地使用权"所能够支配的土地空间范围是有限的，仅仅是"使用土地所必要的地表上下的一定空间"。由此可见，"土地使用权"人可以支配的土地空间范围显然远远小于土地所有权人可以支配的土地空间范围。换言之，"土地使用权"人仅仅支配土地所有权人的土地空间的一部分，而这点和传统民法中的"普通地上权"可支配的土地空间范围显然有天壤之别。同时，在"土地使用权"可支配空间（即"不为建筑物或其他附着物所必要的空间"）以外，土地所有权人可以划定特定范围空间，为第三人另行设立"空间使用权"。如此，不论是"土地使用权"，还是"空间使用权"，其可以支配的土地空间范围都是特定的，即依据划定的空间范围分层设立各类（空间）土地使用权。

王卫国教授也持这种建设用地使用权分层设立的思路。其草拟的《土地法草案专家建议稿》，"第五章土地他项权利"专设了"第二节空间使用权"。[3]依据相关条款可见，王卫国教授形式上也区分了"土地使用权"和"空间使用权"。其中，"土地使用权"可以使用的土地空间范围不是无限的，而仅仅局限于建设房屋、种植农作物所需要的土地上下空间。除此之外的空间，"土地使用权"人并没有使用权，土地所有权人可以在"土地使用权"人可支配空间以外的土地空间为第三人另行设立"空间利用权"。此处的"土地使用权"和"空间使用权"虽然从名称上看为两类不同权利，但其本质上具有相

---

[1] 参见王利明："空间权：一种新型的财产权利"，载《法律科学（西北政法大学学报）》2007年第2期，第118页。

[2] 参见孟勤国："中国物权法草案建议稿"，载《法学评论》2002年第5期，第95~96页。

[3] 参见王卫国、王广华主编：《中国土地权利的法制建设》，中国政法大学出版社2002年版，第378页以下。

同性，均为以特定范围空间为标的的土地用益物权。而且，王卫国教授还认为，以特定空间为标的的"空间使用权"还可以在同一土地上分层次多次设立，以实现多个权利主体共同分享不同层次的土地空间。

屈茂辉教授也赞成这种建设用地使用权分层设立的思路。屈茂辉教授认为，地上权等土地使用权人可以利用的土地空间虽然不以地表为限，但也不是无限制的，应当根据权利设立目的而限定在特定空间范围，超出此范围的空间，地上权等土地使用权人即无相应占有、使用、收益、处分的权利。相应地，那些部分空间的使用、收益权利，还属于土地所有权人（国家、集体）。第三人如若需要使用此部分空间，则可以经由国家、集体新设以特定空间为客体的空间使用权。如此，同一土地上将形成"地上权等土地使用权"和"空间使用权"分层存设的结果。[1]

除了以上学者提出完整的建设用地使用权分层设立建议条文外，也有许多学者在原《物权法》制定之时明确表示支持这种思路，如刘保玉教授[2]、胡正方教授。[3]

三、"地上权-次地上权"模式

我国有学者认为，建设用地使用权人取得的土地使用权空间范围应当及于地表上下广泛空间，而且，将土地空间授权建设用地使用的权人使用的收益相较于国家使用的收益更有效益。基于此，我国应当赋予建设用地使用权人对土地上下广泛空间的使用权，并允许其在此范围内为第三人新设"次建设用地使用权"（次地上权）。具体而言：第一，在通常情况下，权利人购买某块土地建设用地使用权时，往往是结合该土地上下空间的整体价值进行评估、考量的。换言之，该土地上下空间的价值已经被包含在了地表建设用地使用权范围内。所以，如果没有特别约定，地表建设用地使用权人可以利用的土地空间应当不局限于地表范围，甚至于不局限于地表上下的狭小范围，而应当包括地表上下的广泛空间。既然地表建设用地使用权人可以支配的空

---

〔1〕 参见屈茂辉：《用益物权制度研究》，中国方正出版社 2005 年版，第 417 页。

〔2〕 参见刘保玉："空间利用权的内涵界定及其在物权法上的规范模式选择"，载《杭州师范学院学报（社会科学版）》2006 年第 2 期，第 74 页。

〔3〕 参见胡正方："论我国地下空间权建构的法律问题"，载《政治与法律》2006 年第 5 期，第 136 页。

间范围及于土地所有权人全部的土地空间，那么建设用地使用权分层设立思路所采纳的土地所有权人为第三人在地表建设用地使用权可以利用空间范围外再设立空间建设用地使用权，显然也就不可行了。第二，从充分发挥土地空间经济效益角度看，与其限定地表建设用地使用权利用的土地空间范围，进而将地表上下空间强行截留在国家（土地所有权人）手中，不如将地表上下空间全部配置给地表建设用地使用权人，同时授权其根据自身利益需求以及空间开发价值为第三人以一定空间范围另行设立"次建设用地使用权"。其相较于土地资源的公有、土地资源（使用权层面）的私有，也许更能充分发挥土地价值的潜能。毕竟，我国的土地公有制存在着所有者和代理者之间的偏差。[1]将土地空间资源以地表建设用地使用权的形式"一揽子"配置给地表建设用地使用权人，更有利于权利人充分挖掘土地空间的价值，更便于权利人以市场交易的形式实现土地空间的流转，也更加激励权利人节约、集约利用土地空间资源实现自身利益最大化。综上，尹飞教授、田野先教授主张我国物权法应当以"次建设用地使用权（次地上权）模式"来设计我国的建设用途空间使用权制度体系。[2]

此外，王利明教授认可土地使用权人可以在一定情况下将享有使用权的部分空间予以分割转让，其实质上也是承认了以次地上权模式创设空间利用权的可行性。如某人获得某块土地使用权，规划可以建造 20 层楼房，但由于经济原因无力完全承建，其可以将 15 层以上楼房的土地空间使用权出让给他人，由第三人取得相应的土地空间使用权，并进行相应的楼房建造工作。[3]

但是，也有学者表示不赞同以"地上权-次地上权"模式构建我国的建设用途的空间使用权制度体系。主要原因在于，如此设计的权利状况过于复杂。一则，在土地权利人已经享有使用权的土地空间上再硬性切割一部分空间出来另行设立"次土地使用权"，同一土地空间上既有原始的土地使用权，又有"次土地使用权"，权利状况重叠，有存在违反"一物一权"原则的嫌疑。基

---

〔1〕 参见潘世炳："委托-代理理论及国有土地产权分级授权管理"，载《中国土地科学》2005年第4期，第35~36页。

〔2〕 参见尹飞：《物权法·用益物权》，王利明审定，中国法制出版社2005年版，第439页；田野："论空间权"，载《上海大学学报（社会科学版）》2002年第5期，第82~83页。

〔3〕 参见王利明：《物权法研究》，中国人民大学出版社2002年版，第480、490页。

于此，梁慧星教授不建议我国采用此种立法例。[1]二则，我国主流观念认为，建设用地使用权人可以支配的土地空间范围是有限的。因此，国家（土地所有权人）可以在此外的空间范围内继续另行为第三人设立新的空间利用权。而如果采纳"地上权-次地上权模式"，如此产生的后果是，同一"空间利用权"有的是由"国家（土地所有权人）"设立，有的是由"建设用地使用权人"设立，由于取得权源、取得方式不同，相应地，权利内容、权利效力也必然存在差异。同一类型的空间利用权内部却存在巨大差异，显然会引起不必要的混乱和纠纷。基于此，薄燕娜教授亦不建议我国采纳此种立法例。[2]

第三节　原《物权法》引入建设用地使用权分层设立的制度背景和思路设计

一、《物权法》颁布前有关国有土地使用权空间界限的认识

在 2007 年《物权法》颁布之前，获取国家所有土地的使用权从事建设开发活动的，被称为"国有土地使用权"（原《物权法》颁布后称为"建设用地使用权"）。在国有土地使用权出让实践中，相关合同仅仅约定国有土地使用权的水平界限，即东南西北四至[3]，而并不约定国有土地使用权可以支配土地空间的上下界限。《土地管理法》《城市房地产管理法》以及国务院颁布的《城镇国有土地使用权出让和转让暂行条例》等法律法规对于国有土地使用权的竖向界限也没有作出明确规定。而该问题的明确，直接决定了土地使用权空间范围的大小以及其和相应土地所有权空间范围的关系。这些内容对于我国原《物权法》构建相关的空间权制度体系，具有重要的前提性价值。围绕国有土地使用权可以支配的土地空间的范围问题，学界有不同的认识，并直接决定了此后《物权法》对空间权制度体系的模式选择。

（一）无限说：国有土地使用权的空间范围等同于土地所有权人

有学者认为，国有土地使用权的空间范围应当涵盖所有的土地所有权人

---

[1]　参见梁慧星主编：《中国物权法研究》（下册），中国法律出版社 1998 年版，第 669 页。

[2]　参见王卫国、王广华主编：《中国土地权利的法制建设》，中国政法大学出版社 2002 年版，第 162 页。

[3]　参见 1994 年原国家土地管理局、国家工商行政管理局联合发布的《国有土地使用权出让合同（范本）》（GF—94—1001）第 2 条。

可以利用的土地空间范围，甚至于应当是"上及天宇，下及地心"。其主要理由有：

（1）既然土地所有权人（国家）和国有土地使用权人订立的使用权出让合同中没有约定可以支配的土地空间范围，那么就应当推定，其范围及于土地所有权人的全部空间。有学者认为，究其原因：①该合同是由国家相关机关（国土资源部门、工商部门）出具的范式合同，许多条款都是格式的、强制性的，国有土地使用权人并没有参与制定，也没有协商修改的权利。考虑到作为土地所有权人的国家和作为合同拟定机关的国家之间的重合，国家在《国有土地使用权出让合同》中显然处于强势地位。因此，在对该合同的相关条款进行补充解释时，应当尽量偏向于处于弱势地位的国有土地使用权人。原《合同法》第41条规定，对于格式条款的理解，应当采用不利于格式条款提供人的解释。因此，在面对国有土地使用权可以支配的土地空间范围是限定的，还是及于土地所有权人全部的空间范围这一问题时，显然应当采纳不利于《国有土地使用权出让合同》提供人——国家（土地所有权人）——的理解。②鉴于《国有土地使用权出让合同》既没有约定，也没有法定土地使用权空间范围，应当认为"土地使用权人具有合理预期：自己取得的土地使用权与土地所有权在空间范围上一致"，而绝不是仅仅限于有限的空间范围，对于自己的土地上下广泛空间仅仅是"可望而不可及"。对于国有土地使用权人的这种"合理预期"应当予以"信赖利益保护"。综上，即便《国有土地使用权出让合同》没有约定国有土地使用权人可支配空间范围及于土地所有权人的全部空间，但应当作出如此理解。[1]

（2）将国有土地使用权可支配空间范围扩至全部土地空间，更能保障土地资源效能的充分发挥。一方面，明确国有土地使用权人对于土地空间的权属，有利于激励土地空间权属交易的进行。产权明确是市场交易得以顺利开展的前提条件。虽然缺少法定或约定依据，但这些土地空间毕竟是在土地使用权人的事实支配状态下，因此，土地使用权人对于这些土地空间进行事实上的开发、权利设置，都是在所难免的。但是，由于缺少法定或约定的产权

---

〔1〕　有关此种理由的具体表述可以参见洪波："空间建设用地使用权的理论解析——以普通建设用地使用权人的同意权为中心"，载《烟台大学学报（哲学社会科学版）》2006年第3期，第264页。另可参见尹飞：《物权法·用益物权》，王利明审定，中国法制出版社2005年版，第439页。

保障，这些事实上的开发利用行为又很难找到法律上的确切依据，一旦发生纠纷，权利保障便存在困难。而这种状况必然会反过来影响到土地使用权人以及第三人的开发利用土地上下空间的决心和积极性。因此，只有明确土地上下空间的权属，在法律层面将国有土地使用权人已经事实上占有支配的空间权属予以固化，方能激励投资，消除第三人和土地使用权人进行相关土地空间权利创设时的思想顾虑，促进市场交易的顺利进行。

另一方面，明确国有土地使用权人对于土地空间的权属，可以降低土地空间开发利用成本，实现投入产出最大化。在我国，土地虽然属于国家所有，但在实践中，土地开发利用以及权利设定等行为都是由地方政府机关实际操作的。地方政府机关作为一个独立存在的团体组织，在代表国家行使土地所有权时，其实存在自己的利益需求和行动方式，其和所谓的国家利益并不完全一致，在某种程度上甚至可能是和"国家利益"相悖的。这一现象被称为"所有者-经营者的代理理论"。国家是追求土地效能的长久化利用和整体性协调发展，而地方政府受制于短期的政绩需求，往往倾向于短期的集中式开发。这种情况导致土地空间开发成本-收益比较低。因此，我们在土地开发策略设计时，应当尽量减少地方政府国家机关参与土地权属创设的机会，在地方政府机关已经创设了国有土地使用权的情形下，应当将相应地块上下空间权属一并授予土地使用权人，而全部委诸土地使用权人今后统筹行使，没有必要再进行地上地下空间范围的国家保留，从而为地方政府机关进一步创设空间利用权提供机会。相较于公有状态，在一般情况下，私有状态也许更具利用效率。基于以上两方面，将土地上下空间权属配置给国有土地使用权人，从经济效益角度看，也许更能减少成本，更大限度地发挥效能。[1]

（3）城市建设规划中对于国有土地使用权开发利用空间范围的限制，不应当成为国有土地使用权人可以支配土地空间范围的界限。在现代社会，行政机关对于土地开发利用均有严格的城市规划约束，如某一块土地用于何种开发建设项目，建筑时的容积率、绿地率、建筑风格，甚至于建筑高度均有明确的约束。《城市规划编制办法》第42条规定："控制性详细规划确定的各

---

〔1〕 有关此种理由的具体表述可以参见洪波："空间建设用地使用权的理论解析——以普通建设用地使用权人的同意权为中心"，载《烟台大学学报（哲学社会科学版）》2006年第3期，第264页。另可参见尹飞：《物权法·用益物权》，王利明审定，中国法制出版社2005年版，第439页。

地块的主要用途、建筑密度、建筑高度、容积率、绿地率、基础设施和公共服务设施配套规定应当作为强制性内容。"据此，建筑物高度应当是城市详细性规划必备的强制性内容。因此，有学者认为，城市规划中所限定的建筑物的最大高度实际上就是土地使用权人可以开发利用的土地空间范围的上限。[1]对此，有学者反驳认为，城市规划仅仅限定建筑物的最高高度，对于建筑物的地下深度不予规范。因此，依据城市规划是无法确定国有土地使用权人可以支配的土地空间下限的。而且，还应注意到，规划也仅仅是属于公法上的限制，并非私权的创设或剥夺。详言之，城市规划对建筑高度的限制应当被理解为：国家基于公共利益禁止土地使用权人开发利用一定高度以上的空间。但是，其本质并非剥夺国有土地使用权人对于这些空间的权利，而仅仅是对其实际行使这一权利的禁止而已，这些空间的权利归属仍然属于土地权利人，而非国家。因此，不能因为法律对城市建筑高度有规划的约束，就进而认为国有土地使用权人失去了对相应高度以上空间的土地权利。综上，以城市规划所要求的建筑物限高为依据论证国有土地使用权人可以开发利用的土地空间的有限性是难以成立的。[2]

（二）有限说：国有土地使用权的空间范围是有限制的

亦有学者认为，虽然缺少明确的法定或约定依据，但是国有土地使用权人可以利用的土地空间范围应当是有限的，并不能及于土地所有权全部的空间范围。理由主要有：

（1）应当依据国有土地使用权设立目的确定国有土地使用权可以支配的土地空间的上下界限。不论是从权利人由国家处取得国有土地使用权的角度，还是从国家授予权利人国有土地使用权的角度，其均是为了实现特定的土地开发目标，而并非为了概括性地取得国家作为土地所有权人对土地空间的完全、彻底的支配利用权能。这些土地开发目标可能是建筑房屋，可能是修筑道路，可能是挖掘通道等，不一而足。但无论怎样，国有土地使用权的创设均是服务于这些设立目的。因此，即便在国有土地使用权设立合同中没有对

---

〔1〕　参见王利明：《物权法研究》，中国人民大学出版社2002年版，第490页；汪洋："地下空间物权类型的再体系化——'卡-梅框架'视野下的建设用地使用权、地役权与相邻关系"，载《中外法学》2020年第5期，第1382页。

〔2〕　有关此种理由的具体表述可以参见中国物权法研究课题组（梁慧星主持）：《中国物权法草案建议稿：条文、说明、理由与参考立法例》，社会科学文献出版社2000年，第454页。

国有土地使用权可以支配的土地空间的上下界限进行明确划定，但只要保障在土地空间范围内权利人相应设立目的能够实现就应当视为满足了其权利需求。相应地，国有土地使用权人的权利范围"以满足土地实际利用的空间为限"，而不能无限制地予以扩张、放大。[1]正如孙宪忠教授所认为的，一般的国有土地使用权可以使用的土地空间范围仅仅限于建筑物所需要的高度，以及建筑物地基稳固性所需要的深度。[2]因此，即便国有土地使用权可利用土地空间范围确实未明确约定或法定，然据其权利设立目的，亦是可以划定的。

（2）城市规划已经作为《国有土地使用权出让合同》附件存设，国有土地使用权人自然应当受到城市规划的约束，故不能僭越城市规划约束而享有权利。根据《城乡规划法》第 38 条的规定，城市控制性详细规划所提出的建设指标，应当被纳入《国有土地使用权出让合同》。[3]据此可见，国有土地使用权人在取得国有土地使用权之初，已经承诺接受包括建筑物限高在内的城市规划对于其开发利用相应土地的限制，既如此，国有土地使用权人可以支配利用的土地空间就不应当是无限制的，而应当局限于有限范围内。具体而言，应当限于城市规划所要求的限高幅度内。甚至于，如果城市规划限高发生了变更，原本该地块的限高是 50 米，现在限高提升至 80 米，这新增的30 米可建筑空间的土地使用权也不应当属于该地块的国有土地使用权人，而应当仍然由土地所有权人（国家）所保留，国家可以将这新增的 30 米可建筑空间土地使用权另行出让给第三人。[4]

（3）土地所有权是对土地及其上下空间的全面支配，除却国有土地使用权人合法享有的土地利用空间外，其他土地空间应当仍然由土地所有权人（国家）保留占有、支配权利。国家对国有土地享有的是所有权。所有权是一

---

〔1〕 参见薄燕娜："空间使用权若干问题探讨"，转引自王利明主编：《物权法专题研究》（上册），吉林人民出版社 2002 年版，第 840 页。

〔2〕 参见孙宪忠：《国有土地使用权财产法论》，中国社会科学出版社 1993 年版，第 37~38 页。

〔3〕 如原国土资源部、原国家工商行政管理局联合发布的《国有土地使用权出让合同》（示范文本 1994 年）第 5 条规定："本合同附件《土地使用条件》是本合同的组成部分，与本合同具有同等法律效力。……"而在附件中，该地块的规划控制指标，如土地用途、容积率、建筑密度、建筑限高、绿化指标等，均以"土地使用条件"的形式予以了明确限定。

〔4〕 参见罗瑞芳、陈耀东："空间权设立与运行的典型问题分析"，载《中国房地产》2009 年第8 期，第 49 页。关于这一观点的阐述，可另参见王利明：《物权法研究》，中国人民大学出版社 2002 年版，第 490 页。

种全面的、完整的、原则上不受限制的支配权。国有土地使用权仅仅是土地所有权人为他人在自己土地上创设的一种用益物权，作为一种他物权，国有土地使用权的权利空间是划定的，权能是有限的，其法律属性和地位与土地所有权是不可等量齐观的。因此，除非合同或法律有明确规定，剥夺了土地所有权人（国家）在一定范围和程度上对土地空间的支配利用权能，否则应当视为土地所有权人（国家）保留有对相应土地空间的支配利用权能，而非相反。[1]

（三）小结：主流观点认为，国有土地使用权的空间范围是有限的

客观地看，上述国有土地使用权可使用空间范围"无限说"和"有限说"，从法律解释角度，均具有合理性。但是，"我们不用西方某些国家的法律体系来套中国特色社会主义法律体系"。[2]土地公有制作为社会主义制度存在的经济基础，必须强调国家对土地及其空间的绝对支配权利，而不是放松国家对土地空间的支配权能。如果认为国有土地使用权可支配土地空间范围等同于土地所有权人（国家）可支配范围，则在某种程度上等于以"国有土地使用权形式代替了国有土地所有权"，而这种法律制度设计很可能给人以"国有土地资源流失"甚至"土地私有化"之感。而这种状况，从立法政策角度是绝不能允许的。所以，就国有土地使用权可使用空间范围"有限说"和"无限说"而言，在我国，选择"有限说"似乎是必然的选择。

也正因为此，虽然缺少明确的法定或约定依据，然而，在2007年以前，我国大多数法学学者均认为，国有土地使用权可使用空间范围应当是有限的。孙宪忠教授认为，一般的国有土地使用权可以使用的土地空间范围仅仅限于建筑物所需要的高度以及建筑物地基稳固性所需要的深度。[3]王利明教授认为："土地使用权人依法取得权利的，应推定其对地表上下一定范围的空间享有利用权。"[4]屈茂辉教授认为："事实上，在我国法律中，从未接受过绝对

---

〔1〕参见罗瑞芳、陈耀东："空间权设立与运行的典型问题分析"，载《中国房地产》2009年第8期，第48页。关于这一观点的阐述，可另参见王利明："空间权：一种新型的财产权利"，载《法律科学（西北政法大学学报）》2007年第2期，第117页。

〔2〕参见吴邦国："形成中国特色社会主义法律体系的重大意义和基本经验"，载《求是》2011年第3期，第5页。

〔3〕参见孙宪忠：《国有土地使用权财产法论》，中国社会科学出版社1993年版，第37~38页。

〔4〕参见王利明主编：《中国物权法草案建议稿及说明》，中国法制出版社2001年版，第87页。

（国有土地）使用权观念。"〔1〕彭诚信教授认为："我国目前对地上权的范围界定是以对土地利用的实际空间为限，……在该范围之外，就属于国家所有的空间部分。"〔2〕

但是，在缺少法定和约定的情形下，究竟依据怎样的标准来确定国有土地使用权可支配空间范围呢？理论上的通说认为，判断该空间范围大小的依据是国有土地使用权人对土地的"利益限度"。该"利益限度"以满足国有土地使用权人设立目的为中心，且不仅仅局限于经济价值、社会价值、文化价值、审美价值等因素，甚至连预留将来发展需求等也应当予以考虑。〔3〕

虽然依据"利益限度"来确定国有土地使用权可支配空间范围这一指导思想得到了广泛认同，但是，具体究竟应该如何划定该空间范围呢？理论上有"统一标准"和"弹性标准"两种观点。〔4〕"统一标准"即不区分各个国有土地使用权设立的权利人、所处位置、设立目的等因素而划定统一的空间范围。如统一将国有土地使用权可支配空间的上限划定为地表以上100米，下限划定为地表以下10米。这种做法的优势在于，国有土地使用权客体的范围清晰、明确，不易发生争议。但缺陷也是明显的，这种做法没有兼顾各类不同国有土地使用权的差异性，既有可能在某些情况下不能满足权利人的合理需求，也有可能在某些情况下造成国有土地资源的浪费，这种"整齐划一的高度、深度规定"显得十分"僵硬"。〔5〕如在上海市浦东区陆家嘴金融区，100米的限高显然不能满足国有土地使用权人建设摩天大厦的合理需求；而在三线城市的住宅区，100米的限高对于普通居民住宅而言，显然是资源浪费了。因此，理论界普遍认为，在划定国有土地使用权空间范围时，采用"弹性标准"较为科学，即具体依据个案中国有土地使用权设立的"利益限度"来

---

〔1〕 参见屈茂辉：《用益物权制度研究》，中国方正出版社2005年版，第430页。

〔2〕 参见彭诚信："我国土地公有制度对相邻权的影响"，载《法商研究（中南财经政法大学学报）》2000年第1期，第67页。

〔3〕 参见陈华彬："土地所有权理论发展之动向——以空间权法理之生成及运用为中心"，载梁慧星主编：《民商法论丛》（第3卷），法律出版社1999年版，第89~90页。

〔4〕 参见彭诚信："我国土地公有制度对相邻权的影响"，载《法商研究（中南财经政法大学学报）》2000年第1期，第67页。

〔5〕 参见李开国："我国城市建设用地使用权制度的完善"，载《现代法学》2006年第2期，第19页。

划定相应的国有土地使用权可支配的土地空间范围。[1] 如在前例中，陆家嘴金融区的商业用地的空间范围应当较广（如地表以下 50 米～地表以上 300 米），而三线城市的住宅用地的空间范围则应当较窄（如地表以下 5 米～地表以上 20 米）。总之，要根据具体的国有土地使用权设立情形具体地一一确定。

二、原《物权法》关于建设用地使用权分层设立的制度设计

如上所述，在 2007 年《物权法》制定之初，普遍的观念是：国有土地使用权可支配土地空间范围以"合理的利益限度"为限，仅仅涵盖有限的土地空间范围，而不能及于全部的土地所有权人土地空间范围。那么，在有关建设用途空间使用权制度体系的构建过程中，立法者恐怕也就没有办法选择"普通地上权-区分地上权模式""地上权-次地上权模式"，而只能选择"建设用地使用权分层设立模式"了。详言之：

（1）既然国有土地使用权可支配的土地空间不及于土地所有权的全部空间，也就意味着，国有土地使用权的空间范围和日本民法中的普通地上权空间范围是不同的，空间范围十分有限。既如此，将国有土地使用权视为"普通地上权"，而根据需要再在国有土地使用权可支配空间内另行设立"区分地上权"的思路，自然也就难以成立了。

（2）同样，也是因为国有土地使用权可支配的空间范围十分有限，仅仅限于权利人权利设立的"利益限度"以内，对限度外的空间并无支配使用的权利，因此期望国有土地使用权人在实现自己利益需求以外还有富余的空间为第三人以"次地上权"方式设立新的空间利用权，恐现实性也不大。此外，还有学者认为，国家为国有土地使用权人设立权利的目的就是促使其及时、主动地开发利用土地资源，而允许国有土地使用权人为第三人设立新的土地利用权利，有倒买倒卖、炒作土地的嫌疑。[2]

（3）既然原《物权法》颁布以前的主流观点一直是认为国有土地使用权可以支配利用的土地空间范围以"合理利益限度"为限，仅仅及于一定范围的空间，这也就意味着，国有土地使用权是仅仅支配一定范围空间的土地利

---

〔1〕 参见彭诚信："我国土地公有制度对相邻权的影响"，载《法商研究（中南财经政法大学学报）》2000 年第 1 期，第 67 页。

〔2〕 参见罗瑞芳、陈耀东："空间权设立与运行的典型问题分析"，载《中国房地产》2009 年第 8 期，第 48 页。

用权，而对此外的地表上下空间的开发利用权利仍然由土地所有权人——国家——保留。因此，国家再在相应的空间内划定一定区域空间，另行设立空间利用权，自然是顺理成章的事情了。由此，国家划分不同的区域空间范围分别设立不同的土地使用权，即采纳"建设用地使用权分层设立模式"立法思路似乎是当然的立法选择了。

正是在上述立法的背景下，2007年《物权法》在构建我国建设用途空间使用权制度体系时采纳了"建设用地使用权分层设立"模式。原《物权法》第135条承认了"建设用地使用权"制度；第136条明确建设用地使用权可以在"土地的地表、地上或者地下分别设立"；第138条强调建设用地使用权出让合同必须包含"建筑物、构筑物及其附属设施占用的空间"。依据上述法律规定，国家在为权利人创设建设用地使用权时，可以是以地表为中心的"地表建设用地使用权"，可以是地上一定空间的"地上空间建设用地使用权"，也可以是地下一定空间的"地下空间建设用地使用权"。但是，不论是何种建设用地使用权，这些权利的空间范围在最初设立时都必须予以明确，即必须确定"建筑物、构筑物及其附属设施占用的空间"。据此，2008年国家发布的《国有建设用地使用权出让合同示范文本》在原1994年《国有土地使用权出让合同》仅仅规定出让地块水平四至的基础上，增加规定，必须在出让合同中约定国有建设用地使用权的"竖向界限"，即土地空间的起止范围。[1]如此，通过"水平四至"加"起止高度"的限定，将精确划定各类（地表、地上空间、地下空间）建设用地使用权的空间范围。当然，实践中，一宗土地上最初设定的建设用地使用权通常为以地表为中心的"地表建设用地使用权"，然该权利的地表上下空间经"出让合同"约定，已经予以了固定。今后，国家作为土地所有权人可以在此地表建设用地使用权上下空间范围内继续创设新的"地上空间建设用地使用权"或"地下空间建设用地使用权"。[2]

---

〔1〕 根据2008年《国有建设用地使用权出让合同示范文本》《国有建设用地划拨决定书》，"宗地竖向界限"按照1985年国家高程系统（也可以按照各地高程系统）为起算基点填写，高差是垂直方向从起算面到终止面的距离。如：出让宗地的竖向界限以标高+60米（1985年国家高程系统）为上界限，以标高+20米（1985年国家高程系统）为下界限，高差为40米。

〔2〕 参见全国人大常委会法制工作委员会民法室编：《中华人民共和国物权法条文说明、立法理由及相关规定》，北京大学出版社2007年版，第256页；全国人大常委会法制工作委员会民法室编著：《物权法（草案）参考》，中国民主法制出版社2005年版，第317页。

依据原《物权法》"建设用地使用权分层设立"的思路，我国的"建设用地使用权"将分为"地表建设用地使用权""地上空间建设用地使用权""地下空间建设用地使用权"三类。[1]具体如下图所示：

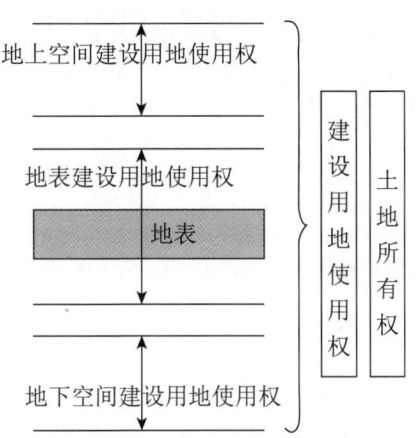

<hr />

〔1〕 及至 2007 年《物权法》颁布以后，仍然有学者推崇"普通地上权-区分地上权"二元模式，并将《物权法》第 136 条相关规定理解为就是上述二元模式。如陈华彬教授认为：空间建设用地使用权是在位于距离地面的上空或地下一定空间范围内设立的一种土地用益物权，其性质属于"普通建设用地使用权的一亚种"。两者的区别在于，普通建设用地使用权的权利客体为"土地的全体全层"，而空间建设用地使用权的权利客体为"土地上下的一定断层"。同一土地上可以先设立普通建设用地使用权，再后设立空间建设用地使用权。但是，重叠部分的空间范围就在先设立的普通建设用地使用权而言，其效力将处于"休眠或暂停状态"。反之，同一土地上也可以先设立空间建设用地使用权，而后再设立普通建设用地使用权。当然，依据物权优先性，除非有特别约定，否则在先设立的空间建设用地使用权应当优先适用。（参见陈华彬："空间建设用地使用权探微"，载《法学》2015 年第 7 期，第 19~27 页。）如赵秀梅教授认为：依据《物权法》第 136 条，我国区分"普通地上权"和"土地空间权"，可以先成立"普通地上权"再成立"土地空间权"，也可以先成立"土地空间权"再成立"普通地上权"。（参见赵秀梅："土地空间权与其他权利的冲突及协调——以《物权法》第 136 条的适用为中心"，载《法律适用》2012 年第 3 期，第 45~47 页。）如薄燕娜、刘植认为：依据《物权法》第 136 条，在一块土地上，土地所有权人在设立"普通建设用地使用权"之后，还可以为第三人以其中某特定范围空间为客体设立"享有建设用地分层使用的空间权利"。这里，薄燕娜教授、刘植教授所称的"普通建设用地使用权"和"享有建设用地分层使用的空间权利"实质上就是"普通地上权"和"区分地上权"之间的关系。参见薄燕娜、刘植："建设用地分层使用的空间权利探讨"，载《福建论坛（人文社会科学版）》2012 年第 3 期，第 174 页。

建设用地使用权分层设立制度的
实施状况与完善路径

　　原《物权法》以"建设用地使用权分层设立制度"构建了我国的建设用途空间使用权（空间建设用地使用权）体系。然而，一方面，由于其制度设计舍弃了我国法律长期借鉴的日本相关立法例，而仿效英美法系空间权分层设立模式，故其内容对于国人而言，较为新颖。另一方面，该制度是立足于建设用地使用权制度整体进行的设计，其所包含的内容涉及地表建设用地使用权、地下空间建设用地使用权、地上空间建设用地使用权，相关内容较为复杂、层叠。加之原《物权法》仅仅以第136条、第138条两个条文加以规范，相对抽象、简单。因此，该制度虽然被认为是原《物权法》中的一个亮点，"这表明我国《物权法》对建设用地使用权赋予了新的内容，是一项重要的创新"。[1] 但是，在此后十多年的实施过程中，各部门、各地方对于其制度内涵以及相关适用对象等均有较大的理解差异。本部分将通过对实践中贯彻建设用地使用权分层设立制度的实践情况的梳理，评价其实施效果，分析其产生原因，并在此基础上结合《民法典》"物权编"对建设用地使用权分层设立制度的继承，提出相关的完善建议。

---

　　[1] 参见魏耀荣："关于《中华人民共和国物权法》建设用地使用权制度的评析"，载 https://wenku.baidu.com/view/201edca1284ac850ad0242df.html，最后访问日期：2018 年 12 月 30 日访问。魏耀荣先生生前系全国人大常委会法工委原经济法室主任，民法起草小组成员，全程参与了《物权法》起草工作。

第一节　地下结建工程与地下空间建设用地使用权的设立

地下结建工程是指，以地表为中心，连同地上地下一并开发建设的建筑设施。现实中，绝大多数建筑物均属于这种类型。例如，地面以上有10层，地面以下有2层，地上建筑可以被用作商业、办公、住宅，地下建筑也可以被用作商业设施，但更多的是作为停车场、设备层等。地下建筑部分虽然属于地上建筑的配套设施，但也具有其存在的独立价值。一方面，作为建筑物基础结构，能够稳固地上建筑物；另一方面，也更好地配套发挥了地上建筑物的设计用途。当然，有时为了配合人防设施建设要求，也必须建设相应的地下建筑部分。

由于地下结建工程有地下建筑部分，该地下建筑部分所占据的空间范围，是连同地上建筑一体属于"地表建设用地使用权"？还是应当单独设立"地下空间建设用地使用权"？对此，原《物权法》颁布后，各地方性规范文件有不同的规定，采取了不同的做法。本节，我们将在对各地方性规范文件进行梳理的基础上，就相关权属设置方式提出意见。

一、有关地方性规范针对地下结建工程的地下建筑部分土地权属设置情况梳理

实践中，针对地下结建工程中地下建筑部分的土地权属设置情况，各地的地方性规范有不同的规定。

（1）有些地方将地下建筑部分占据的空间作为地表建设用地使用权的组成部分，结建工程的地上建筑和地下建筑作为一个整体一并对应一个"地表建设用地使用权"。

如2008年颁布的《深圳市地下空间开发利用暂行办法》（现已失效）第26条第2款规定："与地表建（构）筑物、附着物连为一体的地下的建（构）筑物、附着物，其土地权利确定为地表建设用地使用权，初始登记时与地表建（构）筑物、附着物共同登记。"第14条规定："本办法实施前，地表建设用地使用权已经出让或者划拨并由同一主体结合地面建筑一并开发建设（以下简称'结建'）地下工程的，视为地表建设用地使用权人已经取得该宗地表以下建设工程规划许可明确的结建地下建（构）筑物外围实际所及空间范

围的地下建设用地使用权。"[1]

如《浙江省土地登记实施细则》第30条第2款规定："审批文件明确地下连同地表土地使用权开发使用的，将地下空间连同地表作为一个整体确定地表建设用地使用权进行登记。"《浙江省人民政府关于加快城市地下空间开发利用的若干意见》亦强调："相关审批文件明确地下连同地表土地使用权开发使用、共同建设的，应将地下空间连同地表作为一个整体确定建设用地使用权，一并进行土地登记发证。"

此外，《福州市城市地下空间开发利用管理办法（试行）》第16条第1项、《加强温州市城市地下空间开发利用管理实施意见》第6项、《衡水市市区国有土地使用权分割登记暂行办法》第6条（共用宗地的设定）、《成都市城市地下空间开发利用管理办法》第14条、第17条、第19条第2款等地方性规范文件也有类似条款。

上述做法中，在将结建工程地下部分和地上部分合并认定为一个地表建设用地使用权后，将根据地上地下各区分所有建筑面积的比例分摊这一地表建设用地使用权的面积。如《加强温州市城市地下空间开发利用管理实施意见》第13项规定："结建地下空间将地下建筑物的建筑面积计入整体建筑面积，按权利人拥有的地下建筑面积占整体面积的比例分摊地表建筑占地面积。"总之，此时，结建工程地下部分和地上部分的工程性质、处理方式完全一致。

（2）有些地方将地下建筑部分占据的空间作为独立的地下空间建设用地使用权，结建工程的地上建筑和地下建筑分属"地表建设用地使用权"和"地下空间建设用地使用权"两个土地权属。

例如，《杭州市市区地下空间建设用地管理和土地登记暂行规定》第11条第1款规定："地下空间建设用地使用权实行分层登记，即将地下每一层作为一个独立宗地进行登记。……"第17条规定："地下和地表为连体建筑且是单一产权人的地下空间建设用地，其使用权办理抵押登记的，地下空间建设用地与地表建设用地使用权应一并抵押、一并实现抵押权。"第18条规定："地下和地表为连体建筑且是单一产权人的地下空间建设用地，其使用权需办理转让手续

---

[1] 取代《深圳市地下空间开发利用暂行办法》（2008年）的《深圳市地下空间开发利用管理办法》（2021年）第36条第2款规定："……结建式地下建（构）筑物应当与其地上部分一并办理建设用地使用权及建（构）筑物所有权首次登记。"

的，地下空间建设用地与地表建设用地使用权应一并转让。"从上面的规定中我们可以看出，在杭州，地上地下结建工程所属空间被分割为"地表建设用地使用权"和"地下空间建设用地使用权"。但是，同一结建工程的地表建设用地使用权和地下空间建设用地使用权的设立、转让、抵押等处分应当一并进行。[1]

此外，《上海市地下空间规划建设条例》第 28 条[2]、《厦门市地下空间开发利用管理办法》第 6~9 条、《苏州市地下（地上）空间建设用地使用权利用和登记暂行办法》第 15 条第 2 款第 2 项[3]、《南昌市城市地下空间开发利用管理办法》第 13~14 条和第 27 条、《福建省地下空间建设用地管理和土地登记暂行规定》第 6 条和第 14 条第 2 款、《西安市地下空间开发利用管理办法》第 14 条和第 16 条第 2 款、《芜湖市市区地下空间利用和房地产登记暂行办法》第 16 条第 1 项[4]等地方性规范文件也有类似的规定。

同一结建工程地上、地下部分为不同所有人区分所有的，则将按照各区

---

〔1〕　但根据《杭州市市区地下空间建设用地管理和土地登记暂行规定》第 19 条的规定，地上地下结建建筑产权人同一，且地表建设用地使用权已经办理登记的，可以"暂不办理相应地下空间建设用地使用权初始登记"。

〔2〕　上海市在研究界定结建工程中地上和地下空间土地权属关系时，曾经有过一种思路，即区分结建工程中地上建筑部分和地下建筑部分的权利人是否同一。如果地上建筑部分和地下建筑部分的权利人是同一人，则认为该结建工程为一个整体，只需要统一取得一个地表建设用地使用权，"其权利范围包括土地使用权人已取得该宗地地表至地下建筑物、附属物外围所及的范围"；如果地上建筑部分和地下建筑部分的权利人不是同一人，则区分地上和地下部分，分别设立地表建设用地使用权和地下空间建设用地使用权，"权利范围分层设定，地下土地使用权的范围是地下建筑物、附属物的顶板至建筑物、附属物的最深基础平面外围所及的权利边界"。[参见庞元（上海市房屋土地资源管理局副局长）："城市地下空间房地产登记的实践探讨"，载《上海市地下空间综合管理学术论文集》，第 25 页。]但是，从最终的有关地下空间立法（如《上海市城市地下空间建设用地审批和房地产登记规定》《上海市地下空间规划建设条例》等）来看，上海市未采纳这种区分认定结建工程地上地下土地权属的做法，而是统一认为，结建工程的地下部分必须独立创设地下空间建设用地使用权。

〔3〕　根据《苏州市地下（地上）空间建设用地使用权利用和登记暂行办法》第 8 条的规定，上述办法生效前的结建工程的地下部分占据空间，虽然当初仅仅办理了相关的地表建设用地使用权审批手续，而未办理相应的地下空间建设用地使用权审批手续，但考虑到该地下空间建设符合相关建设规划的客观情况，苏州市认为，权利人已经从事实上享有了相应的地下空间建设用地使用权，无须再另行办理相关设定程序。

〔4〕　根据《芜湖市市区地下空间利用和房地产登记暂行办法》第 9 条的规定，对于上述办法生效前的结建工程的地下部分占据空间问题，虽然当初仅仅办理了相关的地表建设用地使用权审批手续，而未办理相应的地下空间建设用地使用权审批手续，但考虑到该地下空间建设符合相关建设规划的客观情况，芜湖市认为，权利人已经事实上享有了相应的地下空间建设用地使用权，无须再另行办理相关创设程序。

分所有人的建筑面积分别计算各自的地表建设用地使用权面积和地下空间建设用地使用权面积。如依据《成都市国土资源局关于国有土地使用权设定登记后因转让建构筑物所有权涉及的土地使用权变更登记中按建构筑物占地面积分摊土地面积有关问题的规定》，结建工程的地上建筑部分所占据的土地权属和地下建筑部分所占据的土地权属应当被认定为两宗地，分别确认为"地表建设用地使用权"和"地下空间建设用地使用权"。

（3）有些地方原则上要求结建工程的地下建筑部分占据的空间应当作为"地表建设用地使用权"的组成部分。但是，由于历史原因，地上建筑部分的地表建设用地使用权已经登记的，地下建筑部分亦可以单独设立"地下空间建设用地使用权"。

根据《广州市地下空间开发利用管理办法》第35条的规定，原则上，结建工程的地上、地下部分仅需统一设立一个地表建设用地使用权，但如果地面部分建筑由于历史原因已经登记，地下建筑部分亦可以单独设立地下空间建设用地使用权。

（4）有些地方规定，当事人可以选择结建工程地下建筑部分所属空间连同地表建筑一并设立"地表建设用地使用权"，也可以选择单独设立"地下空间建设用地使用权"。

如《金华市区城市地下空间开发利用管理办法（试行）》第23条第1款规定："结建地下空间土地使用权和地表土地使用权可合并办理用地使用权初始登记，也可根据国有建设用地使用权出让合同约定单独办理初始登记；……"

二、地下结建工程分层设立地下空间、地表、地上空间建设用地使用权实例剖析

"深圳地铁前海湾车辆段"是一个典型的整体建筑物被分层设立为地下空间建设用地使用权、地表建设用地使用权、地上空间建设用地使用权的实例。该车辆段计划分为四个层次。第一层次——地下空间，为地铁运行线；第二层次——地上0~9米部分，为车辆段用房；第三层次——地上9米~15米部分，为交通转换层；第四层次——15米以上部分，为地铁上盖，建设商品房、商用房等。根据实际需要以及相关土地使用权出让法律法规，深圳市国土部门最终划分为三层建设用地使用权，并分别设立。第一层地下空间建设用地使用权，占据地表以下土地空间，为地下的地铁运行线路，性质为划拨国有

建设用地使用权，划拨给深圳地铁公司；第二层地上空间建设用地使用权，占据地表以上 0~15 米部分空间，为车辆后勤保障、其他类型交通方式换乘用途，性质为协议出让国有建设用地使用权，协议出让给深圳地铁公司；第三层地上空间建设用地使用权，占据地表以上 15 米以上空间，为地铁上盖的商业及居住用途，性质为挂牌出让国有建设用地使用权，最终由深圳地铁公司以 17.4 亿元价格挂牌成交。

上述深圳地铁前海湾车辆段建设工程虽然是一个建筑整体，但囿于现行土地管理制度的约束，只能将该区域土地权属"分层设立"为"作为地下地铁运行线路的地下空间建设用地使用权""作为车辆段厂库、维修中心、交通转换层的地表建设用地使用权""作为商业及居住用途的地上空间建设用地使用权"三层建设用地使用权。但我们注意到，其实，这三层建设用地使用权最终都分别以"划拨""协议出让""挂牌出让"的方式，为深圳地铁公司同一个权利主体获得，[1] 而实际上，全国各地在地铁综合体建设中也都是由地铁公司独立或合作取得各类地上、地下空间土地使用权。[2]

那么，为什么实务中各地一方面将结建工程地上地下部分"分层设立"不同的地表建设用地使用权和地下空间建设用地使用权，另一方面又采取措施将各个建设用地使用权权利主体统一为一个人呢？其中的原委并不难理解。一个建筑物虽然跨越地上地下，但本质上还是一个整体，在内部结构划分、建筑基础承重、区域功能搭配、施工顺序排列等方面均需要统筹规划、整体布局。如若严格遵循物权特性，授权该空间内各分层空间建设用地使用权人自主安排开发利用其空间权属，可能会导致相关的建设工程的统筹协调实难完成。各空间建设用地使用权人各有利益需求、各有权利安排，相互磋商，必然带来巨额的交易成本，甚或完全无法达成一致。[3] 正因为此，我们看到，在各地实践中，虽然强调地上地下结建工程可以"分层设立"地表、地下空间建设用地使用权，但其主体还是同一的，施工进程亦是同一的。如《温州市房屋与市

---

〔1〕　虽然在各地法规中，对于地上地下结建工程，要求以地表为界划分为地表建设用地使用权和地下空间建设用地使用权两类，但实际上，此时这两个建设用地使用权的主体是同一的，而并不会分别授予两个不同的权利主体。如根据《上海市城市地下空间建设用地审批和房地产登记规定》第 2 条第 2 项、《上海市地下空间规划建设条例》第 17 条第 2 款的规定，地上地下结建工程虽然需要设立地表、地下空间两个建设用地使用权，但仍然必须是"一并取得"，故这两个权利主体实质上是同一人。

〔2〕　参见陈颖："地铁上盖物业合作开发模式研究"，载《财经界》2015 年第 14 期，第 89 页。

〔3〕　参见李曦、万磊："土地使用权分层出让的瓶颈"，载《中国土地》2009 年第 6 期，第 50 页。

政工程地下空间建设管理的意见》明确规定，地上工程和地下结建工程应当同时设计、同时审查、同时建设、同时验收、同时交付，且应当统一发包，由一个单位一并承接，不得肢解发包。凡此种种规定，其目的无非就是一个：确保地上地下结建工程中地上工程建设部分和地下工程建设部分建设主体同一、建设标准同一、建设程序同一。总之，是作为一个完整的建设工程一并进行。

三、本书观点：结建地下工程无须单独设立地下空间建设用地使用权

如前文所述，结建地下工程是指，利用地下空间和地表一体建设的建筑物、构筑物。实践中，城市高层建筑地上商品房和地下车库虽然分据地上地下两个部分，但是整体上是连为一体的，系一个整体建筑。如下图所示

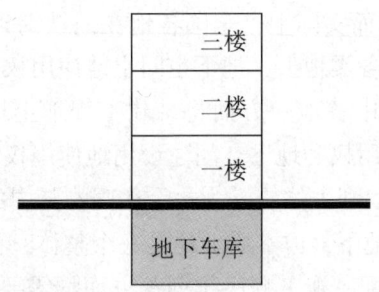

我们认为，此时就地下空间利用而言，其实无须单独设立地下空间建设用地使用权，具体而言：

（1）该建筑物虽一部分在地上、一部分在地下，但实质上仍然是一个整体，建造时亦是同时进行的。该建筑物和以地表为起点的多层建筑物实质上并无差异，只不过一个是以地平面为起点，一个是以负地平面以下一定地层为起点，然建筑物的土地利用方式其实完全相同。

（2）依据原《物权法》建设用地使用权分层设立思路，地表建设用地使用权也不是说只能利用地表以上空间，其实质上是指利用以地表为中心的地表上下一定范围的空间。[1]因此，利用一定范围的地下空间亦可以被归入地

---

[1] 参见全国人大常委会法制工作委员会民法室编：《中华人民共和国物权法条文说明、立法理由及相关规定》，北京大学出版社 2007 年版，第 256 页。

表建设用地使用权的权利范围。

（3）对于同一地表建设用地使用权（地上权）上建造的多层建筑而言，虽然各层建筑物（甚至各间建筑物）可以区分归各人所有，然其所占据的地表建设用地使用权（地上权），仍被视为不可分割的整体，并由各区分建筑所有权人共有。此乃多层建筑物区分所有权制度之公认法理。[1]

基于以上认识，我们认为，就结建地下工程所占据的地下空间而言，无须单独设立地下空间建设用地使用权，而仍应当依据建筑物区分所有制度，由地上、地下建筑物区分所有人共有一地表建设用地使用权即可。

实际上，上述结建地下工程的地下空间部分权属认定思路，也已经得到了有关国土部门的认可。例如，2000年原国土资源部对广东省原国土资源厅《关于地下建筑物土地的确权登记发证问题的请示》的回复（已失效）明确指出，对于地下结建工程地下部分的土地权属，"其土地权利可以确定为土地使用权"，具体面积则按照地下部分建筑面积按比例分摊在整个土地使用权中。

囿于现实土地管理制度的制约，地上地下结建工程在很多情况下被设定为地表、地下两个空间建设用地使用权。这种做法也许有其现实环境因素的必然，但却是和物权法原理相冲突的，在实施过程中也没有任何实际价值，而且在自身内在逻辑上亦存在不统一和矛盾。此点，目前实际上也已经得到了许多学者的关注和批评。正如罗秀兰先生所认为的，高层建筑的土地使用权的出让是包括了其基础内部的地下空间的使用权的，故应当采用整体出让方式。[2]如殷秀云、张占录教授认为："地下建筑物与地上建筑物连为一体时，……可作为一个整体确定土地使用权。"[3]

承上所述，实践中，需要设立地下空间建设用地使用权的情形，应当仅仅限于单建地下工程。所谓"单建地下工程"是指，单独利用地表以下一定范围空间所建筑的独立建筑物，其和地表建筑物之间不属于一个整体建筑物。相应地，该"单建地下工程"所占据的地下空间权属当属于"地下空间建设用地使用权"。

---

〔1〕　参见谢在全：《民法物权论》（上册），中国政法大学出版社1999年版，第212页。

〔2〕　参见罗秀兰："高层建筑之地下空间权利冲突探析——兼论对结建地下空间开发的规制与激励"，载《中国土地科学》2015年第5期，第76页。

〔3〕　参见殷秀云、张占录："论中国地下空间权利登记制度的建立"，载《中国土地科学》2010年第6期，第18页。

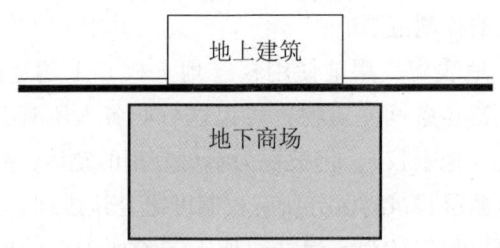

第二节 建设用地使用权分层设立中"竖向空间界限"落实状况及其原因考察

建设用地使用权分层设立思路的核心在于：明确各类（地表、地上空间、地下空间）建设用地使用权所各自占据的空间范围，如地表以下5米~地表以上20米，或者地表以下5米~地表以下15米等。国家作为土地所有权人在某块土地上（新）设立某层次的建设用地使用权时，一定要明确其相应的土地空间竖向界限，否则该建设用地使用权可利用的土地空间范围就无法明确，也会影响到后续国家（土地所有权人）在其他土地空间范围内新设空间建设用地使用权。

2007年《物权法》颁布后，原国土资源部、原国家工商总局于2008年颁布的《国有建设用地使用权出让合同（示范文本）》第4条明确规定，出让合同除了明确建设用地使用权水平界限外，还应当载明"竖向界限"，即以国家高程体系标明空间的起止范围。而且，不论是地表建设用地使用权，还是地上空间建设用地使用权、地下空间建设用地使用权，均应当明确相应的"竖向空间界限"。地表建设用地使用权虽然是以地表及其附属上下空间为权利范围，但也应当明确其空间范围，以此为今后继续设定（地上、地下）空间建设用地使用权明确可能的空间范围。由此，"建设用地使用权分层设立"思路方才能够得以贯彻。

基于"竖向空间界限"落实情况在建设用地使用权分层设立中的关键意义，本节将对原《物权法》颁布后此项工作在实践中的实施情况予以考察，并分析其中的原因。

一、建设用地使用权分层设立中"竖向空间界限"的落实状况

坦率地说，根据我们所了解的情况，原《物权法》实施十多年来，在建

设用地使用权出让实践中，一直未能有效落实"竖向空间界限"的明确问题。

（一）建设用地使用权"竖向空间界限"栏目一直空白

目前来看，在地表建设用地使用权出让实务中，出让合同中的有关地表建设用地使用权所占用的空间范围的"竖向界限"一栏，基本都是作空白处理，不作规定。根据本书作者的调查，随着国有建设用地使用权出让制度的不断完善，出让合同及其规划附件所要求载明的内容越来越多，越来越细致。出让合同中会要求载明建设用地使用权水平界限、建筑红线、建筑覆盖率、建筑容积率、建筑绿地率、建筑用途，甚至还包括投资强度、单位土地产值、单位土地利税等内容。但是，对于建设用地使用权占据空间的竖向界限，即便出让合同中有明确一栏，也均是作空白处理，未予填写。此与国内其他学者经过实地调查得出的结论相印证。[1]

不仅仅是地表建设用地使用权出让时，相关出让合同对出让空间的"竖向界限"也不予规定，即便是在地下（地上）空间建设用地使用权出让时，相关出让合同对于出让空间的"竖向界限"有时也是未予规定。如2013年北京物美置地公司与原北京市国土资源局签订了地下空间建设用地使用权出让合同，物美置业将取得北京国际雕塑公园地表以下的地下空间建设用地使用权，以建设文化娱乐中心。相关出让合同约定了水平四至：东邻玉泉路，南邻鲁谷村路，西邻北京国际雕塑公园，北邻石景山路；用地规模28 450.283平方米；地下建筑规模80 000平方米；地下空间建设用地使用权的起始深度，即海拔高程59.6米。但是，出让合同在约定了该地下空间建设用地使用权起始深度的同时，并没有约定最大深度，即只规定了起点，而未规定终点。[2]然而，按照原《物权法》第136条、第138条的要求，必须同时规定建设用地使用权占据土地空间的上下界限方可。

实际上，无论是2014年颁布的《不动产登记暂行条例》、2015年颁布的《不动产登记暂行条例实施细则》，还是2016年颁布的《不动产登记操作规范

---

〔1〕参见王廷等："建设用地使用权分层设立研究"，载《资源开发与市场》2009年第8期，第697页；薄燕娜、刘植："建设用地分层使用的空间权利探讨"，载《福建论坛（人文社会科学版）》2012年第3期，第169页；陶钟太朗、杨遂全："论宅基地使用权的空间权塑造"，载《中国土地科学》2014年第6期，第21页；吕翾："国土空间立体化开发中的权属界定及管理"，载《法学》2020年第6期，第170页。

〔2〕参见张坚："论区分建设用地使用权"，载《中国土地科学》2015年第1期，第38~39页。

（试行）》，相关法规在建设用地使用权登记申请、审核、公告、登录等环节，均没有作出关于"建设用地使用权竖向界限"的相关规定。换言之，"国有建设用地使用权出让合同示范文本"中所列明的"竖向界限"栏目在不动产登记实践中并没有相对应的登记项目，故其登记更是无从谈起。

（二）桩基是否包括在空间建设用地使用权范围内存在争议

桩基是指建筑物为了稳固性而在地下构筑的地下设施，桩基与建筑物连为一体，没有相应的使用功能，仅仅能起到建筑物与地下岩石或土层的黏合作用。桩基虽然不直接具有房屋使用功能，但却是房屋稳固存在的前提，和房屋等建筑物是连为一体的，是房屋建设中不可或缺的组成部分。原《物权法》第138条规定，出让建设用地使用权时，应当明确"建筑物、构筑物及其附属设施占用的空间"。这里的"空间"应当是包括桩基在内的整个建筑物所占据的土地上下空间。换言之，不论是地表建筑物，还是地下空间建筑物，其所附属的建筑物桩基所占用的地下空间都应当属于相应建设用地使用权空间范围。然而，我们发现，关于地下桩基是否应被纳入建设用地使用权分层设立中的土地空间范围，不同的地方性规范有不同的规定。

（1）有些地方性规范明确肯定了桩基所占据的空间属于建设用地使用权的空间范围。如《西安市地下空间开发利用管理办法》第2条第1款规定："本办法适用于西安市规划区内，地表以下的空间。主要包括同一主体结合地面建筑一并开发建设的地下工程（以下简称'结建地下工程'）、独立开发建设的地下工程（以下简称'单建地下工程'），以及管线敷设、道路交通、桩基等利用地下空间的建设工程。"据此，在西安，建筑物的地下桩基是被纳入建设用地使用权所属空间范围的。

（2）有些地方性规范明确排除了桩基所占据的空间属于建设用地使用权的空间范围。如《上海市城市地下空间建设用地审批和房地产登记试行规定》第2条第1款规定："本规定适用于本市国有土地范围内地下空间开发建设的用地审批和房地产登记，但因管线铺设、桩基工程等情形利用地下空间的除外。"此外，《芜湖市市区地下空间利用和房地产登记暂行办法》第4条、《福建省地下空间建设用地管理和土地登记暂行规定》第2条、《苏州市地下（地上）空间建设用地使用权利用和登记暂行办法》第4条也排除了桩基占据地下空间适用相关地下空间开发利用地方性法规的可能性。依据上述规定，在上海、苏州、福建、芜湖等地区，桩基虽然是建筑物不可分割的组成部分，也确实占据一定的地下空间，但其所利用的地下空间并未被纳入建设用地使用权空间范围。

（三）小结

综上所述，我们认为，实践中，建设用地使用权设立时明确"竖向空间界限"的要求，并未得到有效落实。一方面，各地在最常见的地表建设用地使用权设立中，往往将建设用地使用权出让合同中明确要求填写的"竖向界限"一栏作空白处理。即便是在地下空间建设用地使用权的出让中，也只是规定了地面以下××米的起始点，而没有规定地下空间的终止点。这种状况直接导致原《物权法》所预想的明确既有建设用地使用权空间范围，为以后（地上空间、地下空间）建设用地使用权设立划定空间界限的思路落空。另一方面，许多地方明确规定不将建筑物的地下桩基所占用的地下空间列入相应建设用地使用权范围。地下桩基是建筑物不可或缺的部分，其与建筑物主体结合在一起，作为一个整体共同利用相应的土地（地下）空间。地下桩基所占据、使用的地下土地空间范围不属于相应的建设用地使用权范围显然是不科学的，也不符合客观实际情况，并且直接影响了后续其下地下空间建设用地使用权设立区域的划定。

二、建设用地使用权分层设立中"竖向空间界限"难以明确的原因分析

鉴于建设用地使用权设立过程中"竖向空间界限"难以实际明确，导致原《物权法》所设想的建设用地使用权分层设立思路在实践中难以贯彻，几乎陷于停滞。究其原因，我们认为，可以从以下两方面分析：

（一）从技术层面上讲，创设建设用地使用权之初，难以预先明确空间竖向界限

从相关资料来看，全国人大常委会法工委似乎是希望借助城市建设规划的约束性指标以确定相应的"竖向空间界限"。"国家在出让建设用地使用权时，已经根据规划对建筑物的四至、高度、建筑物面积等做了明确规定。……一些地方也开始试点，对建筑物的深度也进行了限制。因此，建设用地使用权人取得建设用地使用权时，其所享有的空间范围是可以确定的。"[1]对此，亦有学者持赞同态度："以建设规划所确定的土地使用目的（土地用途）来限制使

---

〔1〕 参见全国人大常委会法制工作委员会民法室编著：《物权法：立法背景与观点全集》，法律出版社 2007 年，第 506 页。上述文字载于法工委民法室编写的《部分国家和地区有关空间利用权的立法情况及学者对如何规定空间利用权的观点》一文的"三、几点想法"部分。

用权人的空间权。"〔1〕根据我国相关法律法规，建设用地使用权人必须遵守城市建设规划约束〔2〕，而且，"建设用地使用权出让合同"也将相应地块的城市建设规划作为合同附件约束合同当事人。因此，如果城市建设规划对于相应建设用地使用权可支配空间范围能够作出明确界定的话，依据城市建设规划来确定建设用地使用权土地空间的竖向界限亦不失为一个可行路径。

　　但实际上，上述思路未必可行。首先，就土地空间的上限而言。有些地区存在城市限高的规划要求，且该限高规划需要作为合同附件列入建设用地使用权出让合同。但问题是，不是所有的地区均有城市限高规划，如某些城市新区即没有限高的规划约束，那么在没有城市限高规划的地区，该建设用地使用权空间竖向界限的上限如何确定？其次，如前所述，就建设用地使用权空间的下限而言，地下建筑物所占据地下空间的范围一般可以由最初的建筑设计方案确定，有些地方现在已经将地下建筑物的建设情况纳入城市规划约束范围，即某地区能否建设地下设施、什么性质的地下设施、几层的地下设施、多大面积等诸多要素，均被纳入建设用地使用权出让之处的城市规划。〔3〕若如此，则地下建筑部分所占据的空间范围，包括空间范围的下限，均可以予以确定。但是，对于建筑物的地下桩基的建设形式、建设深度等，现有城市规划是一概不予涉及的。而且，地下桩基所占据的地下空间深度，依目前现有建筑技术，是无法事先准确预估的。因此，我们认为，许多学者们一直秉持的以"城市建设规划"确定建设用地使用权竖向界限的观点恐存在相当难度。此点正如王利明教授所言："即使规划再完美，也无法将所有的

---

　　〔1〕 参见李开国："我国城市建设用地使用权制度的完善"，载《现代法学》2006 年第 2 期，第 16 页。相同观点另可参见罗瑞芳、陈耀东："空间权设立与运行的典型问题分析"，载《中国房地产》2009 年第 8 期，第 49 页。

　　〔2〕 参见《城镇国有土地使用权出让和转让暂行条例》第 17~18 条、《土地管理法》第 56 条。

　　〔3〕《江苏省城乡规划条例》第 30 条规定："开发利用城市、镇地下空间，应当符合有关规划和城乡规划主管部门确定的规划条件，依法办理建设项目选址、建设用地和建设工程的规划审批手续。与地面建设工程一并开发利用地下空间的，应当与地面建设工程一并办理规划审批手续；……任何单位和个人不得开挖建筑底层地面，不得擅自改变经规划审批确定的地下空间的使用功能、层数和面积；……"《重庆市城乡规划条例》第 36 条第 2 款规定："任何单位和个人利用地下空间进行建设，应当符合控制性详细规划并办理规划审批手续和法律、法规规定的其他审批手续。"第 47 条第 1 款规定："……在国有建设用地使用权出让前，城乡规划主管部门应当依据经批准的详细规划和城市设计等划定规划建设用地范围，提出拟出让地块的……地下空间利用等规划条件及附图，作为国有建设用地使用权出让合同的组成部分。未确定规划条件的地块，不得出让国有建设用地使用权。"

空间利用形态都完全包含在内。"[1]

针对上述立法缺漏，原《物权法》实施后，也有学者提出了诸多建议，但似乎距离实践操作均仍有相当差距。

马栩生教授提出，确定地表建设用地使用权土地空间范围需要考虑以下因素：①保证实现地表建筑物的正常需求，不得压缩其合理利益空间；②确保地表建筑物地基的稳固以及地下部分建筑设施的通风、采光等需求；③结合城市需要和科技能力，综合考虑剩余地上地下空间的土地利用效率，实现土地资源的充分开发利用。[2]这里，马栩生教授也提出了一些思路，似乎均有一定道理，但究竟该如何考量"地表建筑物正常需求""确保地表建筑物地基稳固""地下部分建筑设施通风、采光需求""土地空间利用效率"等因素呢？这些似乎均没有一个明确的、可操作的方案。在缺少可实际操作方法的情况下，各地土地管理部门确实无法在相关建设用地使用权出让合同中填列相关的"土地空间竖向界限"的具体数字。

薄燕娜、刘植教授建议，确定建设用地使用权土地空间竖向界限可以采用"最狭义实际需要说"。即该土地空间范围是：上至"建筑物最高点"，下至"保证建筑物稳固的最浅地基处"。[3]上述思路同样存在难以实际操作的问题。首先，土地空间的上限由"建筑物最高点"确定。在订立建设用地使用权出让合同时，相关建筑物还没有建成，甚至于还没有开始建筑设计，该"建筑物最高点"如何确定？当然，有些地区存在城市限高的规划要求，且该限高规划需要被作为合同附件列入建设用地使用权出让合同。但问题是，不是所有的地区均有城市限高规划，如某些城市新区即没有限高的规划约束，那么在没有城市限高规划的地区，该土地空间竖向界限的上限如何确定？其次，土地空间的下限由"保证建筑物稳固的最浅地基处"确定。这里也没有提供一个明确的估算、确认土地空间下限的计算方法。按照薄燕娜、刘植教授的意见，还是需要综合考虑"当地地质条件""建筑物高度""建筑物用

---

[1]　参见王利明："空间权：一种新型的财产权利"，载《法律科学（西北政法大学学报）》2007年第2期，第124页。

[2]　参见马栩生："论城市地下空间权及其物权法构建"，载《法商研究》2010年第3期，第88页。

[3]　参见薄燕娜、刘植："建设用地分层使用的空间权利探讨"，载《福建论坛（人文社会科学版）》2012年第3期，第173页。

途"等要素确定。还是回到前述问题，这些因素在创设土地使用权之初，往往都是不确定的。只有在获得土地使用权之后，开发商方才能够进行相应的地质勘探、开发策划、建筑物设计等相关作业。因此，在最初和各地国土部门订立建设用地使用权出让合同时，这些因素都是无法确定的。而且，即便这些因素是确定的，如何依据这些考量因素核算出具体的地下空间深度、米数，恐怕也是一个难题，现在似乎也没有一个既定的核算公式。

王卫国教授提出，根据相关建筑技术理论，按照地表建筑高度和地下桩基深度1:1的配置比例，即完全可以保障相关建筑物的地基稳固性要求。据此，王卫国先生建议，对于需要在地表建设70米高大厦的建设用地使用权，可以将其所占据空间的下限划定为地表以下70米。[1]我们认为，依据现有的建筑技术，给予地表建设用地使用权以和地表以上建筑相同高度的地下空间深度，肯定可以保障相关建筑地基的建设需求。如此，对于地表建设用地使用权人而言，其利益肯定是可以得到保障的。但问题是，这样设计是否会浪费地下空间资源，实质上搁置建设用地使用权分层设立立法初衷？在现代社会，高层建筑日益普遍，动辄10层30米高的建筑比比皆是。按此方式计算，这些建筑所占据的地表建设用地使用权的地下空间深度起码为地表以下30米。而需要注意的是，地表以下30米将是一个非常深的地下空间，现在城市地铁建设，一般也仅仅是地下10米左右，而随着地下深度的加深，建筑成本会成倍增加，使用感受则会加剧下跌。总的来讲，结合目前建筑技术和需求，地表以下30米的地下空间将是没有多少实际开发价值的土地空间。[2]若是如此，原《物权法》在地表建筑物以下再分层设立地下空间建设用地使用权，以此为地下空间建筑物配置相关土地权属的目的将根本落空。因为，依此方法创设地表建设用地使用权之后，具有实际开发价值的地下空间已经完全被地表建设用地使用权占据，所剩空间均为无开发价值的"废弃地下空间"。由此可见，上述思路完全不具有可实践性。

---

[1] 参见王卫国、王广华主编：《中国土地权利的法制建设》，中国政法大学出版社2002年版，第380页。有学者亦持类似观点，甚至认为"建设用地之上100米高的建筑物，其建设用地使用权高度以200米为最高限，其深度以250米为最低限。"（参见王刚："我国建设用地分层利用制度之物权法建构"，载《甘肃政法学院学报》2013年第1期）

[2] 参见"西安地下空间利用规划方案：0米—负30米开发为主"，载《西安晚报》2015年3月25日。

　　此外，还应看到，在当前的建设用地使用权出让实践中，确定竖向空间界限最困难的就是建筑物地下桩基的不确定性。在现代建筑中，建筑物基础部分分为"桩基础""筏形基础""箱形基础"。其中，桩基础和地基形成联动关系，具有整体性和高强度的特点，能够承载较大的负荷，在防止地面下沉和防震方面具有较大优势。但是，桩基础一般深度较深，按照建筑规范的要求，其地下深度比需要在地表建筑物高度的 1/10 以上，而如果是"筏形基础""箱形基础"，则其地下深度比仅需要地表建筑物高度的 1/15。而实际上，就"桩基础"而言，其也被分为"端承桩"和"摩擦桩"。端承桩要嵌入土地内部的岩层，如果岩层较深，桩必然相对较长，如果岩层较浅，则桩相对较短；摩擦桩适用于岩层过深的情况，由于无法着力在岩石上，桩基必须深入土地内部相当的深度。因此，在不同的地区，如一个是堆积平原的长江三角洲，一个是山地地形的重庆山城，其相同高度建筑物的地下桩基深度肯定是不同的。此外，根据制作桩基的方法是"钢筋混凝土制桩"还是"钢制桩"，相同高度建筑物的桩基深度也是有差异的。再加之建筑商根据建设需要以及地质情况适当调高自己的建设标准，适当埋深建筑基础的深度，也是常见的现象。何况在施工过程中，因为突发情况的出现而临时变更建筑物基础施工方案、填埋深度的情况亦时有发生。总之，开发商建造地表建筑物时所建设的地下桩基占据空间的深度是一个十分复杂的问题，需要在实际开发建设过程中，根据建筑高度、建筑物用途、地质情况、施工标准等因素综合考虑、确定。[1]

　　本书作者也曾经提出，增加"地质勘察"作为建设用地使用权审批的前置程序，以此确定建设用地使用权设立之初的土地空间竖向界限。在传统的建设用地使用权审批中，一般事先不进行地质勘察，事后由建设单位根据建设工程的需要自行进行勘察。而地质勘测对于确定规划方案、设计方案、建设方案等具有重要意义。甚至可以通过地质勘测了解相关土地的地基情况，从而为相关建设工程预估相应的建筑物基础的设计方案，以及占据的地下空间深度。通过事先的"地质勘察"，在对于土地情况进行全面了解的基础上，

---

[1]　有关建筑桩基本知识可参见程昌钧、朱媛媛、胡育佳："桩基的稳定性：理论和最新进展"，载《固体力学学报》2010 年第 5 期，第 573~583 页；滕延京、李建民、李荣年："建筑地基基础耐久性设计的新理念"，载《建筑科学》2012 年第 S1 期，第 1~15 页。

结合城市规划的要求，可以较为精准地预估出建设用地使用权人依设立目的所需要占用的土地空间界限，并据此划定相应的"建设用地使用权土地空间竖向界限"。[1]

但现在，我们认为，这一方案是否可行，恐还需要进一步研究。目前的做法是，国土部门在设立国有建设用地使用权时，并不对相关土地的地质情况进行勘察，而是由建设用地使用权人在获得土地后，为了开发建设而自行进行相应的地质勘察，并在此基础上，设计相应的建筑方案，从事实际开发建设。相应地，地质勘察的费用也是由开发商（建设用地使用权人）自行承担的。如果将地质勘察这一程序前置，作为设立建设用地使用权的前提条件，也就意味着需要由国土部门来承担这一部分工作及其相关费用。这样国土部门便能够在建设用地使用权出让合同中清楚载明相应的土地空间竖向界限。如此，一方面可以准确地贯彻原《物权法》所要求的建设用地使用权分层设立思路，落实第138条所要求的载明"建筑物所占用空间范围"，另一方面也可为今后在此空间范围外的空间另行设立新的空间建设用地使用权，为实现建设用地使用权的分层设立打下基础。这样看，似乎也是一个较好的制度设计。但问题是：①如前所述，实际上，极少出现一块土地上，地表、地上空间、地下空间建设用地使用权同时并存的情况。在大多数情况下，国土部门设立的都是以地表为中心的地表建设用地使用权。此后，该地块的地上空间、地下空间并不会再设立所谓的地上（地下）空间建设用地使用权。因此，试图督促国土部门在设立地表建设用地使用权之初，即花费时间、精力和费用积极地进行地质勘察，以便将来可以更好地设立新的地上（地下）空间建设用地使用权，似乎是立法者和学者的"一厢情愿"。国土部门对于这样的"纸上蓝图"其实并没有表现出过多的积极性，国土部门恐怕很难有这样的动力去实际运作，故这种方案的可操作性不大。②当然，我们也可以以立法或行政命令的形式强制国土部门必须设立"地质勘察"的前置程序，否则不得创设建设用地使用权，而且相关勘察费用也可以计入土地开发成本，实际由建设用地使用权人承担。但是，"强扭的瓜不甜"，不可否认，国土部门作为一个单位存在，亦有自身利益，其所作所为也都会考虑其自身的效益问题。对

---

[1] 参见张鹏、史浩明："论中国空间建设用地使用权的设立"，载《中国土地科学》2012年第1期，第51~52页。

于自身没有任何利益的事情，虽然摄于法律和上级命令，即使也会去做，但效果怎样，恐怕很难保证。而同时考虑到，这种做法本来也没有什么实质性利益，不能带来土地利用价值的增加，也不能促进公共利益，因此通过行政手段强制国土部门必须增加"地质勘察"这一前置程序，价值似乎不大。③如果国土部门先行进行"地质勘察"，在满足划定建设用地使用权竖向界限这一目的的同时，也为此后开发商开发建设省去了相关勘察程序，开发商就不用自己再勘察，只要使用国土部门委托相关单位进行的地质勘察数据就可以了。这也不能算作是资源浪费，而只是环节上的调整而已。但我们认为，恐不尽然。国土部门本没有积极性进行地质勘察，只是为了满足法律或行政命令而进行的，其要求的精度、勘察内容的完整性，甚至于数据的准确性，恐怕都值得商榷。而开发商是实际从事建设开发的，地质勘察的准确程度直接关涉其建设工程能否顺利开展、房屋结构是否安全等重大利益。因此，其所主持进行的地质勘察一定是高质量、高水准的，远非前述国土部门主持的地质勘察所能"同语"。总之，我们认为，增加"地质勘察"作为建设用地使用权审批的前置程序，以便明确建设用地使用权的土地空间的竖向界限，以此贯彻落实原《物权法》建设用地使用权分层设立思路，恐不具有可操作性，难以实际施行。

综上所述，在实际操作中，要求国土部门在和权利人订立建设用地使用权出让合同之初就准确填写相关土地空间竖向界限的上下限，确实存在诸多现实困难。从某种程度上可以说，这是一个不可能完成的任务！[1]

(二) 从实践需求来看，土地立体层叠开发不多，划定建设用地使用权竖向空间界限意义有限

原《物权法》采用建设用地使用权分层设立思路，要求各类（地表、地上、地下）建设用地使用权在设立的时候都必须预先规定相应的开发利用的土地空间的竖向界限。这一制度设计所假想的前提是土地资源十分紧缺，同一块土地上必然会同时存在地上、地表、地下等三处建筑设施，层层叠叠，

---

[1] 还有学者认为，土地空间权属之所以难以确定，还存在着不动产登记技术上的障碍。如梁慧星教授认为，"以我国目前的登记技术，恐怕不能使之明确公示"。（梁慧星主编：《中国物权法研究》（下册），法律出版社1998年版，第667页。）实际上，随着现代测量技术的发展，以一定的高程标准为依据，规定××米——××米的空间为空间建设用地使用权人的土地空间，是完全可行的。因此，不动产登记技术应当不是阻碍建设用地使用权竖向空间范围确定的因素。

共同存在于一块土地之上。因此，任何一个（地表、地上、地下）建设用地使用权在最初设立时都必须对其所对应的竖向空间范围予以清晰的划定，以此为将来既存建筑物之上或之下建设的其他建筑物预留相应的土地空间。否则，必将导致既存的建设用地使用权可以支配的土地空间竖向界限范围模糊而不确定，这种情况也必然会导致此后在其上或其下还要设立的建设用地使用权无从创设。因为，如果究竟哪些土地空间已经创设了建设用地使用权无从确定，那么后续的占用其他空间的建设用地使用权创设也将无从谈起。

但在实践中，我们发现，立法者所假想的土地资源稀缺，每一块土地上都必然存在地上、地表、地下三处建筑物，土地所有权人对于每一寸纵向土地空间都倍感珍惜，欲清晰划定以便将来留作再用的冲动其实是不存在的。一方面，除少数大城市的中心区域外，大多数地区的土地资源并没有稀缺到必须在地上、地表、地下同时开发利用的程度。在某些特大城市的中心地区，如上海徐家汇、北京西单、重庆解放碑等地区，也许会出现地上空间是空中走廊，地表是民商用房屋，地下空间是地铁交通设施的土地立体式利用的繁华景象。但是，在大多数地区，即便是大城市的一般城区，土地开发一般也还仅仅是一个层次而已，即若此处地上空间建有高架桥，则地表、地下空间再无建筑物；若此处地表建有民商用房屋，则地上空间、地下空间再无建筑物；若此处地下空间建有储油罐，则地表、地上空间再无建筑物。据调查，我国城市地面土地利用效率只有41%~46%，八成以上的城市土地利用效率偏低，我国整体土地利用效能还有较大的改进空间。[1]土地平面利用状况尚且如此，更遑论对同一土地进行地上、地表、地下重叠式开发的需求了。因此，原《物权法》立法者所设想的地上空间一定范围内有一个建筑物、地表上下空间一定范围内有一个建筑物、地下空间一定范围内有一个建筑物，三个建筑物同时存在，土地空间被"如此经济的分层出让，现实中委实不大可行"。[2]另一方面，由于地下空间建筑成本巨大，建筑开发商一般不倾向于在地下空间进行建设，更不用说在地表已经建有建筑物的情况下，在较深的地下空间范围内再进行建设了。根据学者的介绍，地下空间建设成本是同类地

---

〔1〕 参见朱孟钰、庄大昌、张慧霞："2000—2015 年中国城市土地利用效率的时空演化"，载《水土保持通报》2018 年第 3 期，第 254 页。

〔2〕 参见罗秀兰："高层建筑之地下空间权利冲突探析——兼论对结建地下空间开发的规制与激励"，载《中国土地科学》2015 年第 5 期，第 74 页。

面设施建筑成本的 3 倍~4 倍，甚至可达 8 倍~10 倍。[1]而且，该建设成本会随着地下挖掘深度的加深而急剧增加。也正是基于这个原因，开发商一般没有在地下空间甚至结建地表建筑物开发地下车库的积极性。实践中，往往都是为了完成国家规定的人防设施建设要求而建地下车库，一旦完成规定面积，便根本没有积极性更多地开发地下空间。[2]基于建筑成本以及建筑技术的限制，我国目前城市建设中，在高层建筑物之下再独立开发建设地下空间建筑物的情形是根本不存在的。[3]此外，还要看到，在地下空间进行建设，随着深度的下降，建筑物使用的品质也会下降，通风、采光、排水等问题都会实际制约地下空间的利用效能。

在了解上述背景后，我们就不难理解，为何各地土地管理部门在代表国家行使土地所有权时，面对自然资源部、国家市场监督管理总局联合制定的建设用地使用权示范合同中已经明确要求的"竖向界限"栏目，却做空白处理，未进行填写了。相关部门不是不知道填写了土地空间的竖向界限后，相关竖向界限以上或以下的土地空间就视为未创设建设用地使用权，也就还可以留待将来为其他主体创设新的地上、地下空间建设用地使用权。但问题是：一方面，建设用地使用权所占据的土地空间竖向界限的划定存在一定的技术上的难度；另一方面，再加之所谓的此次创设建设用地使用权之后，在其上或其下还要设立新的建设用地使用权的可能性几乎压根不存在，所以相关国土部门自然也就没有动力去做此努力，填写相关栏目了。

第三节　《民法典》"物权编"维持建设用地使用权分层设立制度之合理性

建设用地使用权分层设立制度曾经被视为是原《物权法》制定过程中的一项创举，然十多年的实践并未取得预期成效。究其原因，建设用地使用权

---

[1]　参见罗周全等："城市地下空间开发效益分析"，载《地下空间与工程学报》2007 年第 1期，第 5 页。

[2]　参见刘阅春："论小区停车位及车库的归属——兼议对《物权法》第 74 条规定的理解"，载《当代法学》2007 年第 5 期，第 100 页。

[3]　参见罗秀兰："高层建筑之地下空间权利冲突探析——兼论对结建地下空间开发的规制与激励"，载《中国土地科学》2015 年第 5 期，第 74 页。

创设时确定其"竖向空间界限",这一核心要件,由于技术限制、实践需求等原因而未能落实,并进而导致"建设用地使用权分层设立"制度陷于停摆!因此,我国在制定《民法典》"物权编"时是否继续沿袭原《物权法》既有思路来构建我国的建设用途空间权使用制度曾经面临争议。有学者提出,我国应当舍弃现有思路,转而采用"普通地上权-区分地上权模式"。如房绍坤教授建议,"空间建设用地使用权应当从普通建设用地使用权中独立出来,专门加以规定","分两节分别规定'普通建设用地使用权'和'空间建设用地使用权'"。[1]陈华彬教授建议:"立法机关宜取域外比较法(如《日本民法》第269条之2)上的成例,于民法典物权编中以独立的条文对之(空间建设用地使用权)作出确认。"[2]但我们认为,考虑到我国现实土地制度、法律制度,相关思路转变,具有相当难度。

一、借鉴"普通地上权-区分地上权模式"的不可行性

(1)如果采用此种模式,即意味着彻底否定2007年《物权法》相关内容,重新构建一个全新的空间建设用地使用权体系,必将产生巨大的后续社会成本。这种做法不是完全不可行,但其修法幅度巨大,能否达成共识尚是未知数。修改法律的一个普遍规律是,在新的替代方案不能达成共识的情况下,也许只能还是维持原有的既定方案。[3]而且,全面引入新的法律制度设计后,必然带来新的学法、守法成本。这里的学法、守法成本不仅仅是普通公众、相关执法者用于学习新的法律的时间、精力,还需要包括各部门、各地方在贯彻实施新制度方面出台相关细化条例、办法时所需要的人、财、物。当前,围绕原《物权法》建设用地使用权分层设立制度,许多地方和部门已经出台了相关的实施办法,相关的建设用地使用权出让制度设计也是与此相匹配的。如果全面引入"普通地上权-区分地上权模式"重构空间建设用地使用权制度,即意味着现有的规范性文件以及制度设计要全面清理、重新制定。这其中所需要的社会成本恐怕也是一个巨大的数字。

---

〔1〕 参见房绍坤:"民法典物权编用益物权的立法建议",载《清华法学》2018年第2期,第71页。

〔2〕 参见陈华彬:"我国民法典物权编立法研究",载《政法论坛》2017年第5期,第29页。

〔3〕 参见孔德王:"论我国法律修改的三种方式",载《四川师范大学学报(社会科学版)》2018年第4期,第49页。

（2）采用"普通地上权-区分地上权"模式，即意味着一般性设立的"建设用地使用权"（普通地上权）可以支配的土地空间是无限的，及于土地所有权人全部的上下土地空间范围。唯有如此，一般性设立的"建设用地使用权"（普通地上权）方才有足够的"剩余空间"为他人再在自己的空间范围内新设立"区分建设用地使用权"（区分地上权）。否则，若一般性设立的"建设用地使用权"自身仅有狭小空间，仅能满足自身需要，那还有什么再为其他人在自己空间内设立"区分建设用地使用权"（区分地上权）的可能性呢？但问题是，我国长期以来一贯的建设用地使用权所辖空间范围的观念是，其仅仅占有"有限的、以满足自身合理需要为目的的空间范围"，而除此之外的土地空间，建设用地使用权人并没有相应的使用权，其使用权仍然归属于土地所有权人——国家。因此，如若采用"普通地上权-区分地上权模式"，即意味着我们需要推翻我国长期以来一直奉行的"建设用地使用权可利用空间范围是有限空间"的观念。上述观念虽然没有法律依据，但确实是我国理论和实务界长期以来奉行的不言自明的"潜规则"，如若想推翻这一观念，其转变之甚、颠覆之大，难以想象。特别是牵涉到社会主义土地公有制背景下，将土地全部的上下空间使用权概括地、一次性地授予使用权人，是否具有政治正确性？恐也难经得起检验。

二、借鉴"地上权-次地上权模式"的不可行性

（1）与前述相同，采用此种模式，即意味着彻底推翻 2007 年《物权法》中有关建设用地使用权分层设立的思路，重新构建一个全新的空间建设用地使用权体系，必将产生巨大的后续社会成本。故是否可行，值得深究。具体理由，前有述及，不再赘述。

（2）采用"地上权-次地上权模式"，即意味着采用"地上权"可以支配的土地空间是无限的，将及于土地所有权人全部的上下土地空间范围的观念。唯有如此，"地上权人"方才有足够的"剩余空间"为其他社会主体在自己的空间范围内新设"次地上权"。然而，"地上权可以支配土地所有权人全部的土地空间"观念与我国长期以来一直奉行的"建设用地使用权可利用空间范围是有限空间"观念相冲突。这一观念的更新和替换并非简单的法律条文修订这么简单，恐也值得进一步研究。此点理由，前已有述及，也不再赘述。

（3）"地上权-次地上权模式"在物权法理论上恐尚未被我国法律理论界

完全接受。此种权利结构模式是，以用益物权为基础，由用益物权人在自己
享有用益物权的"物"范围内再为其他权利人创设一个"次用益物权"。如
此将形成"所有权-用益物权-次用益物权"的复杂的权利结构。虽然说理论
上是可以自洽的，但其权利结构层叠设置，过于复杂，是否有必要？这也是
学者们对此多有质疑的地方。有学者认为，我国目前有关土地承包权三权分置
的思路实际就是采纳了"次用益物权"模式，即"集体土地所有权-土地承包
经营权-土地经营权"权利结构。[1]这样一种复杂的权利链条是否科学、是
否可行也存在许多争议。[2]因此，在"次用益物权模型"还存在较大争议，
尚未为我国法律理论界普遍接受的情况下，贸然借鉴，全面引入所谓的"地
上权-次地上权模式"是否妥当，恐有待商榷。

三、《民法典》维持建设用地使用权分层设立制度的妥当性及其面临的问题

2020 年 5 月 28 日通过的《民法典》还是完全延续了建设用地使用权分层
设立制度，第 345 条延续了原《物权法》第 136 条的规定，即"建设用地使
用权可以在土地的地表、地上或者地下分别设立"。第 348 条延续了原《物权
法》第 138 条的规定，即"建设用地使用权出让合同一般包括下列条款：……
（三）建筑物、构筑物及其附属设施占用的空间；……"[3]对此，我们认为，
《民法典》"物权编"仍然维持建设用地使用权分层设立制度不变的思路是较
为妥当可行的。

（1）这一思路显然耗费的社会成本最小。2007 年颁布的《物权法》实施
已经十多年，建设用地使用权分层设立观念也已经逐步为社会公众和土地管
理部门知悉，相关部门和地方也为了贯彻该制度制定了一些规范文件，进行
了相关的制度探索，积累了一些经验。如各地在原《物权法》后纷纷制定的

---

〔1〕 参见蔡立东、姜楠："农地三权分置的法实现"，载《中国社会科学》2017 年第 5 期，第
115~122 页。

〔2〕 参见陈胜祥："农地'三权'分置的路径选择"，载《中国土地科学》2017 年第 2 期，第
25~28 页。

〔3〕 《民法典》"物权编"相较于原《物权法》，此部分修改，主要体现为将《物权法》第 136
条第 2 句"新设立的建设用地使用权，不得损害已设立的用益物权"独立成为《民法典》"物权编"
第 346 条，即"设立建设用地使用权，应当符合节约资源、保护生态环境的要求，遵守法律、行政法
规关于土地用途的规定，不得损害已设立的用益物权"。

"地下空间开发利用管理条例"等法规均是以原《物权法》建设用地使用权分层设立思路为基础的，也取得了一些积极的社会效果。各地有关地下空间土地使用权出让实践也都是以这一分层设立思路为基础的。[1]因此，维持原《物权法》现有的建设用地使用权分层设立思路具有稳定社会关系、节约社会成本、便利法律实施的巨大优势。

（2）如前所述，无论采用"普通地上权-区分地上权模式"，或是"地上权-次地上权模式"，均意味着必须承认"一般意义上建设用地使用权"（地上权、普通地上权），即可支配的土地空间及于土地所有权人（国家）全部的土地上下空间。然而，上述观念不仅没有法律依据，也与我国理论和实务界长期遵行的"公理"不符。特别是牵涉到社会主义土地公有制、国有自然资源等敏感命题，上述思路显然缺少可实施性。

综上，我们认为，在维持现有建设用地使用权分层设立思路不变的情况下，尽力对制度运行过程中的构成要素进行修改、完善，以期能够真正落地实施的基本态度是合理、可行的。毕竟，原《物权法》实施十多年来，已经为社会各界所掌握、运用，不宜频繁变更，各地有关地下空间土地使用权出让实践也都是以这一分层设立思路为基础的。而且，建设用地使用权分层设立思路也是基于我国现实国情而设计的方案，"与我国物权法体系结构相契合"。[2]如果贸然引入与我国现有国情不相吻合的其他制度，未必能够适应中国的"水土"。正如屈茂辉教授所言："对中国土地、空间权利结构合理性的判断，不能摆脱中国历史，脱离中国现实。"[3]崔建远教授也明确肯定了原《物权法》有关建设用地使用权分层设立的"精神应由《民法典》物权编承继"。[4]

在肯定继续维持建设用地使用权分层设立制度不变的合理性时，我们也应当清醒地认识到，建设用地使用权分层设立思路贯彻实施有一个关键点：即在（地上、地表、地下）建设用地使用权设立时，必须明确各类建设用地使用权可以支配的土地空间竖向界限。当前，建设用地使用权分层设立制度

---

〔1〕　参见付莹："深圳经济特区有偿使用土地制度变迁及其影响"，载《深圳大学学报（人文社会科学版）》2016年第4期，第30页。

〔2〕　参见朱岩、王亦白："分层建设用地使用权的权利冲突及其解决"，载《中国土地科学》2017年第10期，第81、第85页。

〔3〕　参见屈茂辉：《用益物权制度研究》，中国方正出版社2005年版，第430页。

〔4〕　参见崔建远："民法分则物权编立法研究"，载《中国法学》2017年第2期，第56页。

未能在实践中予以贯彻甚至招致价值质疑的主要原因即在于该机制未能予以落实。根据《民法典》"物权编"第345条、第348条（原《物权法》第136条、第138条）的要求，在设立各类建设用地使用权时，应当明确写明各建设用地使用权可以支配空间的范围，权利人只能在此范围内使用相关空间，对于其他土地空间，权利人没有支配、使用的权利，国家作为土地所有权人也就可以继续在相应空间为其他人设立新的地上（地下）空间建设用地使用权。上述问题是建设用地使用权分层设立制度能否得到有效实施的"命门"所在。因此，我们在贯彻实施《民法典》"物权编"的过程中，对于建设用地使用权分层设立中的"竖向空间界限"确定问题，必须予以明确。如此方能够真正落实、启动建设用地使用权分层设立制度的平稳、有序运行。

第四节　建设用地使用权分层设立制度完善路径建议

如前所述，采"建设用地使用权分层设立"思路仍是符合我国现实国情和法制传统的最佳选择，也是当前《民法典》"物权编"坚持的立法思路。然而，针对这一思路实施中的核心问题——土地空间竖向界限的确定——原《物权法》立法者以及此后诸多学者提出的在设立各类建设用地使用权"之初"即予以确定的方案难以贯彻，亦是不争的事实。在此，我们建议，转换思路，借助土地管理实践中新运用的"用地复核验收"制度等，将竖向空间界限确定由"事先确定"转为"事后确定"，以真正落地实施"建设用地使用权分层设立"制度。[1]

一、我国土地管理中的"用地复核验收"制度简介

依照我国现行国有土地管理体制，国土部门在按照法定程序将建设用地使用权出让（划拨）给权利人后，须办理相关土地权属登记手续。自此，相关权利人即获得相应地块的建设用地使用权，可以依据法律规定、合同约定进行后续的地块开发建设。但实践中，相关建设用地使用权人在开发建设过程中往往存在许多违法、违约行为：有的建设用地使用权人不按照土地开发

---

〔1〕　参见张鹏："民法典视野下建设用地使用权分层设立制度的实施路径"，载《法学家》2020年第6期，第8~11页。

利用规划和批准条件擅自改变土地用途、提高建筑容积率、移位使用土地扩大或缩小建设用地范围；有的划拨建设用地使用权人非法在划拨土地上进行商品房开发、经营，逃避国家税费和土地出让金；有的建设用地使用权人未经批准，私自进行联营联建，造成其权源不清、权属不明、面积不准等问题，使得商品房购买者难以办理土地登记发证；等等。

　　这些违法违约现象产生在建设用地使用权已经创设、初始登记后，权利人自行开发利用土地过程中，存在着极大的社会危害性：一是造成了国有资产流失，损害了国家利益。建设用地使用权人违反出让合同和城市规划超标准建设房屋，而拒不缴纳相应的土地出让金，无疑损害了国家的土地权益。二是影响了土地管理秩序，冲击了土地一级市场。针对不同用途的土地，国家规定了不同的建设用地使用权出让方式、出让条件、出让程序，权利人在获得建设用地使用权后却不遵守相关规定，随意改变土地用途和性质，必然扰乱国家所设计的土地管理规定，冲击市场秩序。三是导致购房者无法办理土地登记手续，损害了广大购房人利益。随着房地产市场的兴起，建设用地使用权人开发建设的房屋很多都要进行分割出售，而其随意改变城市规划、土地开发范围的行为必然会影响到后续购房人获得相应的土地权属。实践中也经常发生这样的现象，由于开发商的违法开发土地行为，导致购房人不能按时获得相应的房屋产权手续，甚至引发购房人申诉维权现象，造成社会不稳定。四是导致房地产开发企业间的不公平竞争。开发商在获得建设用地使用权后并不按照要求实际从事开发建设，而随意扩大自己的建设范围，改变自己的建设性质，在为自己谋取了不正当利益的同时也破坏了公平合理的市场竞争秩序，恶化了其他土地开发者的市场环境。

　　针对上述土地开发建设过程中的现实问题，我国土地管理部门在实践中引入了"用地复核验收制度"。该制度是指，在建设用地使用权创设、初始登记的基础上，在相关建设工程竣工后，国土部门依据建设用地使用权出让合同、划拨决定等批准文件，对权利人实际依法用地情况进行检查、核实的监督管理制度。对于在用地复核验收过程中发现的问题，国土部门将责令责任人进行相关的纠正或办理补救、变更手续。对于未进行用地复核验收，或者对于用地复核验收过程中出现的问题未予整改或补正的，将采取移送国土执法、不准移转、不予办理登记等制裁措施。

　　用地复核验收制度虽然在国家层面的法律法规中还没有规定，但在各地方的国土管理实践中，该制度已经得到了广泛的应用。以杭州市为例，《杭州市土地管理规定》第 33 条规定："建设工程竣工后，土地行政主管部门应当进行建设用地复核验收，对土地使用情况进行监督检查。建设单位应当配合土地行政主管部门的复核验收工作，不得拒绝或妨碍建设用地复核验收。"为了贯彻实施用地复核制度，杭州市也先后制定了《杭州市土地管理局关于对房地产开发项目竣工后土地使用情况进行复核验收的通知》（杭土籍［1998］335 号）、《关于扩大建设用地复核验收范围的通知》（杭土资籍［2002］8号）、《杭州市国土资源局关于印发〈杭州市区建设项目用地复核验收规定〉的通知》（杭土资籍［2006］12 号）。经过不断的探索、实验、修订，2011年 6 月，杭州市国土资源局发布《杭州市区建设项目用地复核验收规定》（杭土资发［2011］26 号），同时废止前述三份规范性文件。再如，上海市先后制定了《上海市国有建设用地土地核验管理办法（试行）》（2009 年，现已失效）、《上海市国有建设用地土地核验管理规定》（2015 年）、《上海市国有建设用地土地核验工作规范》（2015 年）等规范性文件。

有关用地复核验收制度的主要内容，因为缺少全国统一的规范，本书依据《上海市国有建设用地土地核验管理规定》的相关规定介绍当前各地在进行用地复核验收时的主要内容：

（1）用地复核验收的主管部门。依据上述上海市的规定，系由各级国土部门进行用地复核验收。这一原则兼顾了供地批准单位对相关建设用地使用权设立情况比较了解、对后续的复核验收相对熟悉、成本较小的客观事实，具有科学性。

（2）用地复核验收的主要依据。国土部门在对权利人进行用地复核验收时，主要依据建设用地使用权出让合同、划拨决定书、租赁合同以及其他各类用地批准文件。以此为依据，检查权利人是否依法、依约开发利用土地。

（3）用地复核验收的主要内容。国土部门用地复核验收的主要内容除了权利主体、土地使用状况、土地出让金缴纳等方面外，还需要对实际建成的建（构）筑物是否符合建设规划以及具体的建筑面积、建筑深度、建筑高度等情况予以调查、验收。

（4）用地复核验收的申请。建设用地使用权人（建设单位）在依据建设用地使用权出让合同、划拨决定书、租赁合同等用地批准文件完成土地开发、建设工程竣工后，应当申请用地复核验收。

（5）用地复核验收的结果。①建设用地使用权人开发利用土地情况符合建设用地使用权出让合同、划拨决定书、租赁合同等用地批准文件的，通过用地复核验收，颁发相关证明文件。②用地复核验收中发现建设用地使用权人存在违法、违约行为的，依法责令权利人承担法律责任，采取措施整改或补救。如存在超出批准用地红线、少批多占、擅自联建等违法违规用地问题，应当移交相关执法部门依法依规查处；增加建筑面积等需补办土地有偿手续的，应当按国家、部、省、市有关文件规定补办相关手续；违反土地有偿使用合同约定的开工竣工期限、特别条款的，应当根据合同及有关政策规定追究违约责任。相关违法违约行为处理完毕后，方才可以通过用地复核验收。③建设工程竣工后未进行用地复核验收，或者用地复核验收时发现违法违约行为未进行整改或补救的，不得进行后续分割登记，不予以换证，不得进行抵押、转让、变更登记。

用地复核验收制度的实施取得了良好的社会效果。①维护了土地法律法规以及建设用地使用权出让合同、划拨决定书等批准文件的权威性，纠正了一大批违法开发利用土地行为，在一定程度上起到了教育开发商，增强土地法制观念的社会效果。②防止了国有土地权益流失，增加了土地出让金收益。针对开发商在实际建造过程中扩大用地范围、增加建筑容积率的行为，责成其补交相应的土地出让金。③净化了房地产市场，规范了房地产竞争秩序，打击了依靠违法行为发财的开发商，促进了房地产市场的稳定、持续发展。④防范了商品房分割出售后后续确权、登记等诸多矛盾，保护了作为业主的购房人的合法权益，维护了社会稳定和秩序。以杭州市为例，自 1998 年 10 月至 2012 年 8 月底，共进行了 1607 个项目用地情况复核验收，共有 1572 个项目通过复核验收，合计用地面积 1526.5 万平方米，建筑面积 3509.5 万平方米。通过复核验收，发现 311 个项目有违法、违规行为，经依法处理，补交土地出让金 10 多亿元。[1]

---

[1] 参见"《土地复核验收》讲义"，载 http://www.guotuzy.cn/html/2011 0519/n-32105.html，最后访问日期：2017 年 9 月 6 日。

二、以"事后确定空间竖向界限"机制完善建设用地使用权分层设立制度的基本构想

既然现有的"事先确定空间竖向界限"的思路无法贯彻实施建设用地使用权分层设立制度，相关的大量探索都将难以付诸实施。因此，本书创新思路，提出以"事后确定空间竖向界限"的方式来贯彻实施建设用地使用权分层设立制度。具体而言，相关思路如下：

（1）如前文所述，建设用地使用权分层设立的核心难点在于"界定建设用地使用权竖向空间范围"。由于技术上的原因，加之国土部门缺少现实积极性，故而在建设用地使用权设立之时很难准确界定其空间范围，特别是建筑物基础（桩基）深度等。因此，我们建议，在建设用地使用权创设、登记之初，干脆就不要填写明确的空间竖向界限范围，只需要以"建设用地使用权的空间范围为建筑物、构筑物及其附属设施依照法律法规、合同约定实际建成后所占据的空间"这样笼统的表述概括即可。

（2）在实行用地复核验收制度的地方，国土部门在建设工程竣工后的用地复核验收过程中可以根据实际测量的建设工程所实际占据的土地空间范围更新、固化建设用地使用权空间范围登记事项，并换发新的建设用地使用权权证。如某建设用地使用权上的建设工程竣工后，经勘测测得，该建设工程最高点为地表以上50米，最低点（包括作为建筑基础的桩基）为地表以下10米。那么，国土部门可以更新原建设用地使用权所登记的空间范围为：地表以下10米~地表以上50米。当然，如果该建设工程实际施工所占据的土地空间范围超越了土地利用规划等法律批准文件，则必须在先行采取整改补救措施后，在合法的情况下，方才可以进行后续的建设用地使用权空间范围更新登记。在已有既有建设用地使用权可利用空间范围外，视为尚未存设建设用地使用权，国家作为土地所有权人可以继续为其他权利人设立新的地上（地下）空间建设用地使用权。

（3）如果某些地方未实行用地复核验收制度，由于缺少精准的建设工程所实际占据空间的数据指标以及国土部门事后监管复核机制，事后更新、固化建设用地使用权竖向界限便会存在一定的困难。此时，则可以在不动产登记簿上继续维持原来的建设用地使用权可支配空间为"建筑物、构筑物及其附属设施依照法律法规、合同约定实际建成后所占据的空间"的笼统表述。

将来：①如果未发生在既有建设用地使用权及其建设工程上下新设立地上（地下）空间建设用地使用权的情形，则不动产登记簿上所记载的建设用地使用权空间范围一项即保持不变。[1]②如果现实中存在在既有建设用地使用权及其建设工程上下新设立地上（地下）空间建设用地使用权的需求，国土部门则应当预先对既存的建设用地使用权上建设工程所占据空间范围予以测量，以明确其空间界限。如经勘测测得，某建设用地使用权上的建设工程最高点为地表以上 50 米，最低点（包括作为建筑基础的桩基）为地表以下 10 米，那么其空间范围为：地表以下 10 米～地表以上 50 米。而对此空间范围以外的空间，国家作为土地所有人可设立新的地上（地下）空间建设用地使用权。

———————————

[1]　这里有一个问题需要讨论。在最初的建设用地使用权人根据相关城市建设规划、土地利用批准文件建设好工程后，如本书的设想，其建设用地使用权空间范围竖向界限为实际建筑物的最高点至实际建筑物的最低点，不动产登记簿也据此进行相应的登记。但是，如果建设用地所有权人将最初建设工程拆除后重新建设，或者最初的建设用地使用权人将建设用地使用权转让给其他人，而新的建设用地使用权人将原有建设工程拆除并建设新的建设工程，那么此时的建设用地使用权空间范围的竖向界限仍以第一次建设工程所实际占据空间的最高点和最低点确定范围，还是以第二次建设工程所实际占据空间的最高点和最低点确定范围？如果第二次的最高点、最低点和第一次建设工程占据空间的最高点、最低点不一致，抑或大于第一次的空间竖向界限，是否妥当呢？我们认为，恐以第二次建设工程（即现有既存建设工程）实际占据空间的最高点和最低点确定空间竖向界限为宜。一方面，如果是在实行用地复核验收制度的地区，建设用地使用权上建设工程竣工后，国土部门将进行土地利用状况测量和复核，在取得相关建设工程最高点和最低点数据后，自然可以通过建设用地使用权复核登记的方式，将建设用地使用权所享有的空间竖向界限予以固定。那么，后续在原土地范围内重建的建设工程必然只能在原有建设用地使用权空间范围之内，此自然无须多言。但问题是，有些地方没有实行用地复核验收制度，在这些地区，即便建设用地使用权上的建设工程已经竣工，但该建设工程的最高点和最低点由于缺少相应的强制测量、登记程序，国土部门以及不动产登记机关对其并不掌握。在此前提下，将第一次的建设工程拆除后重新建造新的建设工程，由于并未掌握原始数据，以及原始建设工程已不复存在，仍试图以第一次的建设工程所占据的竖向空间界限来固定建设用地使用权的竖向空间界限似乎已经是不可能的事情了。另一方面，我们也要看到，在我国，任何工程建设都必须严格服从城市建设规划、土地利用性质、建设工程监管等一系列国家法律法规。如果违反了，必将会招致法律的严厉制裁，并且必须采取相应的整改补救措施。因此，在建设用地使用权上所重建的建设工程，即便其建设工程所占据的空间界限不等于或者大于原有建设工程的空间竖向界限，如将建设工程最高点从地表以上 40 米延伸至地表以上 50 米，将建设工程最低点从地表以下 10 米延伸至地表以下 15 米，该新建的建设工程也是符合相应土地的城市建设规划和性质的，并不存在违法以及损害其他相关者利益的情形。而就其所新增的多占据的土地空间而言，考虑到土地资源并没有稀缺到每一块土地都存在立体式开发、重叠式利用的社会实际，上述方式似乎并无不妥，也谈不上导致国有土地权益流失。当然，如果在此块土地上下需要设立新的地上（地下）空间建设用地使用权，如正文中所说，此时需要在设立新的地上（地下）空间建设用地使用权之前，对于既存的建设工程所占据空间范围予以测量，明确精准的已利用上下空间界限，并以此固定建设用地使用权的竖向空间界限。那么，此后的建设用地使用权空间竖向界限便将得以明确，也不会再发生争议。

三、以"事后确定空间竖向界限"机制完善建设用地使用权分层设 立制度的可行性论证

我们认为,借助于用地复核验收等制度,以"事后确定空间竖向界限"机制完善建设用地使用权分层设立制度具有较强的可行性。该思路对于保持法律稳定,节约修法、守法成本,具有重要价值。对此,前文多有述及,不再重复。除此之外,这一方案简单易行,以我国现存的土地管理实际状况为基础,充分兼顾了完全开发土地效能、维护国有土地权益、尊重建设用地使用权人合法权利、照顾国土登记部门工作积极性等多方面的因素。同时,可以节约不必要的测量成本,实现建设用地使用权分层设立思路运行成本-收益最大化。具体而言:

(1)如前所述,鉴于建设用地使用权设立之初即确定其空间竖向界限存在技术上的困难,以及今后在该土地上下再行设立空间建设用地使用权的可能性较小,国土部门在设立建设用地使用权之初即明确空间竖向界限的内在动力以及实际可操作性均较小。因此,如果严格执行原国土资源部和原国家工商总局制定的"建设用地使用权出让合同"所要求的写明竖向界限的高程,确实存在较大困难。[1]所以,我们建议,在国土部门创设、登记建设用地使用权之初,干脆就不要写明该建设用地使用权土地空间的竖向界限是多少。但是为了限制建设用地使用权人权利范围,防止其无限制扩大权利范围,也为将来可能发生的在其上下还需要设立新的空间建设用地使用权留有余地,同时也是为了满足《民法典》"物权编"第 348 条(原《物权法》第 138 条)的规定,可以将建设用地使用权空间范围笼统界定为"建筑物、构筑物及其附属设施依照法律法规、合同约定实际建成后所占据的空间"。这样设计的好处在于,这一方案便于操作、简单可行,同时改变了现行做法中将"建设用地使用权出让合同"所明确要求的空间竖向高程一栏置于空白状态的尴尬局面,有利于维护法律的权威性、合同的严肃性。

---

[1] 实际上,《民法典》"物权编"第 348 条也只是要求建设用地使用权出让合同明确"建筑物、构筑物及其附属设施占用的空间",而并非强调一定必须明确占据空间的竖向高层从多少米至多少米。依我们所提建议,在建设用地使用权出让合同中写明,其空间范围为"建筑物、构筑物及其附属设施依照法律法规、合同约定实际建成后所占据的空间",实际上也是明确了"建设用地使用权的空间范围",只是没有以精确数字的形式予以表达而已,并不能算作是违反《民法典》"物权编"第 348 条(原《物权法》第 138 条)之规定。

（2）用地复核验收制度是各地土地管理中的一项制度创新，具有较大的推广可能性。借助于该制度，我们完全可以对建设用地使用权上竣工后的建设工程的竖向界限有一个清晰的界定。通过搭乘"用地复核验收制度"的便车，我们完全可以事后再明确界定建设用地使用权的空间竖向界限。并通过不动产权利登记更新机制，将不动产登记簿上空间范围更新为具体的高程范围。依照这一思路，建设用地使用权的空间范围（竖向高程）是可以明确的，仅仅是拖延了一些时间而已，并不会对实际的土地开发利用产生实质性影响。并且，这一方式相较于现行的必须在建设用地使用权创设、登记之初即写明具体的空间竖向界限，具有更高的现实可操作性。

（3）在没有实行用地复核验收制度的地区，建设用地使用权的空间范围可以先以"建筑物、构筑物及其附属设施依照法律法规、合同约定实际建成后所占据的空间"概括之。这种做法也许确实无法精准地表示该建设用地使用权的空间竖向界限，但考虑到在同一块土地上下同时建造多个建筑物，立体设立数个建设用地使用权的情形毕竟是少数。因此，这种状况的延续实质上也不会给建设用地使用权的设立、运行造成太大影响。我们必须看到，在没有新的设立地上（地下）空间建设用地使用权需求的情况下，一定要刻意地去明确既有建设用地使用权的竖向空间界限是没有实际价值的。

（4）如果在既有建设用地使用权的上下空间又有新设立空间建设用地使用权需求，分情况如下：①若既有建设用地使用权空间范围已经通过用地复核验收制度予以明确，则自然可以在此外空间设立新的空间建设用地使用权。②若既有建设用地使用权空间范围尚未通过用地复核验收制度予以明确，那么在新设立空间建设用地使用权之时，必须对既有建设用地使用权所已经实际占据的空间范围进行测量，以明确既有建设用地使用权的空间竖向界限，并据此为设立新的空间建设用地使用权划定范围。若在同一块土地上层叠设立多个建设工程，保障相关建设工程的安全性以及相互之间的利益不冲突是一项前提性工作。在既有建设用地使用权空间范围尚未通过用地复核验收制度予以明确的情况下，为了实现上述目标，国土部门先行勘察既有建设用地使用权的实际空间竖向界限也实为必需。试想，在一个已经存在地表建筑物的土地上再行设立一个地下空间建设用地使用权，国土部门恐怕还是必须先行调查、了解现有地表建筑物房屋性质、承重、高度、深度等指标，方才可以科学地为他人设立新的地下空间建设用地使用权。否则，在对既有地表建筑物一无所知的情况下，盲目设立新的地下空间建设用地使用权、划定可支配空间界限显然是十分危险的。而相应的，此时既有建设用地使用权可支配空间竖向界限将得以明确。同时，在此上下新设立的地上（地下）空间建设用地使用权可支配空间竖向界限后续通过用地复核验收制度也将得以明确。

理论上，关于建设用地使用权的空间竖向界限范围"无需事先确定，而事后根据建筑物所实际占据空间来确定相应的建设用地使用权范围"的观点，也得到了一些学者的认同。如蔡兵备先生认为，地下空间权的范围可以界定为"地表以下至建筑物、附着物的基础最深处平面以上的三维空间。对于'最深基础平面深度'，现有建筑按现状确定"。[1]

实践中，有些地方在有关地下空间建设用地使用权设立实践中也已经采取了类似思路，即在地下空间建设用地使用权设立之初，不精确其空间竖向界限，而仅仅强调其空间范围"以实际建成的地下空间建筑物范围为限"，而待得地下空间建筑物建筑完成后，再按照该地下空间建筑物所实际占据的空间范围进行相关空间范围的精确数据登记。[2]①如根据《上海市城市地下空间建设用地审批和房地产登记规定》第6条的规定，地下空间建设用地使用权的范围是"地下建（构）筑物的外围实际所及的地下空间"。[3]而根据第7条的规定，地下空间建设用地使用权登记时，应当标识，地下空间范围是"该

---

〔1〕 参见蔡兵备："城市地下空间产权问题研究"，载《中国土地》2003年第5期，第15页。

〔2〕 关于城市地铁建设供地，其实际上也采取了类似的思路，即先不明确准确的用地范围，而仅仅确定建设规划和大致区域，而后再根据实际建成的地铁工程确定最终的、精确的用地界限。在南京，地铁线路是根据乘客需求规划建设，基本在建成区或城区与重点卫星城区间，在空间上与他人用益物权交叉、重叠不可避免。并且，受地质条件、已建构筑物等客观条件的影响，地铁建设工程很难在施工前十分准确地确定其用地范围，需在建设过程中根据实际状况进行适当调整，其实际用地范围需在建成后才能确定。因此，地铁建设用地基本采用预供地模式，即对于地铁工程建设用地，采用先期规划预供地，办理预供地手续，建成后按实测状况供地。（参见南京地铁用地物权研究课题组：《空间建设用地物权研究——南京地铁建设用地物权权属调查与土地登记》，江苏人民出版社2015年版，第57~58页；施建辉："建设用地分层使用权的实践考察及立法完善——以南京地铁建设为例"，载《法商研究》2016年第3期，第40页。）

〔3〕《上海市城市地下空间建设用地审批和房地产登记规定》第6条（土地使用权范围）规定："建设单位应当在经批准的建设用地范围内，依法实施建设。竣工后，该地下建（构）筑物的外围实际所及的地下空间范围为其地下土地使用权范围。"

地下建（构）筑物建成后外围实际所及的地下空间范围"。〔1〕据此，在上海市，地下空间建设用地使用权的占地空间范围在设立之初并不明确，而最终是根据其合法建筑的地下空间建筑物所实际占据的空间范围事后确定的。②如根据《关于加强温州市城市地下空间开发利用管理的实施意见》第 12 项的规定〔2〕，在温州市，最初设立地下空间建设用地使用权时，其地下空间建设用地使用权的竖向空间界限范围也是不确定的，仅仅确定"水平投影面积"。而后，等到地下建设工程实际竣工后，依据建设工程验收资料再对实际的地下空间建设用地使用权竖向界限进行界定，并以"变更登记"的方式将原来记载的地下空间建设用地使用权空间界限范围予以精准、固定。③如根据《芜湖市市区地下空间利用和房地产登记暂行办法》第 16 条的规定〔3〕，在芜湖市，地下空间建设用地使用权的具体"空间范围"也是在设立空间建设用地使用权之初不固定、不登记，而是在地下空间建筑物建成后依据地下空间建筑物的实际占据空间事后确定、补充登记。

---

〔1〕《上海市城市地下空间建设用地审批和房地产登记规定》第 7 条（房地产登记）第 2 款规定："房地产登记机构在办理地下建（构）筑物的土地使用权初始登记时，应当按照建设工程规划许可证明确的地下建（构）筑物的水平投影最大占地范围和起止深度进行记载，并注明'地下建（构）筑物的土地使用权范围为该地下建（构）筑物建成后外围实际所及的地下空间范围'。"

〔2〕《关于加强温州市城市地下空间开发利用管理实施意见》第 12 项规定："……地下建设用地使用权初始登记以宗地为单元，按地下空间最大水平投影占地面积发证。待地下空间工程建成验收后凭房产证等资料申请办理变更登记。……"

〔3〕《芜湖市市区地下空间利用和房地产登记暂行办法》第 16 条第 1 项规定："……地下空间范围及规划指标建设期间难以准确界定的，可先办理地表建设用地使用权初始登记，地下工程竣工验收合格后再进行地下空间建设用地使用权初始登记。"

空间建设用地使用权内部设立体制现状考察与完善路径

依据建设用地使用权分层设立制度，国土部门可以划定一定的地下（地上）空间范围，设立空间建设用地使用权。然在一空间建设用地使用权内部存在的问题是：某地下空间建筑物可能有几层，而每层的使用用途、权利主体、设立方式等均各不相同。如在地铁中转站建设中，存在如下可能：地下一层为地下商场，地下二层为公共汽车换乘站，地下三层为地下铁路换乘站。相应地，各层建筑物的权利主体、土地使用权设立条件，各不相同。然实质上，各层建筑物为一个整体，密不可分。此时，各层建筑物所占据的空间建设用地使用权如何设置？是作为一个整体设置，还是分别设置？

对于上述问题，在原《物权法》确立建设用地使用权分层设立制度，为我国引入地下（地上）空间建设用地使用权制度后，各地规范性文件理解不一，相关做法也相差甚远。这一问题是空间建设用地使用权制度具体实施中的进一步延伸，如果不能就相关问题提出完整的解决方案，必将影响空间建设用地使用权相关制度的有效实施。因此，本章将对有关空间建设用地使用权内部多层、多用途建筑物相应的土地空间权属设置的一系列问题展开研究。

第一节　空间建设用地使用权内部分层设立实践与"分层空间建设用地使用权"理论

原《物权法》颁布之后，我国各地出台了许多有关地下空间建设用地使用权的规范性文件，其中对地下空间建设用地使用权内部区分设立问题进行了一系列规范。在这些规范性文件中，许多规范确认，可以依据各层建筑物分别设立相应的各楼层的地下空间建设用地使用权。与此同时，依建筑物各楼层分别设立相应的空间建设用地使用权，也在理论上为一些学者所支持，并被称为"分层空间建设用地使用权"。

一、各地地下空间建设用地使用权分层设立的实践考察

就地下空间建设用地使用权而言，若一个地下空间内存在着一个数层的地下建筑时，许多地方规定，可以区分楼层依次分层设立各楼层的地下空间建设用地使用权。

如《杭州市区地下空间建设用地管理和土地登记暂行规定》第 11 条第 1 款规定，地下空间建设用地使用权实行分层登记，即将地下每一层作为一个独立宗地进行登记。地下空间建设用地使用权面积包括四周外墙厚度（参照施工图尺寸），并在宗地图上注明每一层的层次和标高范围。《杭州市土地登记划宗及分摊方法若干规定》第 9 条规定，不同层的地下空间使用权应按层分别单独划宗；同层地下空间应划为一宗地。

如《芜湖市市区地下空间利用和房地产登记暂行办法》第 8 条第 2 款规定："地下空间建设用地使用权可结合地表工程建设规划，对照地下空间的规划批准用途，确定不同的供地方式，实行分层供地。……"第 16 条第 1 项规定："地下空间建设用地使用权实行分层单独登记。……"据此，在芜湖，同一地下空间，亦可以依据规划分楼层设置地下空间建设用地使用权。

此外，《厦门市地下空间开发利用管理办法》第 10 条第 1 款、《苏州市地下（地上）空间建设用地使用权利用和登记暂行办法》第 7 条、《金华市市区城市地下空间开发利用管理办法（试行）》第 22 条，亦有类似规定。[1]

依据上述规范，如前述本章引言部分所述地下的地铁中转站建筑，三层建筑虽然为一整体，但将被分层设立为三个地下空间建设用地使用权：地下

---

〔1〕《上海市城市地下空间建设用地审批和房地产登记试行规定》第 6 条（出让金的规定）第 1 款规定："经营性项目的地下土地使用权出让金，按照分层利用、区别用途的原则，参照地上土地使用权出让金的标准收取。……"此条虽然是有关地下空间建设用地使用权土地出让金的相关规定，但其中明确指出，是按照"分层利用"的原则，按照各层用途区别对待，分别确定土地出让金。由此可见，上海也是对于地下空间实行分层设立地下空间建设用地使用权的。需要指出的是，该条已被 2013 年《上海市城市地下空间建设用地审批和房地产登记规定》删除。但是，上海有关地下空间建设用地使用权的相关实践，仍然是如此操作的。

一层的地下商场地下空间建设用地使用权；地下二层的公共汽车换乘站地下空间建设用地使用权；地下三层的地下铁路换乘站地下空间建设用地使用权。

二、"分层空间建设用地使用权"理论

与上述各地实践相呼应，理论上亦有学者赞同对同一多层建筑物依据楼层分层设立多个空间建设用地使用权的做法。该理论认为，一多层建筑物可以分层区分归不同的所有权人所有，与建筑物分层区分不同所有人所有相适应，相应楼层所占据的空间亦应当分割为若干独立的空间建设用地使用权。如一幢楼有5层，1层~5层分别为甲、乙、丙、丁、戊所有，那么，相应的，甲拥有1层所占据空间的空间建设用地使用权，乙拥有2层所占据空间的空间建设用地使用权，丙拥有3层所占据空间的空间建设用地使用权……如此，该幢5层建筑对应的土地权属，并非一个土地权属，而是与各楼层相对应的1层~5层的5个空间建设用地使用权。对于上述理论，各学者所使用称谓各不相同，但观点大体相当。在此，本书将该理论称为"分层空间建设用地使用权"理论。

如张坚教授提出了"区分建设用地使用权"概念。其认为，"区分建设用地使用权"是依法对地表上下一定范围的空间（即区分所有建筑物专有部分所占据空间）所享有的一种建设用地使用权。该"区分建设用地使用权"必须和建筑物区分所有权同时设立；建筑物区分所有权与"区分建设用地使用权"权利主体必须一致（房地一致原则）；"区分建设用地使用权"分散于区分所有建筑物的各个专有部分，配置相应的土地权益。[1]

如陈华彬教授认为，原《物权法》第136条所确立的建设用地使用权分层设立思路可以被用于解决"区分所有高层住宅"所占据土地的空间权属问题。权利人在享有这些高层住宅的各个专有部分所有权的同时，相应地享有相应空间的空间建设用地使用权，如此一一对应。[2]

如石少侠教授认为，甲取得一块土地的空间使用权后，在其上建成10层

---

〔1〕 参见张坚："论区分建设用地使用权"，载《中国土地科学》2015年第1期，第36页。

〔2〕 参见陈华彬："空间建设用地使用权探微"，载《法学》2015年第7期，第21页；陈华彬：《我国物权立法难点问题研究》，首都经济贸易大学出版社2014年版，第153页。

的楼房。而后，又将下面 5 层出售给乙公司，上面五层出售给丙公司。那么即意味着乙公司和丙公司分别享有了该大楼 1 层~5 层楼房空间使用权和 6 层~10 层楼房空间使用权。[1]

如陶钟太朗、杨遂全教授主张按照扩张解释的"建设用地使用权分层设立思路"重新构建我国的农村宅基地使用权制度。他们主张不再为农民划定平面的宅基地使用权，而是在一个区分所有建筑物内将一定空间划定为特定农民的宅基地使用权。如此，一块土地上可以叠加存在若干个农民按"区间"分别享有的多个（空间）宅基地使用权。各省、自治区、直辖市各自划定（空间）宅基地使用权上下空间范围，水平四至，不动产登记机关应当在确定每户（空间）宅基地使用权空间坐标位置、立体空间的八至边界的基础上，颁发（空间）宅基地使用权权属证书。如此设计的好处是，同等土地面积上可以建筑更多的农民房屋，在不影响农民生活居住利益的前提下，可以有效遏制农民乱占耕地建房的情况，甚至于可以减少现有的宅基地使用权面积。[2]

如施建辉教授进一步认为，建设用地使用权分层设立思路不仅表现为在不同水平面横向切割，分别设立地表、地上、地下建设用地使用权，还可以在同一水平空间范围内区分若干部分空间，分别设立空间建设用地使用权。如此，方才可以实现分别设置不同层次、不同区位、不同用途的土地空间的土地权属，"以实现对有限土地的综合开发利用"。[3]按照施建辉教授的观点，在依各楼层分别设立"分层空间建设用地使用权"的前提下，可以更进一步，即对同一水平空间的不同区分所有建筑物，亦可以设立独立的"分层空间建设用地使用权"。如一幢建筑被区分所有为 101 房、102 房、103 房、104 房、201 房、202 房、203 房、404 房……601 房、602 房、603 房、604 房。那么，在独立存在"101 房所有权""102 房所有权""103 房所有权""104 房所有权""201 房所有权"……"603 房所有权""604 房所有权"的同时，也存

---

[1]　参见石少侠、王宪森："土地空间权若干问题探析"，载《政治与法律》1994 年第 1 期，第 26~27 页。

[2]　参见陶钟太朗、杨遂全："论宅基地使用权的空间权塑造"，载《中国土地科学》2014 年第 6 期，第 21 页。

[3]　参见施建辉："建设用地分层使用权的实践考察及立法完善——以南京地铁建设为例"，载《法商研究》2016 年第 3 期，第 45 页。

在"101 房空间建设用地使用权""102 房空间建设用地使用权""103 房空间建设用地使用权""104 房空间建设用地使用权""201 房空间建设用地使用权"……"603 房空间建设用地使用权""604 房空间建设用地使用权"。总之，即一套房屋所有权将对应一套房屋的空间建设用地使用权。

第二节　空间建设用地使用权内部分层设立的弊端

如前所述，在目前有关地下空间建设用地使用权设立的实践中，对地表以下建设的多层地下空间建筑物，往往以楼层为界"分层"设立为若干个"地下空间建设用地使用权"。随着土地空间测量技术与不动产登记方式的更新，将一个整体空间区分为若干层次，分别标明其上下界限，并据此分别登记为不同的地下空间建设用地使用权，在技术上应当没有问题。从物权客体——各区分"空间"——的特定性方面来看，在此种情况下，分别设立多个地下空间建设用地使用权，也是符合物权特性的，理论上并无障碍。但是，这种将一个整体空间硬性分层为若干独立地下空间建设用地使用权的做法在科学性、必要性上似乎存在诸多问题。

一、问题一：各分层空间建设用地使用权无法独立行使物权各项权能

物权是指，权利人直接支配特定物，以满足自身需要的权利。物权作为支配权，其最大的特征在于，权利人可以自由地、以独自支配的方式开发利用特定物，以此实现物之利益。将一个整体空间分层区分为若干独立地下空间建设用地使用权后，因各空间建设用地使用权层叠在一起，一个空间最多只有 3 米~4 米层高，根本无法独立开发利用。理论上认为，同一块土地上如若层叠设立多个空间建设用地使用权，则各权利之间必须有"隔离层"，且"隔离层"必须足以支撑其上方空间建设用地使用权的建筑基础承重，以确保"隔离层"上下两个空间建设用地使用权能够成立两个独立开发利用、互不干扰的土地空间。[1]正如陈华彬教授介绍日本区分地上权观念所言，区分地上权所属空间建设的建筑物应当有独立的"承重地基"，而不能是以"嫁接"

---

〔1〕　参见王瑞："上海城市土地空间权利体系与登记研究"，载《上海国土资源》2014 年第 3 期，第 34 页。

的方式和其下的建筑物实质上连为一体。[1]如果两个所谓的空间建设用地使用权是层叠在一起，中间没有隔离，上一层土地空间的开发利用完全依赖于下一层土地空间的建设承重，则两者完全是一个整体，应当一并设计开发，根本不存在各自独立开发利用的可能性。

现实中，将一个整体空间分层区分为若干独立地下空间建设用地使用权后，表面上，各权利人确实是取得了各自的空间建设用地使用权，然实际上，其根本无法独自开发利用自己的空间。他们能够将自己空间建设用地使用权内的建筑物拆除吗？不行。他们可以不依靠下面的土地空间作为承重基础吗？不行。他们可以拒绝负担其上的建筑物基础吗？不行……总之，其虽然享有建设用地使用权人的名号，但是其根本无法独立支配所属土地空间，而必须和其上下的所谓的建设用地使用权人一起平等协商，共同开发利用该部分空间，以此实现互利互赢。由此可见，这些所谓的分层空间建设用地使用权人并非"独立地分层"支配这些空间，而是"共同地共有"这些空间。正如罗瑞芳、陈耀东教授所言，同一空间上下存在两个建筑物，如若这两个建筑物"相互独立"，则需要设立两个独立的空间建设用地使用权；如若这两个建筑物"相互结合为一体"，则根据一物一权原则，只需要设立一个空间建设用地使用权即可，而由相关权利人"共有"该空间建设用地使用权即可。[2]

二、问题二：各分层空间建设用地使用权与建筑物的整体性无法协调

不论将一个整体空间分层区分为多少个独立的地下空间建设用地使用权，都不能改变该空间内的建筑物仍然是一个整体这一客观事实。虽然依据楼层，其可以分为几个部分，但在物理层面上，其本质上应当是一个建筑物，即一个物。但问题是，鉴于相应的空间已经依据楼层划分为了若干个不同的空间建设用地使用权，这些占据不同的地下空间的建筑物楼层，其所有权性质如何界定呢？此时无非有两种思路：

1. 思路一：建筑物整体登记所有权，对应数个空间建设用地使用权

如依据《南昌市城市地下空间开发利用管理办法》第13条的规定，结建

---

〔1〕　参见陈华彬："土地所有权理论发展之动向——以空间权法理之生成及运用为中心"，载梁慧星主编：《民商法论丛》（第3卷），法律出版社1999年版，第105页。

〔2〕　参见罗瑞芳、陈耀东："空间权设立与运行的典型问题分析"，载《中国房地产》2009年第8期，第49页。

地下空间建设工程应当分设不同的建设用地使用权，但是依据该办法第 27 条的规定，分属不同地下空间建设用地使用权的楼层还是应当作为一个建筑物整体"合并办理初始登记"。[1] 如此，产生的结果是，对于某空间内的建筑物而言，其建筑物的所有权是整体、唯一的，但其却对应数个空间建设用地使用权。根据物权法理论中的"房地一致原则"，房屋权属应当和土地权属相一致，方才能够保持其转让、消灭、设定他物权等一系列后续行为的协同性。[2] 而上述南昌做法显然扰乱了房地之间的对应关系，"一房对应多地"，对后续的建筑物所有权和空间建设用地使用权的处置造成困难。

值得注意的是，上述做法还违反了不动产登记的"一体登记原则"，可能造成不动产统一登记体系的混乱。我国目前实行不动产统一登记制度，即在一个不动产登记簿中同时载明同一块土地（林地、草原、海域、水域等）上各类定着物（房屋、林木、矿藏等）的自然状况和权利状况。为了保证登记的准确性和完整性，必须对同一块土地上的各类定着物类型予以囊括，以确保土地权属和土地定着物范围上一致，权属上对称。《不动产登记暂行条例实施细则》第 6 条强调，一块土地（空间）上的"全部不动产单元"应当设立"一个不动产登记簿"。《不动产登记操作规范（试行）》第 1.2.2 条（一体登记原则）强调，"房屋"应当与"其所附着的土地（空间）一并登记"。换言之，在我国，登记的建设用地使用权所辖空间范围和登记的房屋所有权占据空间范围应当一一对应、相互吻合。然前述思路中，一个建筑物整体将对应数个空间建设用地使用权，在这种情况下，以某个空间建设用地使用权为基本登记单元进行不动产统一登记，其空间范围内的建筑物所有权只能登记为一个建筑物的某部分楼层，而这种登记显然是不准确的，也是不科学的，显然违反了上述不动产登记的"一体登记原则"。

2. 思路二：建筑物依楼层登记所有权，一一对应各楼层空间建设用地使用权

如根据《芜湖市市区地下空间利用和房地产登记暂行办法》第 2 条、第

---

〔1〕 再如，浙江金华也存在同样的问题。《金华市区城市地下空间开发利用管理办法（试行）》第 12 条强调，结建地下空间项目中，存在"地下建设用地使用权"与"地表建设用地使用权"两个土地使用权。然第 23 条又强调，结建地下空间项目与地表建筑合并办理房产初始登记。如此，也造成了一个建筑物同时对应"地表"和"地下"两个建设用地使用权的状况。

〔2〕 参见王利明：《物权法研究》（第 4 版·下卷），中国人民大学出版社 2016 年版，第 916~917 页。

16 条，地下空间建设用地使用权实行"分层设立""分层单独登记"，即针对一个建筑物各楼层设立的多个"地下空间建设用地使用权"均可以独立登记。同时，对于该建筑物各楼层所有权，该办法第 16 条第 3 项亦认可按各"层"建筑物所有权予以登记。[1]

　　将一个整体建筑物依楼层区分登记为数个建筑物所有权，虽然和依楼层分层设立的多个空间建设用地使用权一一对应，实现了"房地一致原则"，但是这种做法显然是违背建筑物本身客观规律的。一个建筑物依楼层确实可能被不同权利人区分所有，并可将相关楼层视为其"建筑物专有部分"，然而并不能据此认为各权利人分楼层分别、独自享有各自楼层所有权。所有权即意味着对相关标的的任意支配处分的权利。[2]以一楼为例，如果认为其所有权属于一楼所有权人，则意味着其可以对一楼进行任意处置。然而客观事实显然并非如此，对一楼建筑的违法装修、改建，势必影响整个建筑安全，其作为整个建筑的基础，应当服务于整幢建筑。不仅一楼如此，二楼、三楼、四楼等，亦是如此，各层的承重结构亦不能归各楼层所有，而应当服务于整个建筑。此外，各楼层的楼梯、电梯、设备间、通风井等设备，显然亦不能为各楼层所有人任意处置，独立设置、行使所有权。由此可见，将一个整体建筑物依楼层区分设立数个建筑物所有权，显然是一种置事实于不顾的臆想，完全违背建筑物客观规律。

三、小结

　　对于利用地下空间建设的多层建筑，有些地方按照楼层分别设立多个地下空间建设用地使用权。如此产生的问题是：一个整体空间被分割为依据各楼层分别设立的多个地下空间建设用地使用权。在分层设立多个地下空间建设用地使用权后，将产生一系列的后续问题。一方面，其无法和物权法理论中的物权特性相符合，物权所应当具有的支配性根本无从体现。这种情况下的所谓的分层空间建设用地使用权，有多少实际价值，恐有待考证。另一方面，分层设立的多个地下空间建设用地使用权如何和建筑物整体相协调亦面

----

　　〔1〕　需要指出的是，依据《芜湖市市区地下空间利用和房地产登记暂行办法》第 16 条，芜湖市既允许对于地下建筑物作为一个整体进行所有权登记，也允许将地下建筑物依据"层、间、个"的标准，分别登记所有权。

　　〔2〕　参见高富平：《物权法原论》（第 2 版），法律出版社 2014 年版，第 622 页。

临重大挑战。若是分层设立多个建筑物所有权，则和建筑物整体支配、利用的客观事实相违背；如仍坚持整体设立建筑物所有权，则又和"房地一致原则"相冲突。综上，在现实操作中，对一地下空间多层建筑物按其楼层分层设立多个地下空间建设用地使用权的做法存在诸多弊端。

第三节　空间建设用地使用权内部整体设立的合理性与现实障碍

如上所述，在当前的许多地方实践中，对于地下多层建筑物，采用分层设立多个地下空间建设用地使用权的做法，而该做法存在一系列弊端。因此，从理论上来看，我们应当如何重建地下多层建筑物所占据土地空间的法律权属结构呢？这将是一个值得研究的问题。

一、建筑物区分所有中，应当整体配置各楼层的空间权属

地下多层建筑物按其楼层分别归属于不同所有人所有，其本质上即"建筑物区分所有"。建筑物区分所有是指，一个整体建筑物被区分为若干个独立部分，而各独立部分为不同所有人所有的一种建筑物所有状态。一般认为，一整体建筑物若被区分所有，各独立部分必须具有以下特征：①构造上的独立性，即专有部分范围能够清晰划定，即便不是以墙、门等实体进行区隔，最起码要以地砖、铜条等标识予以界分。②利用上的独立性，即区分的各独立部分要能够独立满足权利人对建筑物的使用需求，如区分所有的住宅应当以套为单元，独立满足人们生活起居的各项需求。该建筑物虽然被分割为若干部分，并被不同所有人区分所有，但不容否认的是，该建筑物整体上仍为"一个"建筑物，共同存在于一个建筑地基之上，区分所有的若干独立部分实质上是不能分离、独立的。

根据建筑物区分所有的特点，理论上将该建筑物整体分为两部分，即"建筑物专有部分"和"建筑物共有部分"。[1]具体而言：①"建筑物专有部分"即为区分所有人所能够独立支配的空间。该独立空间可能是建筑物整体的"一套""一间"，也可能是"一层"。对于该独立空间，区分所有人能够以所有人的身份进行相当程度的自由支配、利用。②"建筑物共有部分"是

---

〔1〕　参见高富平、黄武双：《房地产法学》（第2版），高等教育出版社2006年版，第357页。

指为全体区分所有人所共有的建筑部分，如建筑物地基、外立面、承重墙，供气、供水、供电、排水等设施，作为地基的建设用地使用权，等等。这些建筑部分为区分所有人所共有，理论上认为是一种按份共有，但区分所有人不得要求分割。

在理论上，虽然亦有学者赞同依据各区分所有建筑物分别设立对应的空间建设用地使用权[1]，亦如本章第一节所述"分层空间建设用地使用权"理论。但相对而言，就建筑物区分所有，其地基使用权为各区分所有人所共有，已经能够解释现实生活中的各类问题，在法律逻辑上自成体系，已经是一个成熟的制度了。对此，有学者从以下三点进行了论证，十分值得赞同。[2]第一，从物理上，楼房的各个楼层离不开地面的支持，它们都与地表不可分割。因此，一层的房屋所有权人享有土地使用权，二层以上的房屋所有权人也均享有土地使用权。第二，从法律上，根据"房地一致"原则，整个楼房的所有权与土地使用权均是不可分离的。若楼房分割出售，为不同的所有者区分所有后，各个区分所有权人因其对楼房某一部分享有所有权，当然地享有部分的土地使用权。第三，从利益均衡上，房地产开发商将楼房出售给各个区分所有权人时，售价中都已包含了取得土地使用权的价值。若不肯承认区分所有权人对土地使用权的共有权，当整幢房屋发生毁损需要重建或拆除时，二层以上的区分所有权人便无权决定对土地的处分，也不能获得任何应得的补偿，从而给区分所有权人造成极大的损失，且显失公平。

反之，如果采用各区分所有人各自分层享有独立的空间建设用地使用权，则反而使法律关系复杂，不仅导致层叠设立多个空间建设用地使用权，亦未必能够很好地解释现实生活中相关的法律关系和问题。一方面，引入"分层空间建设用地使用权"，赋予建筑物各区分所有权人对于各自区分所有建筑物所占据空间以独立的、物权性质的空间使用权，对于所谓的权利人而言，并没有任何价值。不论是所有权，还是用益物权，都属于物权性质。而根据物权法原理，物权为支配权，即主体通过独占性地对客体（物）的占有、使用、收益、处分，以客体（物）的功能满足自己的需要。建筑物区分所有权制度

中，一建筑物整体被区分为若干独立建筑物，各个权利人分别对各区分建筑物享有所有权，这是有其价值的。虽然各区分建筑物隶属于建筑物整体，承重墙、地基、外墙等，区分建筑物所有权人无法独占性支配，并获取利益。但是，就建筑物内部专有部分而言，所有权人还是享有独占性支配利益的，无论是将房屋用于各种用途，还是对房屋内部进行装修、重新组合。借助于所有权，建筑物区分所有权人可以充分地利用建筑物专有部分，并获得相应的利益，故而法律构建建筑物区分所有权制度，是有其社会价值的。但是，就若干区分所有建筑物专有部分所占据的各个空间而言，这些空间已经和区分所有建筑物"绑定"，其功能仅仅限于承载相应的区分所有建筑物。除此之外，区分所有建筑物所有人对这些空间其实并无其他的利用可能性。我们很难设想，因为区分所有建筑物所有权人享有相应的"分层空间建设用地使用权"，故其可以对相应空间享有独占性的支配权，如将相应建筑物拆除，重新建设房屋。然而，如果我们承认了建筑物区分所有权人享有"分层空间建设用地使用权"，则权利人对这些"分层空间"应当享有独占性的支配利用的权能，而这显然是不可能的。所以，上述理论引入"分层空间建设用地使用权"概念，形式上好像赋予了建筑物所有权人以一项新的权利，但从实质上看，这一权利是没有任何实际价值的。

另一方面，建筑物区分所有权人对相应建筑区域的使用空间客观上并非限于区分所有建筑物专有部分所占据的空间，而应当是及于整个建筑物所占据的空间。然而，如引入"分层空间建设用地使用权"概念，则意味着建筑物区分所有权人在相应建筑区域内享有的利用权利的空间范围仅仅及于区分所有建筑物专有部分所占据的狭小空间，此外的空间将属于其他区分所有建筑物权利人。但是，实际情况并非如此。区分所有建筑物作为一个建筑整体，其地基、外墙、楼顶，甚至于各层楼板，对于维护整个建筑物，以及各区分所有建筑物均具有至关重要的价值。也正是因为此，理论和法律均将这些设施归属于全体区分所有人共有。[1]换言之，对于这些设施所占据的空间，各区分所有建筑物人亦是享有相应的占有、使用权利的。而这一现实状况显然是分层空间建设用地使用权概念所无法解释的。在其概念内涵中，建筑物区分所有人对空间的使用权利仅仅限于自身区分所有建筑物专有部分的狭小范

---

[1] 参见朱岩、高圣平、陈鑫：《中国物权法评注》，北京大学出版社 2007 年版，第 260 页。

围内。综上，相关学者提出的"分层空间建设用地使用权"概念似乎并无多少价值。我们认为，就建筑物区分所有情况下的土地权属而言，还是应当依据传统民法所秉持的观点，即就该建筑物整体设立一个建设用地使用权，由该建筑物的若干区分所有权人共有该建设用地使用权。

就我国而言，目前理论和实务界的主流观点亦是认为：应当将整个多层建筑物所占据空间作为整体统一设立一个建设用地使用权，而无须依据区分所有的建筑物分别设立相应的若干个空间建设用地使用权。如梁慧星教授认为：一方面，作为一个建筑物，包括各个楼层以及附属设施在内的所有建筑物，作为一个不动产仅仅只需要设立一个建设用地使用权；另一方面，即便该建筑物按照各楼层或各单元，被若干业主区分所有，各业主可以各自享有专有部分建筑物所有权，但对于该建筑物整体所对应的建设用地使用权，仍然是作为一个整体为全体业主所共有。[1]如洪波教授所言："如果强行用空间建设用地使用权理论去解决建筑物区分所有的问题，……使原本简单的关系复杂化，也没有任何实益。"[2]如王利明教授所言："对于房屋内的空间、地下停车场的空间利用的问题，都应当通过房屋所有权、建筑物区分所有制度来解决，而无须通过空间权来加以调整。"[3]如彭诚信教授所言："建筑物的空间是建筑物的自身内在的有机构成，是地上权的当然附属空间的组成部分，与作为空间权标的空间没有任何联系。"[4]如梅夏英教授所言："建筑物内部的空间问题，仅涉及建筑物所有权法律关系……而无须通过空间权来加以调整。"[5]在立法上，虽然原《物权法》对区分所有建筑物所占据土地权属问题没有作出明确规定，但是，《最高人民法院关于审理建筑物区分所有权纠纷案件具体应用法律若干问题的解释》第3条规定："建筑区划内的土地，依法

---

〔1〕　参见中国物权法研究课题组（梁慧星主持）：《中国物权法草案建议稿：条文、说明、理由与参考立法例》，社会科学文献出版社2000年版，第118页。

〔2〕　参见洪波："空间建设用地使用权的理论解析——以普通建设用地使用权人的同意权为中心"，载《烟台大学学报（哲学社会科学版）》2006年第3期，第265页。

〔3〕　参见王利明："空间权：一种新型的财产权利"，载《法律科学（西北政法大学学报）》2007年第2期，第119页。

〔4〕　参见彭诚信、臧彦："空间权若干问题在物权立法中的体现"，载《吉林大学社会科学学报》2002年第3期，第96页。

〔5〕　参见梅夏英："土地分层地上权的解析——关于《物权法》第136条的理解与适用"，载《政治与法律》2008年第10期，第26页。

由业主共同享有建设用地使用权，但属于业主专有的整栋建筑物的规划占地或者城镇公共道路、绿地占地除外。"据此，我国法律也已经明确，区分所有建筑物为一个整体，所占据的地基仅需要设置一个建设用地使用权，而该建设用地使用权为全体区分所有人所共有。

回到本书所讨论的地下空间开发议题。就地下多层建筑物而言，在其分属于不同权利人所有的背景下，前述有些地方采用了"分层设立地下空间建设用地使用权"的做法。但是，也有一些地方认识到了其建筑物区分所有的本质，其在承认建筑物可以区分所有的同时，认为相应土地权属应当是一个整体，故应仅仅设立一个地下空间建设用地使用权。例如，《西安市地下空间开发利用管理办法》第 13 条规定："市规划管理部门在核发建设工程规划许可证时，应当在其附件中明确地下建（构）筑物水平投影最大占地范围、起止深度、层数和建筑面积。"据此可见，西安市进行地下空间建设用地使用权相关审批时，是将相关地下空间作为一个整体，一并规划审批，一并规定"起止深度"的，虽然也要明确相关"层数"，但各层并非作为独立的地下空间建设用地使用权来对待，而仅仅是一个地下空间建设用地使用权内部的结构划分。因此，西安并未对地下空间建设用地使用权实施分层设立，而是对一个地下空间整体设立一个地下空间建设用地使用权。

二、空间建设用地使用权内部整体设立与现行土地管理体制的冲突

如前所述，无论是依建筑物区分所有法理，还是参照实际运作状况，一个多层建筑物都应当被作为一个整体相应设立一个建设用地使用权，而不应当区分楼层分层设立多个空间建设用地使用权。否则，相关设置权属关系复杂，且权利配置毫无实际价值，还徒增纠纷。然而，在实践中，许多地方（如杭州、苏州、厦门、武汉、芜湖等地）均是将一地下多层建筑物分层设立多个地下空间建设用地使用权，如此操作的背景原因又是什么呢？我们认为，究其原因，这一错误做法产生的一个重要原因乃是受限于我国现行的土地使用权出让制度。

我国实行土地公有制，目前能够在市场上流转的只能是国有建设用地使用权。国家在设立国有建设用地使用权时，明确限定了相应的土地用途，如工业用地、商业用地、居住用地、市政设施用地、办公用地、教育用地等，并依据不同用途的国有建设用地使用权规定了不同的权利人主体资格、设立

方式、出让价格、存设期限、权利限制等。而同时，《城镇土地估价规程》也把土地区分为住宅用地、工矿仓储用地、商服用地、公共管理与公共服务用地以及交通运输用地等五种用途，分别制定了不同的价格评估方法。然而，在实践中，同一地块上规划建造的建筑物可能依楼层用于不同用途。例如，一地块上的某建筑物，地下1层~2层用于公共交通，地上1层~2层用于商业，地上3层~20层用于住宅。这些不同用途的建筑物虽然隶属于一个整体建筑物，但由于其用途的差异，其相对应的建设用地使用权在权利主体、设立方式、出让价格、使用年限等方面存在诸多差异。也由于存在上述差异，依据我国现行相关规定，即便其实质上是隶属于同一个建筑物整体，国土部门亦无法把不同用途的建设用地使用权混合在一起一并创设，相反，只能依据不同楼层分别设立多个空间建设用地使用权。

如前述"深圳地铁前海湾车辆段"，地表以上的公共交通设施层和其上的民商事建筑本质上是一体的，但两者之间在土地用途、权利人类型、出让方式、出让价格、可转让性等方面存在巨大差异，故无法作为一个建设用地使用权整体一并设立，否则在出让程序上根本无法操作，且有违反国家土地法律法规的风险。基于此，深圳市国土部门只能将同一建筑物整体区分为三个部分，分割设立三个建设用地使用权：地下部分，因为具有地铁公共交通性质，故以划拨方式设立地下空间建设用地使用权；地表0~15米部分，因为亦具有车辆维修等公共交通配套性质，故以协议出让方式设立地表建设用地使用权；地表15米以上部分，因为属于纯商业、居住性地产，故以挂牌出让方式设立地表建设用地使用权。对此，有学者评价道，前海湾车辆段各层之间"不同的土地用途""不同的使用权人"和"不同的出让条件"是"分层设立"的前提，相关做法同时兼顾了"法律规定""土地用途管制""地铁建设实际"各方面的情况，值得推崇。[1]

回到本书所讨论的地下空间开发议题，亦存在同样的困境。某地下空间建筑物，可能地下一层为商业设施，地下二层为停车场，地下三层为人防物资储备。由于使用用途的不同，其权利主体、设立方式、出让条件等自然均不相同。如就设立方式而言，商业设施土地使用权当采用公开竞价方式，地

---

[1] 参见李孟然："土地使用权'分层设置'破题——深圳地铁上盖物业土地使用权分层出让调查"，载《中国土地》2008年第8期，第36页。

下停车场土地使用权可以采用协议出让方式，人防物资储备土地使用权则应当无偿划拨。而且，相应的各层权利人亦不一致。因此，即便该地下三层为一整体，亦只能依据不同楼层分别设立三个地下空间建设用地使用权。地下空间开发中，一建筑物受制于不同楼层的使用用途差异而只能分别设立数个地下空间建设用地使用权的现实背景，在《苏州市人民政府印发关于加快苏州市城市地下空间开发利用的实施意见的通知》中体现得十分清晰。该文件强调："地下空间建设用地使用权，对照规划批准用途，可分层供地，依法确定不同的供地方式"；"单建地下空间的建设用地使用权的初始登记可分层登记，并注明地下建设用地使用权的空间范围、土地用途等内容"。由于建筑物不同楼层"规划使用用途的差异"，故"供地方式不同"，而只能采取"分层供地方式"。相应地，办理土地权属登记，亦是采用"分层登记"方式。

需要指出的是，在实践中，这种依据不同土地空间利用性质分割设立地下空间建设用地使用权的做法，还是不能完全解决地下空间建筑物利用过程中不同土地空间用于不同用途的土地权属确权问题。如"南京地铁公司与南京勇信公司有关南京地铁一号线南延线小龙湾站上盖物业租赁纠纷案"〔（2016）苏01民终9504号〕。2007年12月5日，经南京市江宁区规划局报批，江苏省发展和改革委员会作出了《关于南京地铁一号线南延线小龙湾站调整建设规模的批复》（苏发改投资发〔2007〕1458号），同意小龙湾车站的建筑面积设计为38 272平方米。其中，除了站厅、站台、停车场、变电站等设施外，还包括商业及配套服务设施建筑面积23 453平方米。南京市政府依据上述省发改委批复将小龙湾车站所有用地以预供地模式划拨给南京地铁公司。相关商业及配套服务设施是零星分布式穿插在整个小龙湾地铁站整体规划中。换言之，这些商业及配套服务设施和地铁公共交通设施是交错在一起的，无法独立分割、绝对划分。因此，发生争议的商业及配套服务设施占地没有取得独立的建设用地使用权，而是被包含在上述划拨的整体建设用地使用权中。但依据相关法律的规定，商业设施办理相关"建设工程规划许可"以及"房屋所有权证"都必须以取得相应的符合规定的"建设用地使用权"为前提。而小龙湾地铁站的上述商业及配套服务设施因为没有相关的"建设用地使用权"故而无法办理相应的"建设工程规划许可"和"房屋所有权证"。在南京地铁公司将这些商业及配套服务设施整体出租给南京勇信公司后，南京勇信公司依据2009年《最高人民法院关于审理城镇房屋租赁合同纠纷案件具体应用法律若干问题的解释》第 2 条[1]的规定，主张上述租赁房屋没有取得"建设工程规划许可"，故而主张租赁合同无效。然就南京地铁公司而言，上述租赁房屋由于所占据土地空间根本无法独立区分、独立登记办证，故而根本无法办理"建设工程规划许可"，只能以"违章建筑"的形式进行建筑。

上述纠纷发生的本质在于：一个建筑物整体中各楼层，甚至于各楼层的各部分，分别用于不同的用途。按照国家土地管理法律法规，不同用途的建设用地使用权应当遵循不同的设立条件和设立程序，并产生不同的法律后果。因此，针对不同用途的建设用地使用权应当分别设立，不能混同。但是，地铁站点建设是一个整体，相关商业服务设施是根据具体情况零散分布在地铁站点各个部分的，根本无法对其进行切割并单独设立相应的商业用途的建设用地使用权，故而只能和公共交通设施一起以市政交通用途整体上以划拨形式一并设立一个建设用地使用权。如此，小龙湾地铁站的商业服务设施的建设用地使用权也就无法独立设置、标识出来，相应的规划、建设、登记等后续行政程序自然无法进行。

第四节　空间建设用地使用权内部整体设立体制完善路径建议

一个地下多层建筑物按楼层规划具有不同的使用用途，分属于不同权利主体，其作为一个建筑物整体，依建筑物区分所有法理，应当统一设立一个建设用地使用权。但是，囿于我国现有土地管理体制以及土地使用权出让方式的限制，学理上的统一设立单一建设用地使用权思路在操作上面临极大的难题。实践中采用的依楼层分别设立多个地下空间建设用地使用权的做法，亦存在权属关系复杂、实际价值虚置、徒增权属纠纷等种种弊端。因此，在空间建设用地使用权内部，当地下空间建筑物各部分建筑设施存在不同用途时，其相对应的土地权属关系如何设置，是当前中国面临的实际问题。本节将借鉴"共有物分管契约制度"，在结合民法理论和中国国情的现实基础上，提出一个较为可行的，当地下建筑物不同楼层存在不同用途时，地下空间建

---

〔1〕依据《最高人民法院关于审理城镇房屋租赁合同纠纷案件具体应用法律若干问题的解释》第 2 条："出租人就未取得建设工程规划许可证或者未按照建设工程规划许可证的规定建设的房屋，与承租人订立的租赁合同无效。……"

设用地使用权内部设立体制的建议思路。

一、共有物分管契约制度之简介

基于共有物之性质，法律上设有"共有物管理契约"制度。共有人对于共有物享有等同于所有权人的权利，即可以通过占有、使用、收益、处分等方式对共有物进行开发利用。然共有物毕竟为数个共有人所共同所有，那么共有人究竟该如何占有、使用、收益、处分该共有物呢？如何协调共有人之间在开发利用共有物方面的关系呢？为了贯彻民法意思自治原则，也为了更好地根据共有物实际情况充分挖掘物之利用效能，各国民法均允许共有人以"约定方式"对于共有物的支配、使用进行协商。如我国《民法典》"物权编"第 300 条（原《物权法》第 96 条）规定："共有人按照约定管理共有的不动产或者动产……"这一方式，理论上称之为"共有物管理契约"，即共有人之间围绕共有物之占有、使用、收益、处分等诸多事项而达成的协议。[1]基于"共有物管理契约"，共有人之间可以就共有物的使用时间分配、共有物的修缮责任、共有物的收益分配、共有物的处分机制等诸多问题进行约定，而此后共有物实际使用过程中相关问题的处理，即应遵循该约定。

在"共有物管理契约"之下，还有一个概念，被称为"共有物分管契约"，即共有人相互约定，各共有人分别占有共有物之特定部分，并独立对此部分进行相应的使用、收益，甚至一定程度之处分。[2]如一幢二层房屋为甲乙共有，甲占 60% 份额、乙占 40% 份额。现甲乙商定，甲独占性使用该房屋一楼，乙独占性使用该房屋二楼，并对楼梯等出入口问题进行了约定。依法理，共有人对共有物的使用及于共有物的全部。[3]因此，不论甲或乙，其应当都可以对该整幢二层房屋进行支配使用，但现在，依约定，甲只能使用一楼，乙只能使用二楼，且相互独立、互不干涉。甲或乙不仅可以自己使用相关楼层，甚至可以将相关楼层予以出租等经营性使用。换言之，共有人就共有物全部或特定部分的使用收益等问题，可以全部委诸"共有物分管契约"定之。[4]当然，共有物分管契约当事人除了依据该契约享有相关占有、使用、

---

〔1〕 参见王泽鉴：《民法物权》，北京大学出版社 2009 年版，第 235 页。

〔2〕 参见王泽鉴：《民法物权》，北京大学出版社 2009 年版，第 235 页。

〔3〕 参见李锡鹤：《民法原理论稿》（第 2 版），法律出版社 2012 年版，第 347 页。

〔4〕 参见谢在全：《民法物权论》（第 5 版·上册），中国政法大学出版社 2011 年版，第 359 页。

收益、支配权利外，其也应当依据该契约承担相应的共有物修缮、费用承担等义务。有关共有物分管契约的性质，学理上认为，可以类比租赁契约。[1]

共有物分管契约的目标并非使若干共有人达成共同利用共有物的一致目标，进而促成共有人之间的精诚合作，以共同挖掘共有物的潜能，创造共有物的最大价值。相反，其功能是在共有人内部以债权约定方式划定各自对共有物的利用范围和方式，以此实现共有物的分割使用、独立开发，防止共有物的开发利用因为共有人之间的博弈和磋商而被浪费。[2]

共有物分管契约在建筑物区分所有制度中亦有适用的空间。依共有物分管契约，建筑物区分所有中，某些共有部分建筑物的使用可以依约定使用方式进行。

关于共有物分管契约的成立，理论上认为，可以有多种方式：

（1）经共有人约定设立。共有人经协商对于共有物之占有使用达成明确的"分管契约"，自然应当是合法有效的。然需要讨论的是，该契约的达成，是需要全体共有人一致同意，还是只需要达到半数共有人同意即可？我们认为，一般而言，共有相较于单独所有会耗费更多的协商成本，甚至造成共有物不能充分利用。因此，自罗马法以来，一直以鼓励单独所有、尽力消减共有之存在为立法宗旨。[3]共有物分管契约虽然不能消除共有，使各共有人能够彻底地独占性使用共有之物相关部分，但其以协议方式将共有物各部分分别划归各共有人独占性占有、使用，甚或一定程度的收益、处分，也算得上在"分割共有物"道路上进了一步。因此，立法应当以鼓励作为原则，且在有关该共有物分管契约的成立标准上，不宜设定得过高，以免妨碍该协议的顺利成立。我们认为，这一做法具有合理性。一则，其仅需半数通过即可，设置标准不高；二则，其要求共有人数和共有份额双重多数，较好地兼顾了共有份额多的人和份额少的人的利益。但是，值得注意的是，在仅设有半数通过即可的较低标准的背景下，为了防止"多数人暴政"，即所谓的多数人利用把控程序的机会滥用权利，损害少数人合法权益，以致实质上不正当地剥夺少数共有人的应得利益，[4]有必要设置一定的事后司法审查机制，以此制

---

[1]　参见王泽鉴：《民法物权》，北京大学出版社2009年版，第236页。

[2]　参见苏永钦：《走入新世纪的私法自治》，中国政法大学出版社2002年版，第271~299页。

[3]　参见高富平：《物权法原论》（第2版），法律出版社2014年版，第159页。

[4]　参见温世扬、廖焕国：《物权法通论》，人民法院出版社2005年版，第249页。

约"多数共有人",防止其滥用程序权利,不当损害少数人正当利益。

(2)经共有人默示认可。共有人在占有、使用共有物的过程中,虽然没有相关约定,但长期以来,大家一直遵循一定的惯例,分别对共有物各部分进行占有、使用,甚至收益、处分。日积月累,习以为常,相互默契。此时,应当认为共有人间默示认可共有物分管契约的存在,不得随意否定其效力。

(3)开发商在商品房出售时予以特别约定。此点主要适用于建筑物区分所有。建筑小区内,有些建筑物或土地本应当属于业主共有,但开发商在分割出售房屋时,即赋予某些专有部分房屋购买人可以独占性使用该共有部分的权利。如屋顶平台为业主共有,然而开发商约定,顶楼用户可以独占性使用该平台;绿地为业主共有,然而开发商约定,一楼住户可以独占性使用自家门前一定范围的绿地;外墙为业主共有,然而开发商约定,一楼商铺可以独占性使用外墙以设立广告牌;等等。当然,特定业主取得对某些共有部分的专有使用权也需要额外支付相应的价格,而其他业主虽未必知道其具体细节,但相关情况也属于商业惯例,亦在意料之中。对于这种情况,理论上亦应认为,各专有部分购买人已默示成立共有物分管契约。如王泽鉴教授认为:"公寓大厦之买卖,建商与各承购人分别约定,该公寓之共有部分或其基地之空地由特定共有人使用者,除另有规定外,应认共有人间已合意成立分管契约。"〔1〕

关于共有物分管契约是否具有对抗第三人的效力,理论上存在不同的看法。第一种观点认为,共有物分管契约不具有对抗第三人的效力,即该契约对于共有物份额的受让人不具有约束力。〔2〕第二种观点认为,共有物分管契约当然具有对抗第三人的效力,即该契约对于共有物份额的受让人当然具有约束力。〔3〕第三种观点认为,共有物分管契约以第三人知晓为前提具有对抗第三人的效力,即如若共有物份额的受让人事先知晓该契约存在,则其应当受此契约的约束。该第三种观点为目前学界的通说〔4〕。

对于上述共有物分管契约是否具有对抗第三人效力问题,我们亦赞同第

〔1〕 参见王泽鉴:《民法物权》,北京大学出版社 2009 年版,第 236 页

〔2〕 参见姚瑞光:《民法物权论》,中国政法大学出版社 2011 年版,第 214 页。

〔3〕 参见孟勤国:《物权二元结构论——中国物权制度的理论重构》,人民法院出版社 2002 年版,第 157 页。

〔4〕 参见宁红丽:"我国分管契约效力的立法选择",载《华东政法学院学报》2005 年第 4 期,第 51~56 页。

三种观点。一方面，该共有物分管契约虽然为一种债之约定，但并不意味着其绝对不能取得对抗第三人的效力。依传统物权债权二分体例，物权具有对抗第三人之效力，而债权仅具有当事人之间的相对效力。[1]此是民法之基本原理。但随着社会的发展，法学观念不断被突破，债权约定具有对抗第三人绝对效力的情形亦不断出现，如租赁权、预告登记请求权等债权，在一定条件下均得以对抗第三人，此情形被称为"债权物权化"。[2]共有物分管契约作为协调共有人利益冲突，充分发挥共有物效能的一种债权约定，从其制度功能讲，赋予其对抗第三人的效力亦是社会利益之需要，有其必要性。加之，如前所述，债权具有对抗第三人效力之观念已有突破，故我们认为，赋予共有物分管契约以对抗第三人的效力的做法既存在社会必要性，亦存在制度可行性。另一方面，依据法律原理，任何一项权利若具有对抗第三人的绝对效力，则必须以一定方式公示之。[3]否则，将导致第三人在完全不知的情况下接受该权利的约束，这是违背法律公平理念的。因此，共有物分管契约若要对第三人发生绝对效力，则必须以公示、为第三人知晓为前提。考虑到不动产有登记体系，故不动产共有物分管契约以登记为发生绝对效力之前提；而动产因没有登记体系，故只能以第三人知晓或应当知晓动产共有物分管契约为前提。

二、"依共有物分管契约制度，整体设置空间建设用地使用权"的基本构想

如前所述，针对同一空间范围需要建设数层建筑物时，我国现行有些地方所采取的依据楼层分别设立数个空间建设用地使用权的做法是极不科学的，一方面违反了物权法建筑物区分所有的基本原理，破坏了法制的统一；另一方面也不符合社会生活实际，无谓地增加了社会关系复杂性，甚至可能阻碍土地空间资源的有序、高效利用。但与此同时，如果将这数层建筑所占据的空间设定为一个建设用地使用权，由于其各层的用途、权利人不同，以及由此而产生的设定条件、设定程序不同，在实际操作中，以一个建设用地使用权进行整体设定亦存在较大的现实制度障碍。

---

〔1〕　参见梁慧星、陈华彬：《物权法》（第6版），法律出版社2016年版，第19页。

〔2〕　参见王泽鉴：《民法物权·1·通则·所有权》，中国政法大学出版社2001年版，第32页。

〔3〕　参见尹田：《物权法》（第2版），北京大学出版社2017年版，第103页。

针对上述困境，我们借助于共有物分管契约制度，针对同一空间范围的数层建筑物，提出了一个整体设置建设用地使用权的新思路：①不论各楼层使用用途是否相同，均不根据不同楼层分层设立空间建设用地使用权，而是针对数层建筑物所占据的同一空间整体设立一个（空间）建设用地使用权；②上述（空间）建设用地使用权为各楼层建筑物所有权人所共有；③各（空间）建设用地使用权共有人依据"共有物分管契约"，既对各自建筑物所在楼层空间有一定的专属性使用权，也对建设用地使用权整体共享权利、共担义务。具体而言：

（1）围绕同一空间范围的数层建筑物，设置一个（空间）建设用地使用权。同一空间范围的数层建筑物本身即为一个整体，其所占据的空间范围亦应当是一个土地权属。现行各地方政府分层设立多个空间建设用地使用权，虽然有其现实原因，但无论从物权法原理上讲，还是从社会实践需要上讲，均是错误的，故必须予以纠正。

（2）同一空间范围的数层建筑物所占据的同一（空间）建设用地使用权为数个权利人共有。如公共草坪下方的地下商场所占据的整体建设用地使用权可以由地下一层商业设施权利人、地下二层公共停车设施权利人（市政部门）和地下三层民防物资储备场所权利人（人民防空部门）三方共有。如地铁车辆段综合体所占据的整体建设用地使用权，可以由地下二层地铁线路权利人（地铁公司）、地下一层公共交通换乘设施权利人（市政部门）、地面一层商业设施权利人和地面二层居住用房权利人四方共有。

（3）关于（空间）建设用地使用权共有时，各共有人之间份额的确定。我们认为，有约定的按照约定；没有约定的，原则上可以按照各自楼层的建筑面积占整个建筑物面积的比例来确定份额比例。需要指出的是，这里的相关建设用地使用权份额比例问题的重要性并不是很大。一方面，如前所述，共有人就共有物管理使用进行的份额表决需要受到法院的司法审查，即便多数份额人，亦不能滥用权利来对少数人实施"多数人暴政"。另一方面，如后面所述，鉴于同一建筑物分楼层归属于不同权利人，故各权利人将依据楼层就该建设用地使用权达成共有物分管契约。而在分管契约中，将就共有的建设用地使用权开发利用的诸多问题予以事先约定，且约定后，共有人对于其他共有人独立管理部分将丧失占有使用权限。所以，份额较大共有人在（空间）建设用地使用权共有的整体运作中的权力空间也是十分有限的。

（4）各共有人依据"共有物分管契约"共同行使该（空间）建设用地使用权。如前所述，共有物分管契约是指，共有人相互约定，各共有人分别占有共有物之特定部分，并独立对此部分进行相应的使用、收益，甚至一定程度之处分。[1]因此，对于同一空间存在数层楼层建筑物而言，虽然该建筑物占据的整体建设用地使用权可以由各楼层的数个权利人共有，但各共有人亦可以约定成立"共有物分管契约"，约定各建设用地使用权共有人分别占有、使用相关的楼层空间，相对独立地使用各自楼层空间。一方面，在共有建设用地使用权空间范围内，依楼层设立共有物分管契约之后，对于事关建设用地使用权共有人全体利益的事务，需要全体权利人协商一致，或者依约定程序表决；另一方面，对于仅仅涉及建设用地使用权共有人约定独立使用的楼层范围的事务，则应当依约定由相应的权利人自行决定，其他共有人将无权干涉和异议。如在地铁车辆段综合体中，在不损害地下一层公共交通换乘设施和地下二层地铁线路设施正常运行的前提下，地上一层商业设施权利人和地上二层住宅设施权利人对各自空间范围的房屋结构设计、外部装潢展示、面积大小布局等问题享有独立决策权，而无须征得地下一层、地下二层等其他建设用地使用权共有人的同意。相反，地下一层地铁线路、地下二层公共交通换乘设施的建设开发，在达到规划或约定确定的建设标准的前提下，相关建设作业亦可以独立进行，地上一层商业设施权利人和地上二层住宅设施权利人无权干涉。

（5）同一空间内多层建筑物的建设用地使用权的共有物分管契约，应当具有对抗第三人的效力。在相关楼层的建筑物区分所有人将自身对建筑物以及建筑物占据的建设用地使用权的权利转让给第三人时，从维护建设用地使用权开发利用秩序出发，继受人应当继续遵守该共有物分管契约，不得违反。值得讨论的问题是，在继受人并未实际参与约定的情况下，如何保护继受人在完全知情的情况下作出适当选择的自由？如若继受人是在完全无知的情况下承受该共有物分管契约的约束，对于继受人而言显然是不公平的。对此，我们认为，实际上，继受人在继受相关权利时，应当查阅相关建设规划，并实地勘察，通过不动产权利移转前的尽职调查，继受人应当是可以了解相关共有物分管契约的存在的。但考虑到更公开地公示共有物分管契约的内容，

---

〔1〕　参见王泽鉴：《民法物权》，北京大学出版社 2009 年版，第 235 页。

更好地保护继受人利益的需要，我们认为，在适当的情况下也可以允许建设用地使用权分管契约办理登记，以登记程序实现相关内容的公开，并据此赋予对抗第三人效力。

三、"依共有物分管契约制度，整体设置空间建设用地使用权"的设定程序

对于同一空间范围的数层建筑物，数个权利人共有一个（空间）建设用地使用权的设定程序。我们考虑，可以进行如下设计：

（1）地方政府的国土、规划、建设、财政等部门共同商定同一空间范围数层建筑物数个权利人共有一个（空间）建设用地使用权的方案设计。该方案应当明确：同一空间范围内的多层建筑物，各楼层的使用用途是否保持一致？如果各楼层使用用途不一致，哪些楼层是公益性质，哪些楼层是商用、民用性质？哪些楼层空间应当是通过竞争性方式设立土地权属，哪些楼层空间可以通过划拨、协议等非竞争性方式设立土地权属？就具体设定方式而言，如果该空间范围内的数层建筑物使用用途是公益性质的，其可以依据相关规定采取划拨、协议设定方式；如果其用途是工业、商业、娱乐等性质的，依据相关法律规定将只能采取招标、拍卖、挂牌等竞争性设定方式。此外，还要明确各楼层之间的布局设计、使用面积、使用方式、相互关系等，以此为将来各方行使各自权利义务明确规划依据、合同约定。

（2）区分建筑物各楼层，分别计算相应的土地出让金。虽然该多层建筑物所占据的（空间）建设用地使用权应当整体设置，但必须看到，其各楼层实质上是由不同的权利人实际使用、收益的。本着权利义务相一致原则，应当由实质上使用相应楼层的权利人负担相应的土地出让金。按有偿出让设立建设用地使用权的，应当支付相应的土地出让金；按无偿划拨设立建设用地使用权的，不应当支付相应的土地出让金。而且，根据不同楼层的使用用途，土地出让金数额亦是有差别。总之，应当根据相应楼层确定相应的土地出让金，并以此确定此后各建设用地使用权共有人的交付金额。[1]

（3）确定公益性建设用地使用权共有人。依据我国土地管理相关法律法

---

〔1〕 参见罗秀兰："高层建筑之地下空间权利冲突探析——兼论对结建地下空间开发的规制与激励"，载《中国土地科学》2015年第5期，第75页。

规，结合土地开发实际用途，确定同一空间内建筑物的某些楼层的公益性使用权利人。如某些楼层属于市政设施的，则将市政部门确定为建设用地使用权共有人；如有些楼层是属于地铁交通设施的，则将地铁公司确定为建设用地使用权共有人；如有些楼层是属于行政机关办公设施的，则将相关政府机关确定为建设用地使用权共有人。

（4）以招拍挂的方式确定经营性建设用地使用权共有人。这一程序还是由国土部门负责，可以参照目前的建设用地使用权招拍挂的相关程序。区别仅在于，原来是确定"建设用地使用权人"，而现在仅仅是确定"建设用地使用权共有人"。具体而言，在厘定城市建设规划、划定权利内容以及将来可建设开发内容的前提下，通过招拍挂的方式吸引社会主体参与竞争，从而确定最终经营性建设用地使用权共有人。

（5）各类建设用地使用权共有人按城市建设规划、地方政府所最初拟定的土地权利出让条件、各方合同约定，依据"共有物分管契约制度"，共同开发建设并管理该空间范围内的多层建筑物。

四、"依共有物分管契约制度，整体设置空间建设用地使用权"的制度优势

我们认为，上述"依共有物分管契约制度，整体设置空间建设用地使用权"较好地协调了物权法的基本原理和我国的现实国情需要，既能够在逻辑上自洽，形成严密体系，同时也具有实际可操作性，能够落地实施。特别是，该制度方案还能够较好地纠正了当前建设用地使用权内部分层设立所带来的破坏市场竞争秩序、国有企业垄断土地市场的弊端。具体而言：

1. 符合物权法建筑物区分所有法理。

同一建筑物虽然各楼层、各部分使用性质各异，权利归属不同，但依据物权法原理，其仍然只需就建筑物整体设立一个建设用地使用权，而由区分所有建筑物不同部分的权利人共有该建设用地使用权。这是一个基本的民法原理，不论是理论上，还是各国立法通例上，均对此予以了认可。我国在实践中没有遵循这一做法，依据不同楼层划分设立多个空间建设用地使用权，虽然有其现实原因，但是，如前所述，在实际运作中必将产生诸多弊端，以致难以贯彻。借助于共有物分管契约理论，对于多层建筑物整体设立空间建设用地使用权，可以贯彻上述建筑物区分所有法律原理，回避分层设立存在

的权属关系复杂、权利设置虚化、权利运行抵牾等诸多弊端。

2. 符合我国现行土地管理体制和建设用地使用权出让规则。

如前所述，实践中之所以依据不同楼层划分设立多个空间建设用地使用权，是因为我国对不同用途的建设用地使用权设置了不同的出让条件、出让方式、出让程序，因此无法对存在不同性质的多层建筑物所占据的土地空间整体设置一个建设用地使用权。鉴于我国实行土地公有制以及国家垄断土地一级市场的现实国情，这种建设用地使用权出让体制恐是很难改变的。这也就注定了，我们在进行相关制度设计时，必须考虑到各楼层使用性质、权利人之间的差异，并要能够体现各楼层权利属性的差异。"依共有物分管契约制度，整体设置空间建设用地使用权"的思路虽然否定了独立设立各楼层空间建设用地使用权的做法，但在确定各建设用地使用权共有份额取得条件、取得方式、取得程序时，还是充分考虑了不同性质楼层的差异，在保证建筑物整体功能的前提下，为相关差异点的实现提供了可行的实现路径。如对于公益性建设用地使用权共有人，确定了划拨设立、协议设立方式；而对于民商用建设用地使用权共有人，则确定了招拍挂设立方式。如此制度设计，显然能够确保该方案有效嵌入我国现有的土地管理体制和建设用地使用权出让规则，便于落地实施。

3. 便于各楼层的建设用地使用权共有人协调统一行使权利。

不同楼层的权利人均为该整体建设用地使用权的共有人，对于该建设用地使用权的开发建设均有表达意见、主张诉求、参与决策的权利，因此可以较好地协调不同楼层权利人的利益。物权法上有一系列的共有物使用方式确定的规范、调整机制。如根据物权法理论，按份共有物共有人可以协商确定共有物的使用方式，不能协商确定时，可以依据份额表决决定共有物的使用方式。如果以份额表决确定的共有物使用方式侵犯了少数份额人合法权益，则受侵害的共有人可以起诉到法院，要求法院对共有物使用协议进行司法审查。再如前述共有物分管契约制度，亦是调整各共有人权利义务的有效途径。借助共有物使用的相关物权法机制，我们有理由相信，同一空间建筑物各楼层权利人之间可以有序地就相关开发建设方案达成一致意见，如若不行，在法院等公权力的干预下，亦可以实现同样目标。以地铁车辆段综合体开发为例，各个权利共有人都需要遵循相关城市建设规划的要求，具体落实规划确定的建设方案以及事先的分管契约，在实现自身利益的过程中，有争议的，可以通过依据份额表决的方式来协调各方利益。而对于表决结果不服的，不论是地铁公司，还是商业、住宅设施权利人，都可以起诉到法院，请求司法审查、确认，以达到最终寻得解决方案的效果。

4. 维护公平的房地产市场竞争秩序。

从公平市场经济的角度看，对于民用、商用性质建设用地使用权，应当开放权利主体资格，允许市场公平竞争，如果采取不当干预措施以实现某类人对相关权利的垄断，将破坏正常的房地产市场秩序。但是，当前各地所采取的依楼层分别设立多个空间建设用地使用权的做法，将使地方政府在此问题上陷于两难境地。一方面，由于多层建筑物属于一个整体，相应空间开发必须整体进行，若各楼层的空间建设用地使用权权利人不一，各自独立行使权利，势必造成权利冲突，减损空间整体利用价值。在各楼层的空间建设用地使用权分别设立、独立运行的情况下，就地下商场而言，理论上，地下一层商业设施权利人享有独立的开发利用权利，地下二层公共停车设施权利人（市政部门）原则上无权干涉地下一层商业设施权利人的权利行使；就地铁车辆段综合体而言，理论上，地面一层商业设施权利人享有独立开发利用相应楼层的权利，相关权利行使行为无须征得地下一层公共交通换乘设施权利人（市政部门）的同意。由于各自均享有独立的建设用地使用权，基于物权的支配性和不可侵性，相互之间的协调恐存在相当障碍。另一方面，如果将多层建筑物按楼层分别设立的多个空间建设用地使用权均设定给同一个人，虽然可以较好地协调各楼层开发建设之间的关系，但政府为民用、商用等经营性建设用地使用权指定权利人的做法，显然有违公平竞争秩序。如前述"深圳地铁前海湾车辆段"建设中，虽然相关空间依次被划分为三层建设用地使用权，即第一层地下铁路运行的地下空间建设用地使用权、第二层交通换乘的地表建设用地使用权、第三层民商用房屋的地上空间建设用地使用权，但实质上，其权利主体都是同一人——深圳地铁公司。第一层、第二层以划拨、协议出让方式使深圳地铁公司取得相应的建设用地使用权，鉴于其公益用途，无可厚非。但是，第三层地上空间建设用地使用权的范围是建设商业房屋、居住用房，虽然其名义上是"挂牌"出让，但实质上政府早已经将权利指定设定给深圳地铁公司。实际上，在目前我国地铁车辆段综合体开发实践中，虽然地上商业、住宅用途楼层单独设立空间建设用地使用权，并需要采用招拍挂等竞买程序，但在实务中，地方政府会采取各种手段以确保地上的商业、住宅用途的建设用地使用权为地铁公司（或其子公司）所取得。这样的结果虽然确保了相关空间建筑物建设开发的整体性，降低了协商成本，促进了建设工程的顺利开发，但也因此引发了社会上不公平竞争的质疑，认为地铁公司有垄断开发、排斥社会主体参与竞争之嫌。对于具有经营性质的土地开发项目，国家必须保证所有的市场主体的公平竞争机会。如此方才能促进公平市场的形成，也才能够保证土地价值的最大化发挥。《民法典》"物权编"第347条（原《物权法》第137条）第2款要求，经营性土地使用权必须以竞争性方式进行出让，也正是此意。实践中，为了保证同一空间内建筑物各楼层开发建设者的统一性而剥夺其他市场主体参与竞争开发某些楼层的机会，显然与上述精神相违背。

通过本书所倡议的"依共有物分管契约制度，整体设置空间建设用地使用权"的思路，我国可以较好地解决上述困境。一方面，我们将各楼层建筑物所有权人设定为整体建设用地使用权共有人，且受到共有物分管契约的约束。各楼层建筑物所有权人无权对相应土地空间进行独立使用，且必须遵守相关约束，可以较好地协调各楼层建筑物所有权人的关系，防止其权利滥用，以致出现破坏空间整体利用价值事件的发生。另一方面，在整体建设用地使用权共有人身份方面，本建议思路保持相当的开放性。对于公益性楼层的建设用地使用权共有人，依性质，只能由相关政府指定权利人。然而，对于商用、民用性质楼层的建设用地使用权共有人，本建议思路采取了开放态度，任何有资质的社会主体均可以参与招拍挂，竞争优胜者最终获得该建设用地使用权共有人身份。如此有利于形成开放、公平、竞争的市场秩序，促进我国房地产市场的良性运行。同时，受制于共有人身份以及共有物分管契约约束，通过市场竞争程序选拔而来的建设用地使用权共有人亦无法恣意妄为，故可以同时保证土地空间开发的整体秩序。

我国空间建设用地使用权制度
运行中的几个专有问题

　　我国系采用建设用地使用权分层设立思路构建空间建设用地使用权制度，空间建设用地使用权并非一类特殊的物权种类，而只是建设用地使用权的一种类型。建设用地使用权包括地表建设用地使用权、地下空间建设用地使用权、地上空间建设用地使用权。围绕着地表建设用地使用权，我国自 1980 年以来，已经建立了十分完备的权利制度体系。因此，（地上、地下）空间建设用地使用权作为建设用地使用权的一种类型，原则上可以直接适用现有的地表建设用地使用权制度的所有规则。无论是空间建设用地使用权的权利主体、权利内容，还是空间建设用地使用权的设立方式、变更程序、消灭原因，（地上、地下）空间建设用地使用权和地表建设用地使用权均有高度类似性。鉴于我国地表建设用地使用权制度运行已经十分成熟，故本书对其中的诸多内容就不再逐一展开叙述了。下文，我们将主要就空间建设用地使用权制度运行中不同于一般的地表建设用地使用权的若干专有特殊问题展开专题研究。

第一节　关于既存建设用地使用权人能否作为
空间建设用地使用权的设立主体

　　国家作为土地空间所有权人在既存建设用地使用权所属空间以外，为第三人设立新的空间建设用地使用权，即国家可以作为空间建设用地使用权的设立主体，这是不存在争议的。然在实践中，存在争议的是，既存建设用地使用权人能否在自己所属空间范围内就一定范围的空间再行为他人设立空间建设用地使用权？既然建设用地使用权人可以对一定范围的空间享有使用权，那么其能否在自己享有使用权的空间范围内为第三人自行设立空间建设用地使用权？

一、关于既存建设用地使用权人能否作为空间建设用地使用权设立主体的争论

对于既存建设用地使用权人能否在自己享有使用权的空间范围内为第三人另行设立空间建设用地使用权，我国立法还缺少明确规定，理论上存在赞成和反对两种不同的看法。

赞成的学者主张，应当允许既存建设用地使用权人将其土地上下之特定空间设定空间建设用地使用权，让与他人。如王利明教授认为，如某人获得某块土地使用权，规划可以建造 20 层楼房，但由于经济原因无力完全承建，其可以将 15 层以上楼房的土地空间使用权出让给他人，由第三人取得相应的土地空间使用权。[1]换言之，即由既存的建设用地使用权人在自己可以利用的土地空间范围内为他人创设一个新的空间建设用地使用权。[2]梅夏英教授认为，这实质上就是一个土地使用权的纵向分割转让的问题。[3]具体而言，这种观点的主要理由如下[4]：

（1）在我国，实行土地公有制，依据宪法，城市土地只能属于国家所有，各类社会主体对于土地只能享有土地使用权。而国家限于需求、资金、技术等方面原因，不可能全面开发自己所有的土地，而只能以土地使用权形式将土地开发利用的权利让渡给各类社会主体。从这一现实国情出发，我们应当更好地健全、发挥我国土地使用权制度体系。改革开放以来，各类社会主体获得国有土地的建设用途的土地使用权（国有土地使用权、国有建设用地使用权）的观念、制度已经得到了广泛的承认，也取得了较好的社会效果。但是，这些土地使用权是以"平面土地"为观念基础的，在引入空间可以作为

---

〔1〕 参见王利明：《物权法研究》，中国人民大学出版社 2002 年版，第 480、490 页。

〔2〕 参见付坚强：《土地空间权制度研究》，东南大学出版社 2014 年版，第 58~59 页；陈祥健：《空间地上权研究》，法律出版社 2009 年版，第 37 页。

〔3〕 参见梅夏英："土地分层地上权的解析——关于《物权法》第 136 条的理解与适用"，载《政治与法律》2008 年第 10 期，第 25、28 页。

〔4〕 参见王晓明："空间建设用地使用权的理论问题研究——以《物权法》第 136 条为中心"，载《中州学刊》2011 年第 2 期，第 91 页。

独立物权客体观念后，在国家所有的"空间"范围设立空间建设用地使用权成为可能。相应地，为了更好地健全我国土地使用权制度体系，我们应当承认普通社会主体设立"空间建设用地使用权"的资格。只有赋予广泛的社会主体均可以设立包括空间建设用地使用权在内的各式土地使用权，方才能够确保我国的国有土地资源得到充分、高效的利用。

（2）从比较法的角度看，德国法上的"次地上权"制度也为我国建设用地使用权人在自己所占据空间另行创设新的空间建设用地使用权提供了借鉴。所谓"次地上权"是指，地上权人在自己可以支配利用的空间范围内，划定一定空间范围，以此为第三人设立一个新的地上权，即"次地上权"。该"次地上权"非由土地所有权人创设，而是由地上权人创设，其权利基础非"土地所有权"，而是"既有地上权"。如果将我国法上的建设用地使用权看作地上权的话，建设用地使用权人所享有的权利范围不仅包括土地之地表，还包括土地地表上下之空间。参照次地上权理论，建设用地使用权人完全可以在自己享有使用权的土地上下空间再为第三人设立"次建设用地使用权"。温丰文教授认为：土地所有权人设定普通地上权后再设定区分地上权时，是否应由土地所有权人设定，或者是由取得普通地上权的人来设定？对此，我们认为二者都可以。如果由土地所有人设定，须经普通地上权人同意。如果由普通地上权人设定，就是地上权空间之部分让与，地上权原则上可以让与，普通地上权人既然可以将整个普通地上权让与他人，部分让与在解释上应该也是可以的。

亦有学者反对既存的建设用地使用权人可以就此空间自行为第三人创设空间建设用地使用权。理由是：若既存的建设用地使用权人可以就此空间自行为第三人另行创设新的空间建设用地使用权，那么就会出现有的空间建设用地使用权是从既存建设用地使用权人处取得，有的空间建设用地使用权是从国家处取得的情形。然而，这两类空间建设用地使用权的权利性质将存在巨大差异。如设立主体不同，一个是从国家处取得的，一个是从既有空间建设用地使用权处取得。再如权利期限不同，一个由国家根据空间开发需求设置期限，一个既需要根据约定确定期限，同时还要受制于既有空间建设用地使用权的存续期限。两类不同效力的空间建设用地使用权同时存在于市场交易中，极易引起混乱。因此，学者认为，从我国土地公有制国情出发，效仿当前传统的地表建设用地使用权制度，还是强调空间建设用地使用权只能由国家创设为好。[1]

二、本书观点：既存的建设用地使用权人不能作为空间建设用地使用权设立主体

对于上述争论，虽然各方均有一定理由，但我们认为，还是应当反对既存的建设用地使用权人可以设立空间建设用地使用权的观点。具体理由是：

（1）前述所持的赞同"我国建设用地使用权可利用空间及于地表上下广泛空间范围"的观点，在实践中是不存在的。传统民法中，地上权人可利用的空间范围等同于土地所有权人可利用的空间范围，及于地表上下广泛领域。然在我国，如前所述，囿于土地公有制的现实国情，长期以来，不论是理论界，还是实务界，虽然缺少明确法定或约定依据，但一般均认为，建设用地使用权人可以利用的空间范围是有限的。而在这有限空间范围内，基本是不存在既有建设用地使用权人再为他人另行创设新的空间建设用地使用权的可能的。也正是因为此，我国不存在采纳德国法"地上权-次地上权模式"的可能性。

（2）国家设立建设用地使用权的目的仅仅是满足特定社会主体为某种建筑的需求，使其在该土地上享有这些建筑物的所有权，且仅仅以此为限，任何超出此目的而使用土地的，都应当被认为是不正确地行使建设用地使用权。在这一前提下，建设用地使用权人使用国有土地进行建筑，是完全符合建设用地使用权设立目的的。但是，如果其是为其他社会主体创设新的空间建设用地使用权，即便是在自己享有使用权的地表上下空间范围内，也是违反国家为其设立建设用地使用权的初衷的。[2]创设这种新的空间建设用地使用权的行为只能被理解为是对土地所有权的一种处分，而"涉及标的物土地所有权之处分，惟有标的物之土地所有人始有权为之"。[3]

（3）若持肯定态度，在技术层面上也存在阻碍。[4]建设用地使用权是有

---

[1] 参见王卫国、王广华主编：《中国土地权利的法制建设》，中国政法大学出版社2002年版，第162页。

[2] 参见陈祥健：《空间地上权研究》，法律出版社2009年版，第245页。

[3] 参见谢在全：《民法物权论》（中），三民书局2003年版，第134页。

[4] 参见王卫国、王广华主编：《中国土地权利的法制建设》，中国政法大学出版社2002年版，第162页。

期限的，若建设用地使用权人可以为其他社会主体创设新的空间建设用地使用权，那就意味着空间建设用地使用权的存在是以既存的建设用地使用权的合法存在为前提的，若既存的建设用地使用权因为期限到期而消灭，相应地，赖之存在的空间建设用地使用权也将会随之消灭。而在一般情况下，空间建设用地使用权设立时，既存的建设用地使用权通常已经存在了若干时间，因而，在剩余的权利期限到期后，空间建设用地使用权也将会因此随之消灭，空间建设用地使用权人投资建造的建筑物或者工作物也将随之消灭，此必将损害空间建设用地使用权人的利益，也会造成相应的社会资源浪费。

（4）考虑到空间建设用地使用权制度出现的时间不长，慎重起见，为了防止法律关系过于复杂，以及避免出现类似地表建设用地使用权的囤积投机行为[1]，对其适度从紧为好。

综上，我们认为，可以设立空间建设用地使用权的主体只能是国家（土地所有权人），既存的建设用地使用权人不得在其可以利用的空间范围内再行为他人设立空间建设用地使用权。根据学者的介绍，这实际上也是各国或地区的通例。

第二节　关于地下空间建设用地使用权土地出让金的确定

空间建设用地使用权属于建设用地使用权的一种，且依《民法典》"物权编"，仅能够在国有土地上设立。因此，当社会主体获得相应空间建设用地使用权时，其必然牵涉到向国家支付土地出让金的问题。就地表建设用地使用权土地出让金而言，我国长期以来已经形成了一整套行之有效的确定机制，已经相当成熟。但就空间建设用地使用权土地出让金而言，由于社会实践需求还不多，法律承认该权利类型时间还不长，故而相关机制并不健全，加之空间开发和地表开发还是具有诸多差异，因此单独对空间建设用地使用权土地出让金的确定机制展开研究亦很有必要。

空间建设用地使用权包括"地上空间建设用地使用权"和"地下空间建

---

〔1〕　参见张鹏、史浩明："论中国空间建设用地使用权的设立"，载《中国土地科学》2012 年第 1 期，第 51 页；史浩明、张鹏："海峡两岸空间权利设计思路之比较——以'区分地上权'和'空间建设用地使用权'为中心"，载《苏州大学学报（哲学社会科学版）》2010 年第 1 期，第 24~25 页。

设用地使用权"两类。如前所述，在实践中，单独利用地上空间设置"地上空间建设用地使用权"的情形较少，而是主要以独立开发地下空间，单独设立"地下空间建设用地使用权"为常见形态，各地出台的有关空间建设用地使用权规范性文件亦多是以地下空间开发为调整对象。鉴于实践情况，本节将主要研究"地下空间建设用地使用权土地出让金的确定"。

一、我国各地地下空间建设用地使用权土地出让金的实践情况及其特点评析

我国目前各地已经有了一定程度的地下空间建设用地使用权出让实践，就其相应的土地出让金标准，各地也多有规范。如《徐州市关于进一步加强节约集约利用土地的意见》《杭州市区地下空间建设用地管理和土地登记暂行规定》《郑州市地下空间开发利用管理暂行规定》《武汉市地下空间开发利用管理暂行规定》《苏州市地下（地上）空间建设用地使用权利用和登记暂行办法》《福州市城市地下空间开发利用管理办法（试行）》《广州市人民政府办公厅关于土地节约集约利用的实施意见》《南昌市城市地下空间建设用地使用权划拨权益价款和土地出让金（出让底价、起始价）的计算办法（试行）》《烟台市地下空间国有建设用地使用权管理办法》《漳州中心城区地下空间建设用地出让地价确定标准》《无锡市地下空间商业开发国有建设用地使用权审批和登记办法（试行）》等，对此问题均有所规范。本书综合上述地方性规范相关内容，以图表形式分列如下：

表 5-1　不同城市关于地下空间建设用地使用权土地出让金的确定标准

城市	地下空间建设用地使用权土地出让金的确定			
	参照标准	出让金调整		
		地下一层	地下二层	地下三层及以下
徐州	基准地价	依据基准地价50%确定	依据基准地价20%确定	可免收
杭州	基准地价相对应用途楼面地价	基准地价相对应用途楼面地价的50%	按地下一层的标准减半收取	按地下二层的标准减半收取，以此类推

续表

城市	地下空间建设用地使用权土地出让金的确定		
	参照标准	出让金调整	
		地下一层	地下二层	地下三层及以下
郑州	地表建设用地使用权市场楼面地价	地表建设用地使用权市场楼面地价的30%	地表建设用地使用权市场楼面地价25%	地表建设用地使用权市场楼面地价的20%
		仓储项目地下空间建设用地使用权，不再分层设定，按地表建设用地使用权市场楼面地价20%计算 工业项目结建地下空间建设用地使用权，可不再增收土地价款 地下空间建设用地使用权出让用于社会公共停车场（库），出让价款（或起始价）可按上述规定标准的70%计算		
武汉	相同主导功能用途、土地级别、使用年限的地表建设用地使用权市场价	以协议方式出让的，其土地出让价款不低于参照标准的30% 以招标、拍卖或者挂牌方式出让的，其供地起始价按照前款规定确定		
苏州	相对应用途基准地价	①属于商服用地、住宅用地、文体娱乐用地的，从地表开始，其地下一层按照参照标准的30%确定，地下二层，按照地下一层标准减半确定，并以此类推〔1〕 ②属于开敞式（下沉式）或者地铁延伸地下空间的商服用地、住宅用地、文体娱乐用地，在开敞式（下沉式）广场及地铁出入通道外围30米半径范围内按照所在区域相对应用途基准地价折算为楼面地价的60%确定 ③其余用途使用地下空间的，参照同等区域工业用途基准地价的40%确定		
福州	地下空间相应土地用途地表基准楼面价	按基准地价50%收取	按基准地价20%收取	按基准地价10%收取

---

　　〔1〕　根据《苏州市地下（地上）空间建设用地使用权利用和登记暂行办法》第11条第2项的规定，依法取得的划拨地下空间建设用地使用权，因地下建筑物转让补办地下空间建设用地使用权出让手续的，补缴的土地出让金按照上述标准的40%确定。

城市	地下空间建设用地使用权土地出让金的确定			
	参照标准	出让金调整		
		地下一层	地下二层	地下三层及以下
广州	与其使用性质相对应的地上首层市场评估地价	依据参照标准的50%确定	依据参照标准的25%确定	依据参照标准的25%确定
南昌	同地段同类用途地上土地出让金	依据参照标准的20%确定	依据参照标准的10%确定	免收
烟台	地表同用途基准地价	按照地表同用途基准地价的10%收取	按照地下一层的标准减半收取	不予收取土地出让金
		整体配建的地下停车场，按照相应工业基准地价的10%确定楼面地价		
		工矿仓储建设项目以及参照工业用地价格进行评估的其他用途建设项目，不予收取土地出让金		
漳州	对应用途基准地价（折算为楼面地价）	按基准地价30%确定	按基准地价20%确定	不收取土地出让金
无锡	结建地下商业工程：地上土地使用权成交楼面地价	按照其地上土地使用权成交楼面地价的50%确定	按照负一层的50%确定	按照负二层的50%确定，并以此类推
	单建地下商业工程：区段基准地价相对应用途楼面地价（容积率2.0）	区段基准地价相对应用途楼面地价的50%确定	按照负一层的50%确定	按照负二层的50%确定，并以此类推

　　遵循上述思路确定相关地下空间建设用地使用权的土地出让金评估，也有了相关社会实践。如青岛市崂山区仙霞岭轴线广场确定地下空间利用强度为地下三层。其中，第一、二层为商业空间，第三层为停车场所。崂山区最终确定的评估方案是：第一，关于土地用途的确定，商业空间按照商服用地标准进行评估，停车场所按照工业用地进行评估；第二，关于土地价格的确定，先评估与地下一层建筑面积、用地面积相等，用途一致条件下的地上一

层的土地价格，然后按其 1/3 确定地下一层的楼面地价，按地下一层楼面地价的 1/2 确定地下二层的楼面地价，按地下二层楼面地价的 1/2 确定地下三层的楼面地价。[1]

从上面我国各地现行有关地下空间建设用地使用权土地出让金的收费标准来看，各地在土地出让金收费方面还是有一些共通的地方的：

（1）对于具有公益性质的，符合国家土地划拨目录的地下空间建设用地使用权类型，可以无偿供地，免收土地出让金。对于此点，应当是完全可以理解的，无需多加解释。值得指出的是，对于地下停车用途使用地下空间，是否需要支付土地出让金？对此，各地有不同做法。有些地方没有给予特殊优待。但是，有些地方（如杭州、福州等地）则明确规定社会公共或者自用的地下停车库占据的地下空间，可以免费供地。由于地下空间使用性质上的局限性，作为地下车库使用也是其非常重要的使用用途之一。我们认为，从增加停车位、缓解停车难的角度看，上述免收土地出让金的做法值得赞同。应当尽量扩大无偿划拨设立地下空间建设用地使用权的范围，不仅符合国家土地划拨目录的可以无偿供地，对于用于停车、地表建筑配套设施建设的，应当也可以无偿供地。

（2）关于已经建成的地下空间建筑的地下空间土地出让金，各地规范性文件规定不一。有些地方规定，相关法规颁布前已经建成的地下空间建筑物无需补交相应的地下空间土地出让金。如《关于加快苏州市城市地下空间开发利用的实施意见的通知》即规定，已经实际建成的地下空间建筑物无需再补交地下空间土地出让金。但也有地方规定，应当按照相关规定对已经建成的地下空间建设项目补缴地下空间土地出让金。如《武汉市地下空间开发利用管理暂行规定》第 12 条规定，已经实际建成的地下空间建筑物也需要补交地下空间土地出让金。我们认为，考虑到我国地下空间开发规范较为滞后的现实状态，以及鼓励社会主体开发地下空间的目标，对于相关法规出台前已经实际建成的地下空间建筑，只要其符合相应的建设规划，具有合法建造性质，即可以视为其已经取得相应的地下空间建设用地使用权，且无需补交相应的土地出让金。

---

[1] 参见李曦、万磊："土地使用权分层出让的瓶颈"，载《中国土地》2009 年第 6 期，第 49~50 页。

（3）对于开敞式（下沉式）或者地铁站点延伸部分的地下空间，许多地方没有作出特别的规定。我们认为，考虑到开敞式（下沉式）地下空间使用和地表建设用地使用权使用具有相当的类似性，其和地表土地开发实际上就是一个整体，所以土地出让金应当可以高一点。类似地，地铁站点延伸部分的地下空间，开发利用价值也较大，土地出让金应当也可以高一点。在这一方面，苏州市的有关规定值得赞同。

（4）各地在具体计算地下空间建设用地使用权出让金标准时，一般均以相应地块的地表建设用地使用权的土地出让金作为参照标准。考虑到地表建设用地使用权土地出让金地价核定体系已经相对较为完整，参考价值较大，以此为标准折算相应的地下空间建设用地使用权土地出让金相对较为方便、可行，具有可操作性。具体而言：①地下空间建设用地使用权的地下一层土地出让金一般多为相应地块地表建设用地使用权楼面价的 20%～30%。当然，也不排除一些城市较高，设计为 50%，如福州、徐州等。②对于地下空间建设用地使用权的地下二层的土地出让金，各地方大多规定为"上一楼层的一半"，即地下一层土地出让金的一半。③而地下三层及以下，有些地方规定为类推前述做法，即"上一楼层的一半"，而有些地方则全部免费。

二、理论和实务中地下空间建设用地使用权土地出让金估价方法评析

就地下空间建设用地使用权而言，毫无争议，其属公益性质的当无偿划拨。存在争议的是，当属于经营性地下空间建设用地使用权时，其土地出让金当如何确定？对此，理论界和实务界均提出了一些方案。

（一）理论界地下空间建设用地使用权土地出让金估价方法评析

理论上，目前学界也提出了多种地下空间建设用地使用权评估方法，我们试介绍、评价如下[1]：

1. 剩余法

这种方法的基本思路是，地下空间开发新增价值减去因此所增加的各项费用，即为地下空间的价值。地下空间开发费用包括地下空间建设费用、资

---

〔1〕 参见叶敏："空间地价评估的可行性及评估方法初探"，载《中国土地》1997 年第 8 期，第 26~27 页；崔永亮："建设用地使用权分层出让的相关问题"，载《中国房地产》2008 年第 11 期，第 75 页。

金费用、国家税费、同行业市场利润等。这一方法具有一定的合理性，但问题在于，在地下空间建设用地使用权出让、开发、建设以前，如何预测将来可能增加的建筑物价值增加额？在地下空间建设用地使用权还处于待出让阶段时，其将来的开发利用后的价值是很难精确预测的，即便预测了一个数字，也难以保证其准确性。

2. 收益还原法

这种方法的主要思路是，把购买地下空间作为一种投资，地价款作为购买未来若干年地下空间土地收益而投入的资本，在估算地下空间未来每年预期纯收益的基础上，以一定的还原率，将评估对象在未来每年的纯收益折算为评估时收益总和的一种评估方法。该方法只适用于有收益或者潜在收益的地下空间及其建筑物，而对于没有收益的地下空间的估价大多不适用。此外，收益还原法评估结果的准确度取决于地下空间的预期纯收益及还原率的准确程度，而这两个数据的求取是比较困难的。

3. 财务净现值法

这种方法的基本思路是，将地下空间开发所需要的现金流量按照行业基准收益率或银行利率进行折算，以同等期限的现金流量的银行利率折现为地下空间开发的基本成本。该方法对于每年的净现金流量只能采用推测的方式，虽然可比照其他同类用途的投资活动，但各种因素（如地区差异）都会导致净现金流量的不同，从而使该方法在操作中数据出现偏差。

4. 体积法

这种方法的基本思路是，根据社会实践经验，一般性地评估每单位空间的价值，以"元/立方米"为单位进行表述。而后，根据地下空间开发量，即有多少立方米，直接乘以单价即可计算出地下空间的价值。[1]这种方法较为简单、直观，通过计算地下空间的体积即可以得出整个地下空间的地价。但问题是，单位地下空间的价格如何计算呢？该数据不能简单以地下空间建筑物的建造成本来核算，还必须要考虑地下空间的价值。因此，该方法还是未能准确反映地下空间的价值或价格。

（二）实务界地下空间建设用地使用权土地出让金估价方法评析

目前各地所使用的地下空间建设用地使用权土地出让金评估方法，理论上

---

〔1〕 参见肖军："论城市地下空间利用的损失补偿对象"，载《中国地质大学学报（社会科学版）》2008年第3期，第21页。

称为"基准地价系数修订法"。该方法的主要思路是：通过对地下空间宗地地价影响因素的分析，利用地表宗地地价修订的方法，对各城镇已公布的同类用途或同一区域地表土地基准地价进行修订，从而估算地下空间宗地价格的方法。

基准地价系数修订法是一种快速、便捷的价格评估方法。目前，全国98%以上的城市均制定颁布了基准地价，各地基准地价多是以一定容积率下的商业、住宅、工业为类别的区域平均价格表示。这种方法实质上是通过参考地表土地价格的方式来评估相应地下空间的土地价格。[1]

但问题是，有时地下空间的利用性质、利用条件和地表土地之间相差甚远，缺少足够的可比性。因此，简单地希望通过对地表土地价格的修订来评估地下空间土地价格存在一定不足[2]：①该方法以统一的基准地价为基础，没有体现同一级别不同地块的个体差异，难以很好地科学体现地下空间土地价格。②在基准地价基础上统一规定固定的地下空间价格递减比例，难以切实反映各地块实际情况。③基准地价的稳定性、滞后性不能及时反映整体地价水平变动和区域地价变化的现实。④未充分说明地下空间建设用地使用权土地价格相对于基准地价价格水平递减比例的确切理由，难以令人信服。

三、建立我国地下空间建设用地使用权土地出让金估价模式的思考

依据《宪法》《民法典》，城市土地属于国家所有。从理论上讲，除非符合无偿划拨的条件，否则任何社会主体从国家处取得国有土地使用权都应当支付相应的土地出让金。对于地下空间建设用地使用权而言，其道理也是一致的。但是，地下空间建设用地使用权和传统的地表建设用地使用权存在较大差异，故其土地出让金的确定还不能照搬后者的经验。因此，如何科学、合理地确定地下空间建设用地使用权的土地出让金是一个十分现实、紧迫的问题。在分析过以上学界以及实务界所提出的地下空间建设用地使用权土地出让金评估方案后，我们将对影响地下空间土地价格的因素进行分析，并在此基础上提出一个可具操作性的地下空间建设用地使用权土地出让金评估公式。

（一）影响地下空间建设用地使用权土地价格的因素

有学者认为："影响地下空间使用权出让费的因素很多，但影响最大的是

---

〔1〕 参见蔡兵备："城市地下空间产权问题研究"，载《中国土地》2003年第5期，第15页。

〔2〕 参见肖艳："土地空间利用与土地空间使用权评估"，载《安徽农业科学》2008年第28期，第123页。

土地同一供需圈的地价与地下空间开发后的功能。"[1]我们基本赞同这一观点，但认为还应当增加地下建筑所增加的建造成本因素，这也是决定社会公众是否接受地下空间建设用地使用权的一个重要因素。下面，我们将分别对上述三个因素加以分析。

1. 土地同一供需圈的地价

在同一土地供需圈内，对于相同利用用途的地表建设用地使用权和地下空间建设用地使用权而言，两者之间具有相当的可比性。因此，确定作为基本价格参照基础的"土地同一供需圈的地价"十分重要。对于这一地价的确定，我们认为，不能简单地照搬各地政府在相应规划区所定期公布的各类型土地的所谓基准地价。这些基准地价由于具有滞后性且未能切实考虑不同地块之间的个体差异而有失准确性。我们认为，在土地用途相吻合的情况下，若存在相应地下空间的地表土地出让价格（如因招拍挂而产生了出让价格），则应当以该地表土地出让价为基本参考地价。若不存在相应的地表土地出让价格（如地表土地使用权未出让，或使用用途不一致），则可以参考周边类似性质的地表建设用地使用权的出让价格。

2. 地下空间建筑所增加的建造成本

地下空间建筑和地表建筑之间的一个显著差异在于，前者会增加许多建造成本。地下建筑需要开挖土地，增加大量工作量。而且，地下建筑受制于地下地质情况，基于岩层性质、地下水走向以及维护相邻建筑物地基安全等考虑，地下空间建筑必然会增加许多建造成本。在通常情况下，从成本角度考虑，社会主体当然会倾向于选择成本较低的地表土地使用权。因此，为了增加地下空间建设用地使用权出让时的吸引力，在评估其地价时，必须将因此增加的建造成本予以相应的扣除。当然，从某种角度考虑，地下空间建筑也会因此减少一些成本支出。地下建筑的优点是不受气候影响，节能而且安静、运营费用低，如在采暖和制冷方面，地下建筑比传统同类用途的建筑要省一半到2/3的费用。以上地下空间建筑和地表建筑在建造成本上的差异均应当在评估土地出让金时予以考虑。

---

[1]　参见王璇、杨林德、束昱："城市地下空间使用权有偿出让中的若干问题研究"，载《同济大学学报（社会科学版）》1995年第1期，第108页。

3. 地下空间开发与地表开发利用效能递减比例

毋庸置疑的是，在通常情况下，相同类型的土地开发，地下空间开发所能够产生的经济效益要差于地表土地开发所能产生的经济效益。因此，在评估地下空间建设用地使用权土地出让金时，必须对这一递减比例加以考虑。在广泛调查的基础上，国外对此递减比例已经形成了一些共识。在德国，根据"史基墨滚动法"（Schirmer entwickekten Methods），假设地面一层土地利用效用为1.0，就混合商业地带而言，地下一层为0.12、地下二层为0.12；就繁华商业地带而言，地下一层为0.84、地下二层为0.16；就办公场地而言，地下一层为0.5、地下二层为0.17。[1]在日本，一般认为，假设地面上0~10米土地利用效益为1.0，那么，0~负10米为0.1，负10~负50米为0.05。[2]我们认为，国外形成的这些经验具有相当的借鉴价值，但是也不能完全照搬，我们应当加强调查、评估，通过科学计算，准确估算出特定地下空间开发利用和地表开发利用相比的递减比例。如有些学者根据客流的类别估算地铁出入口地下商业设施的开发价值，十分值得借鉴。[3]

（二）地下空间建设用地使用权土地出让金估价计算公式设想

综合以上各项考量因素，我们提出了一项地下空间建设用地使用权土地出让金估价计算公式：地下空间建设用地使用权土地出让金=（参考地价-地下空间建筑所增加的建造成本）×地下空间开发利用效能递减比例。[4]

（1）参考地价。一方面，该参考地价是指土地利用性质、面积、容积率相同的地表建设用地使用权的土地总价。另一方面，如前所述，在土地用途相吻合的情况下，若存在相应地下空间的地表土地出让价格，则应当以该地表土地出让价为基本参考地价。若不存在相应地表土地出让价格，则可以参考周边类似性质的地表建设用地使用权的出让价格。实在不行的，则只能参考规划区内有关政府颁布的同类型土地的基准地价。

（2）地下空间建筑所增加的建造成本。这是指因为地下空间建筑所增加

---

[1] 参见殷章甫：《地价与地用之理论分析》，五南图书出版公司2002年版，第321页。

[2] 参见唐焱、杨伟洪："城市地下空间估价研究综述"，载《地下空间与工程学报》2011年第1期，第3页。

[3] 参见蒋蓉、陈乃志："地铁地下空间的功能与可开发商业空间研究——以成都地铁1号线南段地下空间开发规划为例"，载《四川建筑》2006年第6期，第12页。

[4] 类似观点可参见汪洋："地下空间物权类型的再体系化——'卡-梅框架'视野下的建设用地使用权、地役权与相邻关系"，载《中外法学》2020年第5期，第1384页。

的勘测支出、建筑支出、风险防范支出等各项建造成本。具体数额应当通过与相同性质的地表建筑物的建造成本的比较计算出来。当然，在一定情况下，地下空间建设也可能节约一定的建造成本，若如此，则也应当予以相应的扣减。

（3）地下空间开发利用效能递减比例。结合国外研究成果以及我国各地目前已有的实践，这一递减比例可以原则性地界定为地下一层为地表的 30%～20%，地下二层为地表的 10%～20%，地下三层为地表的 0%～5%。在具体评估计算某地下空间利用效能的递减比例后，可以根据该特定地下空间的情况，在相应数据调查、评估的基础上，予以适当的修订。

需要说明的是，以上公式只是提供了一种评估地下空间建设用地使用权土地出让金的方式，是否准确，还需要实践的检验。因此，在实际操作中，在用此方法计算出数额后，可以用前述的剩余法、收益还原法等方法进行复核对比，综合确定评估价格。

第三节　关于地下空间建设用地使用权使用年限的确定

空间建设用地使用权使用年限如何设置是该制度中的一项重要内容。就地表建设用地使用权而言，我国的规定相对较为完善，但就空间建设用地使用权而言，鉴于其空间开发的特点，其是否能够照搬地表建设用地使用权相关制度，恐需认真研究。鉴于我国地上空间独立开发不多的现实，本节将主要围绕地下空间建设用地使用权使用年限问题展开探讨。

一、我国各地关于地下空间建设用地使用权使用年限的设置情况

当前，对于地下空间建设用地使用权的使用年限问题，各地采取的普遍做法是：①对于和地表建设用地使用权一并获得、同时开发的地下空间建设用地使用权，其使用年限原则上和地表建设用地使用权一致。如果两者用途不一致，则按照使用用途确定使用年限，但不得超过地表建设用地使用权的使用年限。②对于单独获得、独立开发的地下空间建设用地使用权，其使用年限适用《城镇国有土地使用权出让和转让暂行条例》的相关规定。即居住用地 70 年、工业用地 50 年、科教文卫体用地 50 年、娱乐商业用地 40 年、其他用地 50 年。对此，《厦门市地下空间开发利用办法》第 14 条、《武汉市地下空间开发利用管理暂行规定》第 14 条、《苏州市地下（地上）空间建设用地使

用权利用和登记暂行办法》第 10 条，均有类似上述内容的相关规范。

也有少数地方未区分和地表同时开发的地下空间建设用地使用权，以及单独开发的地下空间建设用地使用权，而只是一并规范了地下空间建设用地使用权的使用年限，即参照《城镇国有土地使用权出让和转让暂行条例》规定的用途类别分别确定地下空间建设用地使用权的使用年限。《福建省地下空间建设用地管理和土地登记暂行规定》第 12 条即如此规定。

二、关于我国地下空间建设用地使用权使用年限设置的建议

对于和地表建设用地使用权一并取得、同时开发的地下空间建设用地使用权的使用年限，我们认为，现行的普遍做法是可取的，即两者使用年限设定为一样。既然是由同一个建设单位同时获得了同一地块的地表建设用地使用权和地下空间建设用地使用权，那么建造的建筑物虽涵盖地上和地下部分，但本质上是一体的，是同一个建筑物的不同部分而已。在这种情况下，考虑到地下空间利用价值多附属于地上建筑物的使用价值，因此，如果不将地下空间建设用地使用权的期限设定为和地表建设用地使用权一样长，很难想象，一个业主享有的一个覆盖地上地下两部分的建筑物，在丧失地上部分土地权利、建筑物权利后，还可以单独对地下部分的土地空间、地下建筑物享有利用价值。不论是地下空间的商业、娱乐开发、停车场建设，还是配套建设设施的设置，都需要以地上空间的开发利用为前提。在业主丧失地表建设用地使用权、建筑物所有权之后，单独保留地下空间建设用地使用权、地下建筑物所有权是没有任何意义的。因此，此时的地下空间建设用地使用权的使用年限应当与结建的地表建设用地使用权的使用年限完全同步。在地表和地下空间建设用地使用权用途不一致，或者地表有多种用途的情况下，地下空间建设用地使用权的使用年限可以按照最高年限的地表土地类型设置，以此确保在地上地下结建工程中地下空间开发利用和地表开发利用的同步性。

对于单独获得、独立开发的地下空间建设用地使用权使用年限，我们觉得，现行的普遍做法，即准用地表建设用地使用权年限相关规定，还需要进一步商榷。其一，《城镇国有土地使用权出让和转让暂行条例》第 12 条所规定的国有土地使用权的最长期限是以"地表土地"开发利用为对象设计的。然地表开发建设和地下空间开发建设存在很大的不同，地表土地利用的变更较为容易，在更换土地权利人后，新的土地权利人可以相对较容易地重新开

发该块地表，重建相关建筑物。而地下空间开发具有不可恢复性，在更换新的地下空间权利人后，原有的地下空间可能对新的权利人没有任何价值。如原权利人为地下储油罐而取得的地下空间建设用地使用权，除其之外，其他社会主体很难对该地下空间再进行新的开发利用。即便进行市场交易也很难再次流转。其二，我们还要看到，有时地下空间开发利用所需要的期限和地表开发利用所需要的期限并不完全一致。如地铁建设，美国纽约 1904 年开通的地铁，100 多年来还在使用。权利人获得相应的地下空间建设用地使用权的目的就是使其在特定地下空间建造的建筑物、构筑物能够合法地存在，并顺利地发挥作用。一般而言，在特定的地下空间建筑物、构筑物丧失利用价值之后，权利人也不会再对该地下空间建设用地使用权享有利益。相反，如果在特定的地下空间建（构）筑物的利用价值还存在的情况下，地下空间建设用地使用权的存续期间即已届满，则显然和权利人设立地下空间建设用地使用权，合法保存地下空间建筑物、构筑物的目的相违背。[1]

基于以上两点，我们认为，较为妥当的方法是，地下空间建设用地使用权的存续期间应当和地下空间建筑物、构筑物的使用期限一致。如此，既保障了地下空间建设用地使用权出让人——国家——的利益，也维护了地下空间建设用地使用权人设立权利的目的。实际上，日本在设立区分地上权（类似于"地下空间建设用地使用权"）时，即将区分地上权的存续期间与所设立的地下空间建筑物、构筑物使用年限相联系、共存续。"为建造地铁隧道那样的永久性设施而在地下设定的区分地上权，一般规定为地铁隧道等构筑物的存续期间即该区分地上权的存续期间。"[2]

还有一个值得研究的问题是，如果将地下空间建设用地使用权的使用年限设计为和地下空间建筑物、构筑物使用年限相同，可能会产生一个问题，即这个年限可能是一个漫长的不确定期限。那么，此时该如何计算土地出让金呢？如果像现在这样予以一次性支付，考虑到使用年限以及将来土地价值等因素，显然是不合理的。我们认为，可以考虑采取年租式土地出让金支付方式。即根据一定的计算标准，每年支付土地出让金，直至使用年限届满。这样可以较好

---

〔1〕　参见王者洁："空间地上权：一项新型用益物权的生成"，载《东北师大学报（哲学社会科学版）》2018 年第 6 期，第 86 页。

〔2〕　参见［日］平松弘光："日本地下深层空间利用的法律问题"，陆庆胜译，载《政治与法律》2003 年第 2 期，第 152 页。

地协调地下空间建设用地使用权人和地下空间所有权人（国家）的利益。

综上所述，我们认为，对于和地表建设用地使用权一并获得，同时开发的地下空间建设用地使用权，其使用年限应当和地表建设用地使用权一致；对于单独获得，独立开发的地下空间建设用地使用权，其使用年限应当和地下空间建筑物、构筑物使用年限一致。

第四节　关于空间建筑物利用地表土地权源形式的确定

地上地下空间建设用地使用权设立后，在所属空间可以建设相应的建筑物。但是，该空间建筑物由于空间开发的特点，必须在一定程度上利用地表土地。如地上空间建筑物需要利用地表土地作为支撑；地下空间建筑物需要利用地表土地作为出入口、通风口等。因此，如何处理地上地下空间建筑物利用地表土地的相应权源，亦是空间建设用地使用权制度所延伸的一个重要问题。

一、地上地下空间建筑物利用地表土地的权源形式：地表建设用地使用权、地役权

理论上，地上地下空间建筑物、构筑物的地面出入口、地面支撑物等所使用的地表土地权源问题，无非可以通过两种方式得到解决，即这些空间建筑物的所有权人要么对这些土地享有地表建设用地使用权，要么对这些土地享有地役权。这也是各国立法例解决这些空间建筑物地面出入口、地面支撑物等地表利用权源的通行做法。如在日本，根据陈华彬教授的介绍，亦是通过地役权、地上权（地表建设用地使用权）两类权源予以解决的。[1]结合我国国情，两种权利方式具体而言：

1. 地表建设用地使用权

有时，地上地下空间建筑物体积庞大，结构复杂。相应地，其必须利用地表，但对地表利用的范围和程度差异也较大。如立交桥虽然利用地上空间进行建设，但其必须在地表设置有桥墩，桥墩不仅占地较多，桥墩之间因为通风采光等原因，亦难以进行其他开发。所以，立交桥产权人对于桥墩所占

---

〔1〕　参见陈华彬："土地所有权理论发展之动向——以空间权法理之生成及运用为中心"，载梁慧星主编：《民商法论丛》（第3卷），法律出版社1999年版，第113页。

用地表，以取得地表建设用地使用权为宜。再如，地下铁路的地面通风设备，该通风设备占地范围广，且无再进行其他开发利用的可能性，故亦以地下铁路产权人取得该通风设备地表建设用地使用权为宜。在上述情况下，地上、地下建筑设施产权人利用地表的法律权源清晰，且可以充分保障地上、地下建筑产权人需求的充分实现。

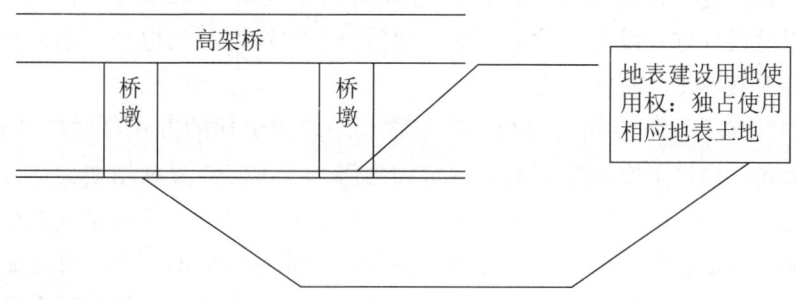

2. 地役权

地役权是指，为了需役地的需要而利用供役地的权利。地役权和一般的用益物权相比具有一系列特殊性：首先，地役权的权利内容十分广泛。[1]地上权（建设用地使用权）的利用方式在于利用他人土地进行建筑开发；永佃权（土地承包经营权）的利用方式在于利用他人土地从事农业生产。而地役权对于供役地的利用方式可以是积极的开发，如修建引水渠、道路、排水沟，也可以是消极的限制，如禁止开饭店、建高层楼房、制造声响，但最终的利用方式，全部委诸当事人之间的协商。也就是说，供役地人和需役地人协商确定的对于供役地的任何利用方式均是可以的，只要不违反法律、行政法规强制性规范和公序良俗即可。其次，地役权可以和其他用益物权共存于供役地之上。[2]根据一物一权原则和物权的排他性，除了所有权之外，一物之上通常不存在两个用益物权。如一片土地上不能同时存在地上权和永佃权，因为两者均需要开发利用土地，权利内容存在冲突。但是，地役权可以和地上权或永佃权同时存在于一片土地之上。如某地块上，有 A 的地上权，同时存

---

〔1〕　参见申卫星："地役权制度的立法价值与模式选择"，载《现代法学》2004 年第 5 期，第 16 页。

〔2〕　参见马新彦等："地役权的借鉴与重构"，载王利明主编：《物权法专题研究》（上册），吉林人民出版社 2002 年版，第 774 页。

在 B 的通行地役权，两者各自行使权利，互不干扰。地役权的这种特性可以确保承载地役权负担的供役地能够最大限度发挥其物之效用。最后，地役权存续期间没有限制，可以和需役地永久相伴。[1]用益物权一般有期限限制。但地役权自罗马法以来，其期限较为长久，甚至可以永久存在。考虑到其是为了满足需役地需要而创设的权利，故只要需役地存在，其即可与之相伴，永久存在。这一特征保证了需役地利益的有效实现和充分满足。

以地役权方式设定地上地下空间建筑物、构筑物利用地表土地的法律权源，具有其独特的制度优势：

（1）地上地下空间建筑物、构筑物利用地表土地的方式可谓林林总总，不一而足。以地下空间建筑物、构筑物为例，其可能需要利用地表作为出入口，也可能需要限制地表建筑承重，还可能是要求地表建筑忍受其震动等负面影响，情形多样。这些利用地表的情形，可能是积极的利用，也可能是消极的限制。如前所述，其他用益物权类型的权利内容固定，根本没有这么广阔的适应性，而只有地役权能够普遍适用于上述各类情形。

（2）地上地下空间建筑物、构筑物利用地表土地的情形多样，有的可能需要独占性使用地表土地，而有的并非对地表土地的独占性使用，完全可以和既有地表土地权利人共同使用开发该地表土地。对于独占性使用地表土地的情形，如前所述，此时应当由地上地下空间建筑物、构筑物产权人获得相应地表的建设用地使用权，以此保障地上地下空间设施的正常运行。然而，对于和既有地表土地权利人共用土地的情形，若还是以建设用地使用权形式设置土地权属，则显然可能导致土地资源的浪费，也加重了地上地下空间设施产权人的负担。如为了地下空间设施安全，必须限制地表建筑承重，此时地表还是完全具有开发利用价值的，在保留地表土地权利人权利的同时附加一个限重地役权即可。反之，若一定让地下空间建筑物产权人也完全取得地表建设用地使用权，其也不会去实际开发，必将导致土地资源的浪费。

（3）地役权和需役地相伴而生，一并存在、同时消亡，这保证了地上地下空间建筑物、构筑物利用地表的稳定性。一方面，只要需役地存在，地役权就继续存在；只要地上地下空间设施存在，其相应的利用地表的地役权就可以一直存在。如此，可以较好地保障地上地下空间设施的顺利运行。另一

---

〔1〕　参见温世扬、廖焕国：《物权法通论》，人民法院出版社 2005 年版，第 461 页。

方面，鉴于地役权是依附于需役地而存在的，故在需役地利用需求消灭的情况下，地役权亦应当随之消灭。随着地上地下空间设施的灭失，其利用地表的需求不复存在，地表土地权利人亦可以据此要求宣告相关地役权消灭。如此亦可以平衡地表土地权利人利益，防止对其施加不必要的负担。

综上所述，以地役权方式解决地上地下空间建筑物、构筑物多方面、多层次利用地表的土地权源问题，具有广泛的适应性和较好的灵活性，既兼顾了各方当事人的利益，也充分保障了土地效益的发挥。[1]我国土地法专家王卫国教授也十分赞同以地役权解决地上地下空间设施利用地表土地的权源问题，在其主持制定的《土地法通则建议草案》第114条（地役权的特别规定）中，即有相关建议条文。该条规定："空间使用权人对土地使用权人、土地他项权利人使用的地表享有通行权，空间使用权人行使该权利依地役权的有关规定处置。不同空间的使用权人应为其他空间使用权人提供通行的便利，空间使用权人行使该权利依地役权的有关规定处置。空间使用权人所有或者使用的空间建筑物或者工作物的支撑物对已设定土地使用权的地表的占用依地役权的有关规定处置。"[2]

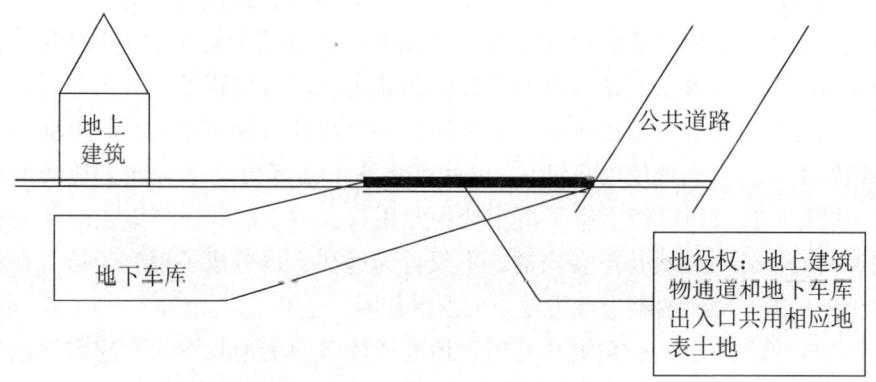

二、地铁通风隧道、通风口利用地表土地权源实例分析

某市冶炼公司于20世纪70年经过政府批准，使用某块土地，取得相应

---

〔1〕 参见吕翾："国土空间立体化开发中的权属界定及管理"，载《法学》2020年第6期，第163页。

〔2〕 参见王卫国、王广华主编：《中国土地权利的法制建设》，中国政法大学出版社2002年版，第390页。

的"用地批文"和"用地通知"，但未办理相关土地使用权批准、登记手续。该冶炼公司在该土地上建有两层以上的工矿仓库。2005年某市地铁公司需要在该地下方20米深处开挖隧道。经双方协商，冶炼公司和地铁公司商定，冶炼公司拆除地上相关建筑物以便地铁公司施工，地铁公司施工后，恢复原貌，返还土地，并支付一定的补偿费和借用费。实际施工时，地铁公司不仅在该地下方20米修建了隧道，还在该地块下方2米处修建了环形通风隧道，且在该地地表设置了通风口，但未征得冶炼公司同意。地铁施工结束后，由于地下通风隧道和地表通风口的存在，该冶炼公司无法再在该地块上建设大型仓库，而只能改建为停车场，相应的经济效益大大降低。地铁公司的通风工程具有合法规划手续，通风口所占据地表也取得了《国有土地划拨决定书》；而冶炼公司在地铁施工结束后也取得了《国有土地使用权证》，取得方式为划拨。冶炼公司以自己对于该土地利用效益受损害为由，要求地铁公司进行赔偿，而地铁公司以自己享有合法土地权益为由，拒绝赔偿，双方发生纠纷。[1]对于上述纠纷，我们认为：

（1）同一块土地，国土部门既向地铁公司出具《国有土地划拨决定书》，又向冶炼公司发放《国有土地使用权证》，一地两权，显然是不对的。冶炼公司虽然是在地铁施工结束后方才取得《国有土地使用权证》，但考虑到其自1970年起就取得相关批准文件并实际使用该土地的历史背景，国土部门应当认可冶炼公司对于该地块国有土地使用权的合法性。而实际上，国土部门事后颁发了《国有土地使用权证》，也就是承认了冶炼公司享有该土地的使用权。既然冶炼公司已经享有了该土地的使用权，国土部门还将该土地使用权划拨给地铁公司显然是不妥当的，不仅行为违法，也造成了现实矛盾。在本纠纷中，国土部门的不当行为是一个重要起因。

（2）就地铁公司相关通风隧道、地表通风口的土地权源，不应重复设置国有土地使用权，而应当设置地役权。[2]在冶炼公司已经取得该地块土地使

---

〔1〕 参见付坚强：《土地空间权制度研究》，东南大学出版社2014年版，第148页。

〔2〕 需要说明的是，地铁公司虽然在该地块下方20米也进行了地铁隧道开发，但由于开发深度较深，就冶炼公司对于地表土地开发而言，并不构成妨碍。换言之，地铁公司对于该地块下方20米深度的地铁隧道享有相应土地权属和冶炼公司对于地表土地享有相应土地权属，两者并无冲突。而地铁公司在地下2米深度建设的通风隧道，地表建设的通风口，将直接影响冶炼公司对于地表土地的开发利用。冶炼公司据以要求地铁公司赔偿损失的理由，也主要是通风设施的影响。因此，本节主要研究地铁公司通风设施的相应土地权属设置，而对于地铁公司地铁隧道土地权属设置问题，不在研究范围之列。

用权的情况下，再将该地块的国有土地使用权设置给地铁公司，显然违反了物权法中的一物一权原则，也是引发后续纠纷的根源。而依据本节前文论述，此时，应当为地铁公司就相关通风隧道、地表通风口设置相应的利用地表土地的地役权。一方面，在冶炼公司享有该地块土地使用权的同时，地铁公司必须利用该地块地下部分建设相关通风设施，此是地铁施工之必需。故冶炼公司的相关权利设置必须满足地铁公司利用该地块地下部分，以及部分地表的需求。另一方面，我们也要看到，地铁公司对该地块的利用是部分的，在一定程度上，冶炼公司仍然可以继续对该土地进行开发利用。虽然因为地下 2 米有通风隧道，不能深筑地下，不能建设大型仓库，但是冶炼公司还是可以利用该土地建设停车场，还是可以实现部分土地利用价值的，其享有该土地国有土地使用权的利益并未被完全剥夺。基于以上两方面，以地铁公司作为需役地人，以冶炼公司作为供役地人，双方在冶炼公司享有国有土地使用权的土地上，为地铁公司地下 2 米的通风隧道、地表通风口设置相应的地役权，既能够满足地铁施工的需要，也能够兼顾冶炼公司土地利益，最大限度地发挥土地效能。当然，既然是地铁公司和冶炼公司协商设定地役权，且地铁公司在该地块下方 2 米的通风隧道、地表通风口也确实给冶炼公司造成了损失，故地铁公司应当给予冶炼公司一定的补偿。具体数额，可以由双方协商确定。

第五节　关于空间相邻关系的规范
——兼论我国"相邻空间利用关系约定制度"的构建

和传统的地表土地开发相似，在一定范围的地上地下空间从事建设开发，势必与相邻近的不动产发生各种相互利用关系。对此，本书称为"空间相邻关系"。而这种因土地立体开发、层叠建设而产生的和邻近不动产之间的相互利用关系，相较于传统的平面的相邻不动产之间的相邻关系，势必更为复杂。对于此问题，在承认空间使用权（区分地上权、空间建设用地使用权）制度立法例中，已多有考虑，也作出了一些特殊的制度安排。但是，由于空间使用权制度建立时间不长，相关制度设计还比较原则、粗陋。因此，如何根据地上地下空间开发新特点，对空间建筑物和相邻不动产之间的空间相邻关系协调问题予以规范，亦是构建我国空间建设用地使用权制度不可或缺的一项重要内容。

一、空间相邻关系的特点

传统社会中相邻不动产的相互利用关系多是以同一水平面间各相邻不动产之间的利用为对象。现代社会引入空间使用权制度后，空间作为一种新型不动产[1]，相邻不动产不再以同一水平面的两不动产为限，而可能是同一土地上处于不同高层的两空间不动产。后者这种新型的立体式的不动产空间相邻关系与传统的、平面的不动产相邻关系存在着相当大的差异：

（一）空间相邻关系从"单项利用"转为"综合利用"

传统的平面的不动产相邻关系一般仅是就某项需求而利用相邻的他人不动产，如为通行、采光、排水需要利用相邻不动产……实践中，很少有不动产同时因为通行、采光、排水等多种需求而必须求助于同一个相邻的某不动产。同一水平位置的不动产之间往往隔有一定距离，相互具有独立性，原则上利用自己所属不动产即可满足自身需求。虽也有利用相邻不动产以满足自己不动产价值的需求的情况，但那属于例外情形，相对较少发生。即便发生，也仅仅止于某一项利用需求的实现需要借助于相邻不动产的开发利用。

但承认空间使用权制度之后，以一定范围空间为不动产发生的空间相邻关系将具有"综合利用"性质。在引入空间使用权之后，一定范围空间横隔在一定空中或一定地下，和地表并不直接接触。由此带来的问题是：空间利用价值的实现仅靠自身开发往往无法得以满足，而必须大量地、系统地借助于相邻不动产。就地下空间的开发利用而言，其牵涉到地面出入口、地面建筑承重限制、地面采光、地面通风、地面排水问题等；就地上空间的开发利用而言，其牵涉到地表支撑物，影响地表采光、通风，亦包括对地表噪声、对地表震动等一系列问题。这一系列问题的解决均需要借助于相邻地表不动产。和传统的、平面的不动产相邻关系相比，为全方位保障地上地下空间开发利用需求的实现，空间相邻关系不再是对相邻不动产某单项需求的利用，而是一系列的综合性利用需求。

（二）空间相邻关系从"单向利用"转为"双向利用"

在传统的、平面的不动产相邻关系中，由于不动产相对独立，利用相邻不动产的需求并不强烈，即便有相关需求，往往也只表现为一不动产单方面

---

[1] 参见梁慧星、陈华彬：《物权法》（第4版），法律出版社2007年版，第279页。

的对另一不动产的利用需求，并不存在相邻不动产之间利用的互换性，即为"单向利用"。传统相邻关系制度设计的权利义务配置往往具有单向性，不论是排水、铺设管线，还是袋地通行，往往都是一方享有权利，另一方承担相应义务，就某单个问题予以规范，单向规定一方权利、一方义务。相邻不动产之间，你需要配合我采光，我需要配合你防震；你需要配合我通行，我需要配合你排水，这样一种紧密结合、互不可分的相邻关系状态，由于空间资源的充沛，往往是不存在的。

在引入空间使用权制度后，相邻不动产之间的利用往往是"双向利用"。地上空间及其建筑物正常使用功能的实现需要利用地表及其建筑物，而地表及其建筑物正常使用功能的实现也需要利用地上空间及其建筑物。就地下空间及其建筑物和地表及其建筑物而言，结果也是一样的。例如，地上空间建筑物需要以地表作为地面支撑物的载体，而地表建筑物则需要借助于地上空间进行采光、通风。再如，地下空间建筑物需要限制地表建筑物的承重以保证其安全，而地表建筑物则需要限制地下设施的震动以确保其安宁。由于空间使用权制度引入后，地上、地下、地表任何一部分均无法独立实现其自身需求，而都必须求助于相邻不动产，因此相邻空间不动产之间的利用往往是双向的，你需要利用我，我也需要利用你。

（三）空间相邻关系从"利益均衡"转为"利益失衡"

传统的平面的相邻不动产之间，由于资源相对较为宽松，不动产价值实现多可以自我满足，无需利用相邻不动产，即便需要利用，也是少数，且利用程度不深。换言之，即便利用相邻不动产，所造成的相邻不动产价值贬损亦是有限的、适度的。其中，自己不动产的利用价值和相邻不动产的利用价值多是可以同时兼顾的。正因如此，传统民法中法定相邻关系立法指导思想是以相邻不动产的"利益均衡"为前提的。[1]

承认空间使用权制度之后，在围绕一定范围空间而发生的空间相邻关系中，恐将很难再同时兼顾相邻各方利益，在某些情况下只能以牺牲某不动产正常利益来换取另一不动产基本利益的实现。一定范围空间横隔在一定空中或一定地下，与上下左右相邻不动产共存于有限范围内，资源紧张，回旋余地狭小。此时，想同时兼顾两相邻不动产的正常利益需求存在较大困难，往

---

〔1〕　参见金启洲：《民法相邻关系制度》，法律出版社 2009 年版，第 50、51 页。

往是非损害相邻不动产正当利益恐不能实现自己不动产的基本需求。例如，在一定范围的地上空间为建筑物，则必然会给地面建筑物造成通风、采光等严重不良影响，但若想满足地面建筑物合理的通风、采光需求，则只能禁止该空间为任何建筑物。再如，在一定范围的地下空间建设地铁，必然会给地面建筑物造成震动等严重不良影响，但若想满足地面建筑物合理的宁静需求，则只能禁止在该地下空间建设地铁。由此可见，由于空间立体开发的结构复杂性、资源稀缺性，相邻空间不动产之间往往难以实现各方利益均衡、利益共享，而更多的是非此即彼，需要以牺牲相邻不动产正常利益需求为代价换取自己不动产的基本利益需求的实现。

（四）空间相邻关系从"事后确定"转为"事前确定"

传统的、平面的相邻不动产之间，资源相对较为宽松，不动产价值实现多可以自我满足，无需利用相邻不动产，即便需要利用也属例外。因此，相关相邻不动产利用关系的具体内容在设立不动产权利之初往往并未事先确定，而只是在权利设立、运行过程中伴随着权利的实际行使，事后再依相邻权制度法定若干权利义务，或依地役权制度补充约定若干权利义务，以此确定和相邻不动产相应的不动产利用关系。故在传统民法中，在不动产权利设立之时，一般无需考虑相应的不动产相邻关系等内容，若有需要，设立后再行考虑亦可。

承认空间使用权制度之后，考虑到一定范围空间的开发利用和相邻不动产开发利用之间的紧张关系，若事先对相关相邻不动产利用关系的具体内容未作安排，而完全寄希望于权利成立后、运行中再事后确定，由于相邻不动产之间利益关系的冲突与对立，事后的相关权利义务安排恐将难以实现。[1]空间使用权设立后产生的空间相邻关系，一则内容繁琐，牵涉相邻各方不动产，二则多需要以牺牲相邻不动产正常、合理的利益需求为代价，在事先未商定的情况下，寄希望于事后补充约定，轻者颇费周折、成本过高，重者协商不成、权利落空。因此，设立空间使用权时，应当同时对此后的相邻空间利用关系的具体内容事先予以明确，以防止此后权利运行中再纠缠于此类问题，以致增加交易成本，甚至使权利难以实现。正如谢在全教授所言："然区分地上权

---

〔1〕 参见陈广华、庞艳杰："城市地下空间连通义务研究"，载《现代城市研究》2019年第4期，第47页。

设定时，即需考虑上述问题（例如必要之通行或排水），于设定时在可能范围内预为安排，例如与设定当事人之土地所有人有所约定，似非于地上权设定后，再图准用相邻关系规定以取得相邻不动产之使用权。"[1]

二、我国现有空间相邻关系调整规范评析

传统民法中，最常见的调整不动产相邻关系的法律制度是相邻权、地役权两制度，我国《民法典》"物权编"第十四章、第十五章对两者予以了规范。一般认为，上述两项制度在空间相邻关系中亦存在使用价值，各引入空间使用权制度的立法例均采取了肯定态度。但是，我们应当注意，传统的相邻权、地役权制度是以传统的、平面的相邻不动产关系为调整对象而设计的，在引入空间使用权制度后，空间相邻关系呈现出了一系列新特点，其是否仍然具有足够的调整功能，恐怕需进一步研究。

我国原《物权法》在以建设用地使用权分层设立思路引入空间建设用地使用权制度后，亦考虑到了空间相邻关系的调整问题，故在原《物权法》第136条（《民法典》第345条）引入建设用地使用权分层设立后，即于第136条后句规定"新设立的建设用地使用权，不得损害已设立的用益物权"（《民法典》"物权编"第346条）。这一规定亦构成了我国调整空间建设用地使用权引起的空间相邻关系的新规范，这一新规范的制度价值、实施效果如何，亦值得予以评析。

（一）传统相邻权、地役权制度在调整空间相邻关系方面的欠缺

传统的相邻权制度对于调整传统的、平面的相邻不动产利用关系具有积极作用，然而对于调整新型的、立体的空间相邻关系似乎存在一些天然的不足：第一，传统的相邻权制度调整对象往往具有单一性，无法适应空间相邻关系综合性的需求。第二，传统的相邻权制度调整方法往往具有单向性，无法适应空间相邻关系双向性的需求。第三，传统的相邻权制度调整目标往往是谋求各方利益均衡，无法适应空间相邻关系中各不动产之间利益失衡的特点。第四，传统的相邻权制度调整阶段往往是事后调整，无法满足空间相邻关系中事前确定相关不动产利用方式的需求。鉴于这几点内容在前述空间相邻关系特点部分已经有了较多论述，故本部分就不再对此赘述了。

---

〔1〕　参见谢在全：《民法物权论》（中），新学林出版股份有限公司2010年版，第87页。

地役权制度也是传统民法中用于调整不动产相邻关系的一种常见手段。在调整空间相邻关系方面，地役权制度具备一些独特的优势，但也同样存在一些缺陷。

地役权的制度优势表现在：第一，地役权制度能够满足空间相邻关系综合性调整的需求。地役权的内容由供役地和需役地"依照地役权合同约定"而明确。因此，地役权的内容不局限于地役权人对于供役地某一类型的需求，各种类型的利用方式均可以通过合同约定方式一并予以规定。具体到空间相邻关系问题，相邻不动产（空间）之间的各式利用需求，均可以借助地役权方式"一揽子"规定。如前述地下空间建筑物和地表之间的采光、排水、出入口乃至于承重等问题，均可以通过地役权方式予以一体化解决。第二，地役权制度能够满足调整空间相邻关系中各相邻不动产之间利益失衡的需求。在空间相邻关系中，相邻不动产之间的利用往往是"非此即彼"，具有利益失衡的特点，然传统相邻权制度以维持相邻不动产之间的利益均衡为目标，故难以担当起调整重任。地役权的创设以供役地人同意为前提，基于其自主意愿，供役地人自愿丧失若干原本属于自己的正当、合理的不动产利用方式，相应地，需役地人可以对供役地进行较为深入的、超出正常需求的利用。通过地役权制度，空间相邻关系中一不动产对另一不动产超出传统相邻关系合理限制程度的、较为复杂的利用需求能够得以实现了。

地役权的制度不足表现在：第一，地役权制度设计仍然只能满足需役地对供役地的单向利用需求。地役权作为需役地人在供役地上的一种具有用益物权性质的他物权，以需役地人对供役地的利用为内容，无法同时兼顾供役地人对需役地的利用需求。就此点而言，传统地役权制度仍然无法满足空间相邻关系中相邻不动产（空间）之间双向利用的需求。第二，地役权制度仍然属于事后调整方法。地役权的设立以供役地和需役地的存在为前提，若需役地的权利尚不存在，地役权的设立自然无从谈及。因此，地役权只能在需役地的权利存设后，为了确保需役地权利的更好实现，事后补充设立地役权。就此点而言，传统地役权制度仍然无法满足空间相邻关系中事先确定相邻不动产（空间）之间利用方式的需求。

（二）《民法典》"物权编"第346条对空间相邻关系调整功能的评析

依据《民法典》"物权编"，建设用地使用权可以在地表、地上、地下分别设立，但是新设立的建设用地使用权不得损害已设立的用益物权。（原《物

权法》第 136 条第 2 句、《民法典》"物权编"第 346 条）考虑到此时各建设
用地使用权均有其各自独立的范围，因此该"新设立的建设用地使用权"和
"已设立的用益物权"在权利范围上应当是不交叉的，当属于两个互不相干的
独立物权。既然是两个界限分明的独立物权，各有自己的权利范围，互不隶
属，依物权平等保护原理，两项权利之间当"不因设定时间的先后，而存在
效力优先问题"。[1]但是，不动产利用性质决定了两个先后设立的、权利范围
无交叉的建设用地使用权之间还是必须存在一定的相邻空间利用关系，或者说
必须存在一定的法定相邻关系内容。传统的、平面的相邻不动产之间的法定相
邻关系调整原则是，当事人根据公平原则同时兼顾各方当事人利益，而并非简
单地、机械地适用"在先权利人利益一定优先于在后权利人"。在平面相邻不动
产之间，由于资源不甚紧张、调节余地大，采取上述观念实现各方利益的共赢
是完全可行的。而在空间相邻关系中，利益调整空间狭隘，当事人之间的利益
直接冲突，有你无我，非牺牲一方利益无法实现另一方利益。那么，此时有
限的利益在相邻空间不动产权利人之间如何分配呢？孰先孰后？这是传统
民法调整相邻关系时所不曾遇到的一个新问题。虽然还没有发现直接的立法
资料予以佐证，但我们认为，在这种背景下，《民法典》"物权编"第 346 条
的规定实质上是确定了空间相邻关系中两相邻空间不动产权利人之间的权利先
后顺序，即"相较于在后权利人的利益，法定地优先保障在先权利人的既得利
益"。在在先权利人利益和在后权利人利益发生冲突时，以维持在先权利人的既
得利益为前提，不得为实现在后权利人利益而牺牲在先权利人的既得利益。当
然，如果通过协商，在先权利人放弃自己的既得利益以保证在后权利人利益实
现，也是允许的，但那属于在先权利人处分自己权利的结果。由此可见，我国
《民法典》"物权编"第 346 条实质上是针对传统相邻关系制度适用于空间相
邻关系时的困境而特别新增了"在先权利优先于在后权利"的法定调整原则。

　　《民法典》第 346 条（原《物权法》第 136 条）是针对建设用地使用权
分层设立引入空间建设用地使用权制度后，传统的相邻关系制度在空间相邻
关系方面适用时面临的新挑战而新设立的条款。它改变了传统相邻关系制度
中平等对待相邻不动产，对各不动产人利益平等保护的做法，而是引入了

---

　　[1]　参见孙宪忠主编：《中国物权法：原理释义和立法解读》，经济管理出版社 2008 年版，第
362 页。

"在先权利优先于在后权利"原则。这一原则的引入,为有效确认空间相邻关系中各方当事人权利,明确各方利益安排提供了有效途径。空间相邻关系中各方利益严重冲突、难以共存,必须以牺牲一方利益为代价确保另一方利益,此为传统民法相邻关系制度所未曾面对的。由此看来,《民法典》第346条(原《物权法》第136条)第2句关于确定空间相邻关系中各方当事人利益先后顺序的规则,就因引入空间建设用地使用权制度后所产生的新型空间相邻关系问题调整而言,进一步提供了新规则,弥补了传统民法中以平面不动产相邻关系为蓝本设计的相关规则的不足。

但需要指出的是,《民法典》第346条所规定的空间相邻关系法定权利先后顺序的适用范围似乎过窄,没有完全涵盖各类空间相邻关系情形。第346条的内容仅仅是特指"设立建设用地使用权"(如地上空间、地下空间或地表建设用地使用权)不得损害同一土地上"已设立的用益物权"(如地上空间、地下空间或地表建设用地使用权,还可能包括国有农地使用权)。[1]但实际上,围绕着空间建设用地使用权发生的空间相邻关系的范围远远不局限于此:①与地上或地下空间建设用地使用权可能发生空间相邻关系的权利类型不仅仅限于用益物权,还可能包括所有权。如在地表建设有房屋的,地上或地下空间建设用地使用权亦可能和该房屋发生相邻关系问题,而对该房屋的权利应当是所有权,而非用益物权。②与地上或地下空间建设用地使用权发生空间相邻关系的权利可能不仅仅局限于同一土地上下层叠设立的各类在先建设用地使用权[2],还可能包括其四周的各类不动产权利。空间建设用地使用权

---

[1] 依据《民法典》"物权编"第344条(原《物权法》第135条),此处的建设用地使用权是特指在国有土地上设立的。因此,此处的"用益物权"不可能包括在集体土地上设立的各类用益物权,而只能是在国有土地上设立的各类建设用地使用权或农地使用权。

[2] 《民法典》"物权编"第346条虽然没有明确指出,此处"已设立的用益物权"是指于同一土地上下层叠设立的各类在先建设用地使用权。但是,结合第345条,似乎应当得出如此结论。而且,原《物权法》起草者在相关著作中对该条的前身(原《物权法》第136条第2句)作出解释时称"在土地分层出让的情况下,不同层次的建设用地使用权人之间应当适用相邻关系的规定。……新设立的建设用地使用权,不得损害已设立的用益物权"。参见全国人大常委会法制工作委员会民法室编:《中华人民共和国物权法条文说明、立法理由及相关规定》,北京大学出版社2007年版,第256页。此处明显表明,起草者对于第136条第2句适用对象的视角仅仅局限于同一土地上先后层叠设立的各建设用地使用权,而并不包括四周不动产权利。另外,《物权法二次审议稿》第141条是原《物权法》第136条的前身,其含义具有一致性,而该条的表述更是直接表明了此点。该条规定:"建设用地使用权人在已设立用益物权的地上或者地下修建地铁、轻轨、空中走廊、车库等设施或者铺设管线的,不得妨害已设立的用益物权的权利人行使其权利。"

的设立、运行对四周不动产权利的行使均可能产生影响，均存在相邻关系制度适用的需求。

由上可见，《民法典》第346条虽然规定了空间相邻关系中权利先后顺序的法定规则，但其适用范围过窄，不符空间相邻关系的实际需求。

三、相邻空间利用关系约定制度的价值意义和法律性质

相邻空间利用关系约定制度是针对空间相邻关系的特殊性而专门设计的一种新型法律制度，具有相当的创新，能够较好地适应空间使用权制度运行中产生的空间及其建筑物和相邻不动产之间相互利用、相互限制的诸多需求。同时，其内涵也十分丰富，值得具体分析。

（一）相邻空间利用关系约定制度的价值意义

相邻空间利用关系约定制度是一项十分具有创见性的制度，它充分贴合了空间相邻关系的特点，能够很好地兼顾各方当事人利益，确保空间使用权（空间建设用地使用权）的顺利设立、运行，且较为简便、可行，值得肯定。

（1）允许当事人自行约定空间相邻关系的具体内容，有利于"一揽子"解决相邻空间利用关系中的诸多内容。在空间相邻关系中，各方当事人之间互有利用、限制关系，内容复杂，单个事项逐一决定，交易成本非常高。如果授权当事人一并协商解决，可以在较为广泛的范围内有效平衡各方利益，促使达成共识。相较于传统相邻关系制度中单个事项的逐一解决，该制度可以极大地节约交易成本。

（2）允许当事人自行约定相邻空间利用关系的具体内容，有利于科学确定解决问题的方案。空间相邻关系中，当事人之间的资源关系较为紧张，利益冲突较为严重，往往是以一方正当利益的受损为代价换取另一方的正常利益，因此，单纯地依靠法律强行安排是难以实现的。通过当事人之间的协商，在利益补偿机制的背景下，相关相邻空间利用关系需求比较容易实现。该制度是以协商形式进行的，故相邻空间利用关系中一不动产对另一不动产较为苛刻的利用需求也可以借助于当事人的自愿同意而得以实现。通过当事人之间的协商，甚至利益补偿机制，相邻空间利用关系中超出基本需求的利用目标也能够轻易得以实现。相较于传统相邻关系制度固守"利益均衡"底线，该制度更加灵活、实用。

（3）该制度能够满足空间相邻关系"双向利用"的需求。因为该制度是

以合同形式进行的，相邻空间利用关系中的当事人可以将各自利用对方不动产（空间）的需求予以对等协商，一体化解决。相较于传统相邻关系、地役权制度中仅规定一不动产对另一不动产的单向利用方式，该制度可以全方位地满足相邻空间利用关系中各方当事人之间的各类需求。[1]

（4）允许当事人自行约定相邻空间利用关系的具体内容，有利于问题的事先解决。空间相邻关系问题的解决对于空间使用权而言具有前提性、基础性作用，空间使用权能否顺利设立、运行在相当程度上仰赖该问题的解决。如果将该问题的解决全部委诸权利设立后的法定规则，指望法院裁判，恐时间、成本均花费甚巨，而如果由当事人协商解决，则方便、快捷，可以与空间使用权的设立、运行同时完成。该"相邻空间利用关系约定"可以在空间使用权设立后设立，也可以在空间使用权设立之初，即由拟设立空间使用权的当事人与相邻各方不动产权利人予以事先约定。[2]相较于传统相邻关系、地役权制度只能予以"事后调整"的特点，该设计更加超前，更便于空间使用权人对将来的权利行使作出合理预期。

（二）相邻空间利用关系约定包含对相邻关系内容的约定

相邻关系制度是法律在衡量相邻不动产各方利益之后，从社会整体利益出发，在兼顾各方基本利益需求的基础上，强令相邻不动产之间可以为一定的权利行使或必须为一定的权利限缩。由于该相邻不动产利用关系源于法律规定，故具有法定性。

需要讨论的问题是，相邻关系制度中是否包含当事人约定的可能性。我们认为，基于相邻关系，相邻不动产之间法定地可以为一定的使用或限制。然而，具体到社会实践中，针对特定的相邻不动产之间究竟应当为哪些使用或限制，恐在一定情况下还是要委诸相邻不动产人之间的自行约定，非《民法典》"物权编"中简单概括的条文所能完全规制。以袋地通行、邻地使用、管线安设为例，这三种典型相邻关系具体到个案中相关权利义务的最终确定，实际上还是首先由相邻不动产人自行协商确定的。[3]协商不成才诉至法院请求裁决。

---

〔1〕 参见吕翾："国土空间立体化开发中的权属界定及管理"，载《法学》2020 年第 6 期，第 173 页。

〔2〕 参见谢在全：《民法物权论》（中），新学林出版股份有限公司 2010 年版，第 87 页。

〔3〕 参见史尚宽：《物权法论》，中国政法大学出版社 2000 年版，第 101、105、107 页。

如前所述，空间使用权和相邻不动产之间应当准用相邻关系制度，为此，法律还特别规定了冲突权利之间的先后顺序规则。但是，由于法律条文的简约性和原则性，相邻空间不动产权利人之间依相邻关系制度所生的具体权利义务内容和行使方式，还是无法依赖法律予以罗列，应当鼓励当事人之间自行通过约定来加以细化、明确。例如，为了满足某空间建筑物水、气、电的管线安设需要而必须利用相邻不动产的，在不得妨碍在先权利人利益的前提下，可以由各方首先自行协商确定具体管线铺设方式。不能协商的，方才再由法院予以裁判。综上，我们认为，空间相邻利用关系约定可以包含对相邻关系具体权利义务内容的约定。

（三）相邻空间利用关系约定包含地役权内容的约定

地役权虽不乏法定产生，但一般经由约定产生。[1]从此点来看，相邻空间利用关系约定的性质和地役权具有一定的相似性。但我们不能据此就断定相邻空间利用关系约定就一定包含地役权内容，我们还应当具体考察地役权的内容和相邻空间利用关系约定之间是否具有一致性。

关于地役权的内容，一般认为，包括如下几种：①对供役地的积极利用；②从供役地获得收益；③对供役地的权利人权利进行限制；④排除适用相邻关系中的任意性规定。[2]具体应用于相邻不动产利用关系中，地役权的内容可能包括三种：①为满足自己不动产需要积极使用相邻不动产；②为满足自己不动产需要限制相邻不动产的使用；③为满足自己不动产需要排除相邻不动产所享有的权利，如排除基于相邻关系而产生的相邻不动产的权利。

我们认为，上述地役权在相邻不动产利用过程中的三种功能均可以通过相邻空间利用关系约定的形式加以体现。就第一种内容而言，例如，空间使用权人可能为了满足地面出入口或地表支撑物的需要而必须积极利用地表，故设立通行地役权或支撑地役权。就第二种内容而言，例如，空间使用权人可能为了确保自身地下空间的安全性而必须限制地表建筑物重量，故在地表设立一个要求地表建筑必须在一定承重限度范围内的限重地役权。就第三种内容而言，例如，空间使用权人可能为了自身空中走廊的正常设立而必须排

---

〔1〕　我国《民法典》"物权编"仅仅承认以约定方式设立地役权。

〔2〕　参见史尚宽：《物权法论》，中国政法大学出版社 2000 年版，第 227 页；陈小君："论传统民法中的用益物权及其现实意义"，载《法商研究》1995 年第 4 期，第 30 页。

除地表建筑物所享有的正常的采光权，故在地表建筑上设立一个限制其行使妨碍采光排除请求权的地役权。综上，我们认为，相邻空间利用关系约定可以包含地役权内容的约定。

（四）相邻空间利用关系约定是一项"物权法律关系约定"

有关相邻空间利用关系约定的法律属性，根据我们所见资料，目前学界似乎很少论及。只有王泽鉴教授将其定性为"物权关系之债权约定"，且也未能进行深入分析。[1]

在此，遵循王泽鉴先生提示的思路，结合该制度的内容，我们将相邻空间利用关系约定制度的法律属性定位为围绕空间相邻关系而进行的一项"物权法律关系约定"。具体含义有三：

（1）该制度是关于物之利用与限制的约定，属于物权的内容。在该制度中，不论是"确定相邻关系内容"的约定，还是"创设地役权"的约定，都是为了明确相关当事人对于相邻不动产（空间）的使用权能或权利限制。这些权利义务均属于对物支配性质的物权关系。而且，要说明的是，鉴于空间相邻关系的复杂性以及相邻关系与地役权之间界限的模糊，该约定所确定的权利义务内容究竟属相邻关系性质，抑或属地役权性质，有时恐是难以辨别的。如关于地面出入口设置的约定，是相邻关系，还是地役权？考虑到该约定制度以相邻不动产（空间）利用关系的圆满调整为目标，在此目标已经达到的情况下，似乎讨论当事人相关约定的法律性质并无多少实际价值。

（2）该制度创设了综合性的，包含一系列权利义务的法律关系。法律关系是一项伟大的理论创造，它具有复合性、有机性特点，可以在一个法律关系中统筹协调相关各方当事人的各种利益需求。拉伦茨认为："法律关系可以包含有许多以某种特定的方式相互组合在一起的权利、义务和其他法律上的联系。"[2]萨维尼认为："法律关系具有一种有机性，这种有机性体现在法律关系的互相包含并且互为条件的组成部分的相互关联上。"[3]传统相邻关系、地役权制度所设计的法律关系较为简单，仅是针对某单一权利义务，单向地

〔1〕 参见王泽鉴：《民法物权》（第2版），北京大学出版社2010年版，第311页。

〔2〕 参见［德］卡尔·拉伦茨：《德国民法通论》（上册），王晓晔等译，法律出版社2004年版，第261页。

〔3〕 参见萨维尼语，转引自朱虎：《法律关系与私法体系——以萨维尼为中心的研究》，中国法制出版社2010年版，第93页。

规制当事人。故对于现代社会空间相邻关系中相邻不动产（空间）权利人之间"综合性""双向性"的利用需求，上述两种制度似乎显得力不从心。"相邻空间利用关系约定制度"可以充分考虑到相邻空间利用关系中当事人之间相互利用和帮助的关联性、互换性，从而在一个法律关系中为各方当事人的诸多需求做出综合性、整体性的一体化安排。

（3）该制度是通过债权约定方式进行运作的。相邻空间利用关系约定制度虽然是为了规范一系列物权性权利义务关系，但是其产生的依据却是当事人之间的债权约定。以"债权约定"产生"物权内容"正是债权和物权在法律效果之间的逻辑关系。物权本质上是物之归属支配状态，而债权约定正是将"某种利益在法律上归属某人"，正所谓债权约定乃是产生各类物权的"实质基础"。[1]相邻空间利用关系约定制度正是通过当事人约定方式明确各自对于相邻不动产（空间）所可以进行的利用或限制的物之支配权利的具体内容。

（五）小结

从相邻关系和地役权角度分别对相邻空间利用关系约定的研究可以看出，该约定实际上是一种在空间相邻关系方面所作出的兼具相邻关系、地役权等多重属性的当事人之间的协议。该约定具有如下几个特点：

（1）该约定的内容是基于空间相邻关系而作出的，其相关权利义务性质，根据内容的不同，有些属于相邻关系，有些属于地役权。除此之外，还可能包括相邻关系损害补偿、地役权对价等内容的约定。

（2）该约定是围绕一定范围空间而作出的空间相邻关系的综合性、整体性约定，并非就某项相邻空间利用关系而作出的单项约定。

（3）该约定的成就与否对于空间使用权的顺利设立、运行与否具有重要价值，诸多事项均必须借助于该约定在空间使用权设立的同时予以预先确定，否则，若事后约定，极有可能增加交易成本，抑或阻碍权利运行。

（4）该约定不属于现行《民法典》"物权编"中的物权类型，而是空间使用权人和相邻不动产权利人之间围绕相互之间的使用、限制而设置的一类"债权约定"。然此种债权约定，经登记后，亦可以产生对抗第三人的"物权

---

〔1〕 参见王泽鉴：《债法原理·第一册·基本理论 债之发生》，中国政法大学出版社 2001 年版，第 9、52 页。

效力"。

（5）该约定是针对引入空间使用权制度后导致空间相邻关系更趋复杂而设计的新制度，能够较好地满足空间使用权人及其相邻不动产权利人的多种需求，值得我国立法予以借鉴、移植。

四、我国构建相邻空间利用关系约定制度的基本思路

在调整空间相邻关系的过程中，首先应当发挥城市规划的积极作用。有关政府应当事先编制科学、合理的城市地上地下空间开发建设规划，对相邻不动产之间的通风、采光、防震、排水、防潮、通行、负重等各方面内容作出全面规定。[1]有关建设用地使用权人在从国家获得建设用地使用权的同时即应当遵守依城市规划而产生的相邻不动产之间的相互利用的规定。

但是，我们应当看到，有关空间相邻关系内容十分复杂，需要结合具体地点、具体建筑方案、具体需求才能确定具体的利用方式，完全指望城市规划部门事先作出明确的、全面的规定是不现实的。因此，在一定条件下引入相邻空间利用关系约定制度，要求空间建设用地使用权人和相邻不动产权利人为相邻空间利用关系进行约定，还是十分有必要的。在空间使用权制度设计方面作为一种不动产物权，其行使必然牵涉到和相邻不动产之间的利用关系。基于以上理解，结合空间建设用地使用权制度的特点，我们对构建相邻空间利用关系约定制度提出如下几点意见：

（1）关于相邻空间利用关系约定的当事人。进行该约定的一方当事人是空间建设用地使用权人，另一方当事人是各类与空间建设用地使用权人存在空间相邻关系需求的相邻不动产人。如前所述，这里的相邻不动产人应当是物权性质的不动产权利人，如相邻的建设用地使用权人、房屋所有权人、宅基地使用权人等。

这里要讨论的问题是，相邻不动产权利人的范围如何确定。不动产利用的性质决定了，其利用过程可能牵涉到诸多不动产权利人，甚至不与其毗邻的不动产亦有相互利用的需求。[2]因此，与空间建设用地使用权人存在空间

---

〔1〕 参见李强："基于空间权的城市公共建设用地分层利用规划管制研究"，载《建筑学报》2009年第S1期，第84~85页。

〔2〕 参见王泽鉴：《民法物权·1·通则·所有权》，中国政法大学出版社2001年版，第215页。

相邻关系的相邻不动产人具有相当的不确定性。那么，怎么保证与空间建设用地使用权人有（或可能有）相邻利用关系的不动产权利人都能及时提出该项约定请求呢？毕竟，出让某空间建设用地使用权的行为并非公众事件，并不一定为全体社会公众所周知。在此，我们建议，有关部门在决定设立空间建设用地使用权时，应当将拟设立的空间建设用地使用权的性质、范围、用途、对相邻土地权利人可能的影响等诸多事项在相关范围内公示，从而提醒有关的相邻不动产权利人。如果其认为就空间相邻关系有设立相关约定的必要，则可以要求和空间建设用地使用权人进行接洽、协商。如果相邻不动产权利人的要求是合理的，为了将来空间建设用地使用权的顺利设立、运行，空间建设用地使用权人应当与之订立相关约定。当然，如果属于无理要求，空间建设用地使用权人可以予以拒绝。

（2）关于相邻空间利用关系约定订立的时间。相邻空间利用关系约定并非空间建设用地使用权设立的必需程序，在空间建设用地使用权设立后、运行中发生相邻不动产利用关系时，有关当事人再进行协商，甚至通过诉讼来裁决，亦是可行的。但是，如此操作的社会成本无疑是巨大的。从事先预防、杜绝可能发生的矛盾角度出发，我们建议原则上在设立空间建设用地使用权的同时就与有关相邻不动产权利人订立相关相互利用的约定，但由于种种原因未能事先约定，而后补救订立相邻空间利用关系约定的，亦属有效。

（3）关于相邻空间利用关系约定的内容。如前所述，该约定的内容十分广泛，凡是与空间建设用地使用权今后设立、运行过程中有关的需要利用相邻不动产的情形，均可以在该约定中反映。既可以是正当需求的相邻关系权利义务的细化（当然，需要以贯彻《民法典》"物权编"第 346 条"在先权利优先于在后权利"的空间相邻关系法定调整规则为前提），也可以是较高需求的地役权内容的明确，甚至可以是相关不动产权利人合法权利的排除。当然，约定的内容不能违反法律、行政法规的强制性规定，亦不能违反公序良俗。

（4）关于相邻空间利用关系约定的效力。我们认为，该约定自各方订立时即生效，在当事人之间即具有法律效力，并不强制登记，但未经登记的，不能对抗善意第三人。换言之，对于恶意第三人，即便未登记，亦能发生对抗效力。其约定未经登记即不能对抗第三人，而第三人不论善意或恶意。其原因在于：一则，就相邻关系角度而言，相邻关系系法定的不动产权利的扩张或限制，依据通说，无须登记即可对抗任意第三人。但在善意第三人完全不知情的背景下，是概括要求其一定要承受（原）不动产权利人所订立的相邻关系约定的内容，还是授予其推翻原协议而依相邻关系法则重新协商相邻关系具体内容的自由呢？我们认为，考虑到第三人的善意，并从尊重其自主选择权出发，恐以后者为佳。当然，对于恶意第三人，即便该约定未登记，考虑到其事先已经知情，则当然对其发生拘束力。总之，就相邻关系性质的约定而言，该约定应为：未经登记不能对抗善意第三人。二则，就地役权角度而言，《民法典》"物权编"第 374 条亦是采纳了"未经登记，不得对抗善意第三人"做法。综上，考虑到相邻空间利用关系约定在性质上属于约定相邻关系和地役权的一种综合表述，我们建议作出"该约定未经登记不能对抗善意第三人"的设计。当然，从明确相关权利义务、防范风险的角度出发，我们还是建议各方对该约定进行登记公示。

第六节　关于我国结建防空地下室的权利归属
——以占地空间的确权为视角

人防工程种类较多，权利归属亦各有不同。当前，争议较大、为社会公众高度关注的是开发商遵守《人民防空法》第 22 条规定的法定义务，结建地面民用建筑修建的防空地下室权利归属问题。实践中，此类地下人防工程多作为配套地面建筑设施的停车场使用。对于结建防空地下室所有权归属，不动产登记机关多未进行登记，《人民防空法》《国防法》《民法典》"物权编"以及原《物权法》等法律也未予明确，各地方立法有的采"国家所有说"，有的采"开发商等私人所有说"，有的亦未予明确。许多学者从"结建防空地下室性质""人民防空功能实现保障""工程投资者利益保护""国家扶持政策的性质"等角度展开了讨论，但亦尚未有定论。[1]

结建防空地下室作为一类地下建筑物，和一般地上建筑物一样，其权利确认也应当包括"建筑物所有权"和"占地建设用地使用权"，即"房"的权利归属和"地"的权利归属两个层面。目前，对于结建防空地下室占地空

---

〔1〕　参见何丽新、池骋："结建人防车库物权归属法律问题研究"，载《北方法学》2018 年第 4 期，第 48 页以下。

间的权利归属，以及其对结建防空地下室权利归属的影响，现有研究似乎未予以充分关注。我们认为，这一问题的定性和建构对科学确认结建防空地下室的所有权归属其实具有决定性意义。基于此，本书将以占地空间土地权属的确认为视角，对结建防空地下室所有权归属及其后续处分等问题展开研究。

一、对于结建防空地下室所有权属于国家观点的质疑

理论上，有学者认为，结建防空地下室所有权应当属于国家，实践中，也有地方立法明确采用此观点。如《济南市城市地下空间开发利用管理办法》第 37 规定："经依法批准结建的人防工程，所有权属于国家。……"〔1〕我们认为，该观点无论从法律依据，还是现实基础，其实都难以成立。

（一）结建防空地下室国家所有说缺少国家层面的立法依据

根据全国人大常委会法工委的解释，结建防空地下室所有权归属，应当由全国人大以"法律"形式予以规定。但纵观我国现有中央层面立法，没有法律规范确立了结建防空地下室国家所有的结论。〔2〕①《人民防空法》第 5 条规定，"人民防空工程平时由投资者使用管理，收益归投资者所有"，确立了"谁投资、谁使用、谁收益"原则，并没有明确规定开发商等私人主体履行法定义务而建造的结建防空地下室所有权归属。②《民法典》"物权编"第 254 条（原《物权法》第 52 条第 1 款）规定："国防资产属于国家所有。"该规定来源于《国防法》第 37 条。但何为"国防资产"？《国防法》第 40 条强调，国防资产是国家为武装力量建设、国防科研生产和其他国防建设直接投入的资金、划拨使用的土地等资源，以及由此形成的用于国防目的的武器装备和设备设施、物资器材、技术成果等。结建防空地下室系由开发商等私人主体投入资金建造，故并不符合《国防法》关于"国防资产"的界定。③国家人防办公室颁布的《人民防空国有资产管理规定》第 2 条规定，"人防国有资

---

〔1〕　有些地方虽然未以地方立法形式予以确认，但相关政府文件中，亦是贯彻了此项精神。如《江苏省政府、江苏省军区关于加强人民防空建设的意见》（苏政发〔2006〕151 号）第 17 条规定："依法按规定比例结合新建民用建筑修建的防空地下室，所有权属于国家。"

〔2〕　根据全国人大网站的信息，早在 2004 年 6 月，关于能否在地方性法规中对人防工程产权登记问题进行规范，曾经有省级人大常委会向全国人大常委会法制工作委员会做出过咨询。全国人大常委会法工委回答称："关于人民防空工程设施的登记问题，如属不动产权登记，则涉及民事法律基本制度。此外，问题比较复杂，各地情况也不完全一致，尚需中央有关部门统一研究解决，以不在地方性法规中规定为宜。"

产"是指"人防主管部门及所属单位占有、使用及管理的、在法律上确认为国家所有、能以货币计量的经济资源的总和"。而就结建防空地下室而言,其既没有"被法律确认为国家所有",也没有为"人防管理部门占有、使用及管理"。

(二)不交纳"易地建设费"不能视为国家投资结建防空地下室

虽然《人民防空法》第22条规定了开发商等私人主体结建地表民用建筑修建防空地下室的义务,但根据《人民防空工程建设管理规定》第48条的规定:"……因地质、地形等原因不宜修建的,或者规定应建面积小于民用建筑地面首层建筑面积的,经人民防空主管部门批准,可以不修建,但必须按照应修建防空地下室面积所需造价缴纳易地建设费,……"反之,开发商等私人主体按要求建造结建防空地下室的,无需交纳"易地建设费"。有观点认为,开发商等私人主体因为修建防空地下室而无需交纳"易地建设费",实质上就等于国家出资修建了防空地下室,故所有权应当属于国家。[1]

关于"易地建设费"的法律性质,法律没有作出明确规定。最高人民法院第21号指导案例[2]"内蒙古秋实房地产开发有限责任公司诉呼和浩特人民防空办公室人防行政征收案"认为,易地建设费的法律属性为行政事业性收费,是在特定情形下(符合法定的免于建设防空地下室条件)所产生的一种行政事业性收费。[3]据此,易地建设费是国家对于建设单位在特定情形下(符合法定的免于建设防空地下室条件)的一种行政收费;不符合免于建设情形的,开发商等建设单位应当履行建造义务,若违反,依据《人民防空法》第48条规定:"……对当事人给予警告,并责令限期修建,可以并处十万元以下的罚款"。由上可见,何种情况下承担建造义务、何种情况下需要交纳易地建设费是法律根据不同情形规定的两类不同性质的法律关系、法律责任,各有适用范围,互不交叉、互不为因果、互不可代替。如果将免于缴纳易地建设费视为国家对结建防空地下室出资,那么免于缴纳社会抚养费能否被视为国家承担了计划生育家庭的子女抚养责任?如此理解,显然是不妥的。

---

〔1〕 基于这一观点,江苏常州出台政策,如果开发商就结建防空地下室向人防管理部门补交易地建设费的,即可以取得人防工程所有权。

〔2〕 根据《最高人民法院关于案例指导工作的规定》第7条的规定,指导性案例在司法审判中必须参照适用,具有类似司法解释的效力。

〔3〕 石磊、阎巍:"《内蒙古秋实房地产开发有限责任公司诉呼和浩特人民防空办公室人防行政征收案》的理解与参照",载《人民司法》2014年第6期,第103页。

（三）国家减免人防工程税费不能视为国家投资结建防空地下室

《人民防空工程建设管理规定》第 4 条第 2 款规定："国家对人民防空设施建设按照有关规定给予优惠。"实践中，这些优惠政策主要有：免征土地税；给予低息贷款；电价优惠；在行政事业性收费方面，免收城市基础设施配套费、商业网点费、占道费、质量监督费、综合治理费等。有观点认为，国家采取的这一系列优惠措施也相当于国家对结建防空地下室进行了投资，故其所有权属于国家。〔1〕我们认为，各地对结建防空地下室采取一系列的税费减免，这是客观事实，但是其性质只是对私人出资建设人防工程的一种鼓励，毕竟，地下人防工程建造费用高，利用效益低，且要随时承担战时、灾时被征用的责任。但是，这并不能否认开发商等私人主体投资建造结建防空地下室的客观事实，也不能成为剥夺其拥有结建防空地下室所有权的依据。试比如，国家对于高科技企业会给予大量的财政补贴、税费减免、政策倾斜，而这肯定不能被认为是国家对该类企业的投资，进而享有相应的股权。

（四）私人享有结建防空地下室所有权并不妨碍人防工程战时防空功能的
　　　实现

有观点认为，人防工程只有为国家所有，方才能够确保其战时人员与物资掩蔽、防空指挥、医疗救护等功能的实现。〔2〕对此，我们并不赞同。现代社会，财产权负有社会化义务，财产权人虽然享有财产权，但是其行使权利必须兼顾他人、社会公共利益，在法律规定的条件下，权利行使必须受到限制、剥夺。〔3〕原《物权法》第 7 条规定："物权的取得和行使，应当遵守法律，尊重社会公德，不得损害公共利益和他人合法权益。"《民法典》"总则编"第 131 条规定，民事主体行使权利时，应当履行法律规定的务。因此，即便赋予开发商等私人主体拥有对结建防空地下室的所有权，也并不妨碍其所承担的人民防空职能。《人民防空法》第 26 条规定："……平时利用人民防空工程，不得影响其防空效能。"第 27 条规定："任何组织或者个人不得进行影响人民防空工程使用或者降低人民防空工程防护能力的作业，……"依据上述规定，即便结建防空地下室所有权被赋予了开发商等私人主体，其行使

---

〔1〕　参见罗佳意："结建人防工程的所有权归属"，载《中国房地产》2009 年第 2 期，第 27 页。

〔2〕　参见罗佳意："结建人防工程的所有权归属"，载《中国房地产》2009 年第 2 期，第 26 页。

〔3〕　参见张翔："财产权的社会义务"，载《中国社会科学》2012 年第 9 期，第 100 页以下。

所有者权益时，也必须以不与人民防空功能相冲突为前提。

（五）结论：结建防空地下室所有权应当属于实际投资者

综上所述，无论是法律依据，还是理论论证，似乎都难以得出结建防空地下室属于国家所有的结论。在结建防空地下室系开发商等私人主体建造这一客观事实前提下，如果说属于国家所有需要加以严格的论证，那么属于开发商等私人主体所有则不应需要过多的理由，法理上"谁出资，谁享有所有权"应是一个无需证明的当然法则。而且，归私人投资者所有，也完全符合《人民防空法》"谁投资、谁使用、谁收益"原则，投资者享有结建防空地下室的占有、使用、收益等权利，那不就是"所有权"吗？当然，即便结建防空地下室归私人所有，其所应当承担的人民防空功能也并不应当受到影响和削弱。《湖南省人民防空工程产权管理办法》的相关规定正是实践了这一思路。该办法第4条规定，"人防工程实行谁投资、谁所有的原则"，即承认了开发商等私人主体对结建防空地下室的所有权，同时又强调"战时服从人民政府统一调用"。

二、结建防空地下室占据地下空间的土地权利归属

前一部分，我们论证了结建防空地下室所有权不应当属于国家，而应当属于开发商等私人主体的合理性。但不容否认的是，国家所有说仍然有不少学者支持，在国家机关中，更是赞同该观点的居多。其中的各种理由，如上所述，实难成立，但有一点，尚需要进一步讨论，即开发商等私人主体未取得结建防空地下室所占用土地空间的建设用地使用权，故而即便开发商等私人主体在其中出资建造了结建防空地下室，亦无法享有所有权。我们认为，该点理由应当是确认开发商等私人主体对结建防空地下室享有所有权的最现实障碍。

在我国，建筑物所有权的确认以土地（空间）建设用地使用权的合法取得为前提。《民法典》"物权编"第352条（原《物权法》第142条）规定："建设用地使用权人建造的建筑物、构筑物及其附属设施的所有权属于建设用地使用权人，但有相反证据证明的除外。"《城市房地产管理法》第61条第2款规定："在依法取得的房地产开发用地上建成房屋的，应当凭土地使用权证书向县级以上地方人民政府房产管理部门申请登记，……"依据上述规定可知，在我国，确认投资人对建筑物是否享有所有权以及实际办理所有权登记

的前提是，该建筑物投资人是否享有所占据土地（空间）的建设用地使用权。"事实上，确定合法建筑物所有权的归属，关键的依据是基地的权属，而非出资人。"〔1〕因此，若私人主体对结建防空地下室所占据的土地空间没有建设用地使用权，则结建防空地下室所有权无从依托，难以成立。

（一）不应以容积率判断建设用地使用权可开发土地空间上下界限

实践中，开发商等私人主体从国土部门取得某地块建设用地使用权时，无论是原国土资源部、原国家工商总局发布的《国有建设用地使用权出让合同（示范文本）》，还是《城乡规划法》第38条，均强调，权利人必须依据城市规划进行建设。而在规划指标体系中，地块的容积率是一个强制性指标。〔2〕容积率是指，地块内，总建筑面积与建筑用地面积的比值。在我国，容积率指标范围内的建设方才是合法行使建设用地使用权，否则，即有超出建设用地使用权范围、无权使用之嫌。然各地实践中，容积率计算规则多为"地上总建筑面积计算值与总建设用地面积的比值"，而"地下面积不纳入计算容积率的建筑面积"。〔3〕开发商等私人主体在地面以上修建的建筑面积因属于建设用地使用权容积率指标范围内，故属于有权开发。而在地下修建的结建防空地下室，因为面积未被纳入容积率指标，故有观点认为，其实质上已经超出了私人主体所享有的建设用地使用权的权利范围，属于无权开发。〔4〕既然开发商等私人主体未取得结建防空地下室占据土地空间的建设用地使用权，故其即便投资建设了结建防空地下室，亦无法享有所有权。

我们认为，建设用地容积率及其计算规则和建设用地使用权可开发土地空间上下界限，本质上应当是两个问题。城市规划中引入容积率指标，是希望以此控制地块上的建筑面积，并进而控制该区域内生产生活的人口数量、业态类型、区域品质等。考虑到民众需求主要依赖于地面建筑物予以满足，地下建筑物主要提供停车等辅助配套服务，加之鼓励开发地下空间，集约利用土地的政策导向，故各地在计算容积率指标时，仅以地上建筑面积为限，

---

〔1〕　参见崔建远：《物权法》（第3版），中国人民大学出版社2014年版，第69页。

〔2〕　住房和城乡建设部发布的《建设用地容积率管理办法》第5条规定："任何单位和个人都应当遵守经依法批准的控制性详细规划确定的容积率指标，不得随意调整。……"

〔3〕　参见郑州市城乡规划局《容积率指标计算规则》引言、北京市规划委员会《容积率指标计算规则》第1条。

〔4〕　参见王荣珍："对《物权法》车位权属规则的检视与完善"，载《当代法学》2011年第1期，第82页。

亦是可以理解的。由此可见，容积率指标的本质是，国家出于城市规划需要，为了实现对社会经济人口的有效管控，而对建设单位在特定地块进行地面建设活动的行政许可，即许可建设单位在该地块可以建筑多少面积的地上建筑物。而地下建筑面积，基于各种考量，未被纳入容积率行政许可适用范围。由此可见，容积率本质上是一种为配合城市规划而实施的行政措施，而并非确定建设用地使用权这一民事权利范围的依据。而且，从调整对象上看，容积率本来即只以地上建筑面积为规范对象，故以此认定建设用地使用权土地空间的上下界限，先天不足。

（二）结建防空地下室占地空间属于该地块建设用地使用权人可开发土地空间范围

关于开发商等私人主体从国家取得的国有建设用地使用权（2007 年前称为"国有土地使用权"）可以利用的土地空间上下界限，2007 年《物权法》颁布之前，我国法律以及《国有土地使用权出让合同》未予涉及。原《物权法》对此予以了关注，第 138 条（现《民法典》"物权编"第 348 条）强调，建设用地使用权出让合同应当明确"建筑物、构筑物及其附属设施占用的空间"。与此相适应，2008 年原国土资源部、原国家工商总局发布的《国有建设用地使用权出让合同（示范文本）》和原国土资源部发布的《国有建设用地划拨决定书》第 4 条均明确规定，除了记载建设用地使用权水平界限外，还应当载明"竖向界限"[1]。但令人遗憾的是，基于各种原因，上述建设用地使用权出让合同中的"竖向界限"要求一直未予落实，实践中多作空白处理。[2]

由此产生的问题是，开发商等私人主体从国土部门取得的建设用地使用权可利用土地空间上下界限究竟是多大呢？全国人大常委会法制工作委员会相关资料称："国家在出让建设用地使用权时，已经根据规划对建筑物的四至、高度、建筑物面积等做了明确规定。……一些地方也开始试点，对建筑物的深度也进行了限制。因此，建设用地使用权人取得建设用地使用权时，

---

〔1〕 根据 2008 年《国有建设用地使用权出让合同（示范文本）》《国有建设用地划拨决定书》，"宗地竖向界限"按照 1985 年国家高程系统（也可以按照各地高程系统）为起算基点填写，高差是垂直方向从起算面到终止面的距离。如出让宗地的竖向界限以标高+60 米为上界限，以标高+20 米为下界限，高差为 40 米。

〔2〕 参见陶钟太朗、杨遂全："论宅基地使用权的空间权塑造"，载《中国土地科学》2014 年第6 期，第 21 页。

其所享有的空间范围是可以确定的。"〔1〕从全国人大对《物权法》的立法精神来看，凡是符合用地规划所建设的建筑物的高度、深度范围内的土地空间都应当属于建设用地使用权可利用的土地空间。现实中，各地加强了地下空间规划编制与实施，将地下空间建设规划也纳入了建设用地规划、建设项目规划的统一管理。如《江苏省城乡规划条例》第30条规定，"开发利用城市、镇地下空间，应当符合有关规划和城乡规划主管部门确定的规划条件，依法办理建设项目选址、建设用地和建设工程的规划审批手续。与地面建设工程一并开发利用地下空间的，应当与地面建设工程一并办理规划审批手续……任何单位和个人不得开挖建筑底层地面，不得擅自改变经规划审批确定的地下空间的使用功能、层数和面积；……"由上可知，结建防空地下室作为地下空间开发工程，虽然未纳入相应地块容积率，但还是严格受到相关建设规划约束的，属于城市规划建筑的一部分。而依据全国人大常委会法工委的理解，结建防空地下室所占据的土地空间亦应属于相应地块建设用地使用权可利用的空间范围。换言之，开发商等私人主体对结建防空地下室所占据的土地空间享有相应的建设用地使用权。

如此解释法律，可能有观点认为，是否有无偿出让国有土地使用权，损害国家利益之嫌？实际上，我们应当注意到，地下空间开发投入大，建设费用远远大于地表建筑，而实际利用效能差，一般只能作为辅助性配套设施使用。〔2〕如果不是国家强制修建防空地下室，开发商等私人主体根本没有积极性开发地下空间。〔3〕然建造结建防空地下室，对于集约节约利用土地，配套服务地面建筑，构建人民防空体系，具有重要的战略价值，故我们还是应当鼓励开发商等私人主体尽量地多开发地下空间。基于以上社会现实，从法律政策角度，将结建防空地下室所占据的土地空间视为已经出让给开发商等私人主体，不再另行收费，亦不算为过。实践中，许多地方也已经规定，结建

---

〔1〕　上述文字载于法工委民法室编写的《部分国家和地区有关空间利用权的立法情况及学者对如何规定空间利用权的观点》一文的"三、几点想法"部分。参见全国人大常委会法制工作委员会民法室编：《物权法立法背景与观点全集》，法律出版社2007年，第506页。

〔2〕　参见罗周全等："城市地下空间开发效益分析"，载《地下空间与工程学报》2007年第1期，第5页。

〔3〕　参见刘阅春："论小区停车位及车库的归属——兼议对《物权法》第74条规定的理解"，载《当代法学》2007年第5期，第66页。

地下工程所占据土地空间的建设用地使用权，无偿认定为地表建设用地使用权人所有。如《福建省政府关于加快城市地下空间开发利用的若干意见》指出："人防工程等公益性的地下建设用地使用权，符合划拨用地规定的，通过划拨方式取得。"《苏州市地下（地上）空间建设用地使用权利用和登记暂行办法》第8条规定："本办法实施前，地表建设用地使用权已经出让或划拨，并根据规划审批方案确定由地表建设用地使用权人结合地面建筑一并开发建设地下工程的，视为已连同地表建设用地使用权一并取得上述范围内地下空间建设用地使用权，……"

综上所述，依据原《物权法》《民法典》"物权编"建设用地使用权制度的立法精神，结建防空地下室所占据的土地空间建设用地使用权已经为开发商等私人主体所取得。既然已经取得了土地空间建设用地使用权，又符合建设规划，因此，开发商等私人主体出资建设结建防空地下室应当属于《民法典》"物权编"第231条（原《物权法》第30条）所称的"合法建造"，故其所有权应当属于投资者——开发商等私人主体。如此，结建防空地下室的所有权及其所占据土地空间的建设用地使用权，"房"和"地"的权属问题，均得到了明确。

实践中，有些地方立法充分注意到了人防工程所占据土地空间建设用地使用权的确权对于认定人防工程所有权的重要价值，并建立了一套完整的确认人防工程（"房"）及其占地（"地"）法律权属的制度体系。如《广州市人民防空管理规定》第23条规定："建设人民防空工程应当依法取得建设用地使用权。……"第25条规定："人民防空工程所有权归属的确定依据《中华人民共和国物权法》和有关法律、法规的规定，适用与建设用地使用权相一致的原则。……"同时，《广州市地下空间开发利用管理办法》第15条强调，"开发利用地下空间应当取得地下建设用地使用权"，并在该管理办法中规定了完整的地下空间建设用地使用权设立条件、方式、程序。

三、结建防空地下室所占据地下空间和地表建设用地使用权的关系

在确认结建防空地下室所占据地下空间的建设用地使用权亦同属于开发商等私人主体后，还需要明确的问题是：就结建防空地下室而言，是将地上建筑物及其建设用地使用权和防空地下室及其建设用地使用权分别登记，还是合并为一个整体，一并登记？

（一）两种不同地方立法实践

（1）有些地方将结建地下建筑部分占据的空间作为地表建设用地使用权的组成部分，结建工程的地上建筑和地下建筑作为一个整体一并对应一个"地表建设用地使用权"。如《浙江省土地登记实施细则》第30条第2款规定："审批文件明确地下连同地表土地使用权开发使用的，将地下空间连同地表作为一个整体确定地表建设用地使用权进行登记。"《浙江省人民政府关于加快城市地下空间开发利用的若干意见》亦强调："相关审批文件明确地下连同地表土地使用权开发使用、共同建设的，应将地下空间连同地表作为一个整体确定建设用地使用权，一并进行土地登记发证。"

（2）有些地方将结建地下建筑部分占据的空间作为独立的地下空间建设用地使用权，结建工程的地上建筑和地下建筑分属于"地表建设用地使用权"和"地下空间建设用地使用权"两个土地权属。如《上海市地下空间规划建设条例》第28条规定："建设项目的结建地下工程应当与其地上部分一并办理建设用地使用权和房屋所有权首次登记。……地下建设用地使用权的权属范围，按照土地审批文件中载明的地下空间建设用地使用权范围确定。……"据此，在上海，地下和地上连为一体的结建工程中地下建筑部分所占据空间的地下空间建设用地使用权是独立于地表建设用地使用权的，虽然其办理相关审批、登记手续是和地表建设用地使用权一同办理，但在性质上应当视为一个独立的土地权属。

（二）结建防空地下室所占据地下空间属于地表建设用地使用权的一部分

上述两种做法，我们赞同第一种。结建地下工程是指，利用地下空间和地表一休建设的建筑物。高层建筑中地上建筑和地下室虽然分据地上地下两个部分，但整体上是连为一体的，系一个建筑整体。此时，就地下空间利用而言，其实无须单独设立地下空间建设用地使用权，仅需整体设立一个地表建设用地使用权即可。具体而言：

（1）地上地下结建工程虽一部分在地上、一部分在地下，但实质上仍然是一个整体，建造时，亦是同时进行的。该建筑物和以地表为起点的多层建筑物实质上并无差异，只不过一个是以地平面为起点、一个是以负地平面以下一定地层为起点。然就该建筑物对土地利用的方式而言，其实完全相同。

（2）依据《民法典》"物权编"第345条（原《物权法》第136条），建设用地使用权可以在地表、地上或者地下分别设立。据此，确立了建设用地使用权分层设立思路。建设用地使用权也由此分为"地表建设用地使用权""地上空间建设用地使用权""地下空间建设用地使用权"三种。但是，地表建设用地使用权不是说只能利用地表以上空间，其实质上是指利用以地表为中心的地表上下一定范围的空间。[1] 地上地下结建工程作为一个整体所占据的土地空间，实质上即属于地表建设用地使用权。而至于地下空间建设用地使用权，则是指脱离地表独立使用特定范围地下空间的一类建设用地使用权，其土地空间范围全部位于地下，且和地上部分分离，之间存在隔离层。正如全国人大常委会法工委民法室撰写的《物权法》释义书所称，为建设某大楼，取得地下 10 米~地上 70 米土地使用权，为地表建设用地使用权；为建设某一地下商场，取得地下 20 米~地下 40 米土地使用权，为地下空间建设用地使用权。[2]

综上所述，我们认为，就结建防空地下室最初建造完成时的权属状态而言：一方面，开发商等私人主体已经取得了结建防空地下室所占据的土地空间使用权，且该土地空间使用权属于开发商等私人主体所取得的该地块地表建设用地使用权的一部分；另一方面，由于结建防空地下室又是由开发商等私人主体按照规划出资建造的，属于开发商等私人主体"合法建造"，故结建防空地下室"自建造完成时起"，所有权属于开发商等私人主体。就产权登记而言，其大证办理，整个地上地下建筑应被视为一个建筑物，办理一个建筑物所有权证；整个地上地下土地空间视为一个建设用地使用权，办理一个地表建设用地使用权证。

四、商品房销售中结建人防车位权利归属的确认

如前所述，开发商等私人主体对结建防空地下室及其占据的土地空间分别享有所有权和建设用地使用权，如果该建筑物为其自己使用，则相关权属确认工作就此结束。在房地产开发中，结建防空地下室多表现为地下停车场，而在开发商将商品房分割销售、转让后，这些结建人防车位的权属又该如何

---

〔1〕 参见朱岩、王亦白："分层建设用地使用权的权利冲突及其解决"，载《中国土地科学》2017 年第 10 期，第 81 页。

〔2〕 参见全国人大常委会法制工作委员会民法室编：《中华人民共和国物权法条文说明、立法理由及相关规定》，北京大学出版社 2007 年版，第 257 页。

认定呢？随着汽车的普及，停车资源日益紧张，车位价值日益增加，如何认定商品房销售中结建人防车位的权属已经成为人防工程确权中最为社会关注的一个焦点问题。

（一）开发商将人防车位分割出售的，应当认定业主区分所有

现实中，许多开发商将结建人防车位分割出售给了业主，每个车位动辄几万、十几万，业主也实际占有、使用车位。但是，车位买卖的性质究竟是什么？是否合法有效？这些问题均存在巨大争议。我们认为，首先要明确的是，开发商自结建人防车位建造完成时起，即享有相应的所有权，既然开发商享有所有权，自然享有予以转让、处分的权利。开发商将一个整体的结建人防停车场分割为若干停车位分别出售给各个业主，其实质在于，意图使结建人防停车场为若干业主区分所有。由此产生的问题是，结建人防停车场是否能够为各个业主区分所有？

并非所有的建筑物均可以由多个人区分所有，一建筑物能否为多人区分所有需具备一定的条件。依据《最高人民法院关于审理建筑物区分所有权纠纷案件具体应用法律若干问题的解释》第2条的规定，建筑物区分所有中专有部分需要满足三个成立要件：①具有构造上的独立性，能够明确区分；②具有利用上的独立性，可以排他使用；③能够登记成为特定业主所有权的客体。就第一个要件而言，物权法中的"物"必须是"特定物"，故区分所有的专有部分在物理意义上必须能够予以特定化，即便属于一个建筑物整体的部分，也必须能够明确其上下左右的界限。早期观念曾经认为，区分所有的专有部分必须有墙、门等实体物质予以分割、独立。现代观念认为，不一定必须有实物进行区隔，只要在认知上能够区分其界限即可。[1] 就结建人防车位而言，依据地面车位线，亦能够确定其专有部分界限，故应当视为"具有构造上的独立性"。就第二个要件而言，物权法中的"物"必须能够"独立满足权利人需要"。[2]虽然还需要借助于公用场所、设施，但区分所有的商品房以"户"为单位，能够基本独立满足业主各项生活所需。同样，虽然还需要借助于公用场所、设施，但区分所有的结建人防车位以"个"为单位，亦能够基本独立满足业主停车需要。而且，该车位为权利人所独占使用，

---

[1]　参见梁慧星、陈华彬：《物权法》（第5版），法律出版社2010年版，第167页。

[2]　参见梁慧星、陈华彬：《物权法》（第5版），法律出版社2010年版，第25页。

任何人不得侵犯。因此，分割出售的人防车位亦具有"利用上独立性"。就第三个要件而言，如果具备前述"构造上的独立性""利用上的独立性"，即意味着该建筑物区分所有是能够成立的，不动产登记机关应当对各专有部分予以分别登记发证。"尽管目前还存在一些本应属于专有部分却无法进行登记的情况，但随着登记制度的不断完善，并不意味着日后不能办理登记。所以，司法解释将'登记'表述为'能够登记'。"[1]实际上，上海、重庆、苏州等地已经开始试点结建人防车位的不动产登记工作。综上所述，开发商将结建人防车位分割出售给各个业主，就如同将商品房分割出售给各个业主，各业主因此区分所有结建人防地下停车场。虽然由于登记制度不健全，尚未进行登记公示，但其法律权属应当如此认定。

就业主区分所有结建人防车位的权属认定，还需要强调几点：①业主对于结建人防车位的权利也包括"房"和"地"两个层面，即"车位所有权"和"车位建设用地使用权"。当然，这两项权利都是从开发商的整体权利中分割转让形成的。②不动产登记时，业主"车位所有权"的范围亦应当包括"专有面积"和"公摊面积"。"专有面积"即车位的实际面积；"公摊面积"即结建人防停车场中公共通道等公用区域分摊计算在各个车位的面积。③关于"车位建设用地使用权"。我们认为，由此结建人防车位和地面建筑应当合并共同认定为一个地表建设用地使用权，因此结建人防车位所分摊的土地使用权性质为"地表建设用地使用权"，而具体面积可以参照结建人防车位占地上地下建筑总面积比例分摊计算地表建设用地使用权面积。这一做法实际上也是我国国土部门地下建筑物土地权利登记的一贯做法。[2]

（二）开发商将人防车位整体移交物业的，应当认定全体业主共有

现实中，有些开发商由于法律对结建人防车位所有权规定不明，以及地方政府的要求，没有采取分割销售的做法，而是在商品房销售完毕，实际交付后，将结建人防停车场整体移交给前期物业公司，由其向业主进行短

---

〔1〕 参见"最高人民法院民一庭负责人就建筑物区分所有权、物业服务司法解释答记者问"（2009年5月25日）。

〔2〕 2000年原国土资源部对广东省原国土资源厅《关于地下建筑物土地的确权登记发证问题的请示》回复称："凡是与地上建筑物连为一体的地下建筑物，其土地权利可以确定为土地使用权。具体登记时，将地下的建筑物的建筑面积计入整体总面积，然后按权利人拥有的地下建筑面积占整体建筑面积的比例分摊地面上的土地面积。"

期租赁。[1]此类情形的结建人防车位所有权归属应如何认定也是现实中的一个棘手问题。

我们觉得，从现实因素考量，恐还是认定为全体业主共有为好。一则，由于当前法律未明确结建人防停车场所有权归属，开发商为规避风险，实质上早已将相关建造成本纳入了商品房建造费用，并以商品房价格形式进行了分摊、转移。[2]虽然开发商没有名义上销售人防地下车位，但实际上，已经对人防车位建造费用进行了回收，甚至还有利润。因此，事后再次确认其所有权，赋予其利益，使其二次获利，显然有欠公允。二则，对于已经销售完毕，实际交付的商品房小区，开发商已经和小区脱钩，而现在为了明确结建地下人防停车场权属，又重新认定开发商所有权，使其回归小区，恐也没有必要。小区内的人防车位使用秩序已经实际形成，确认全体业主对结建人防停车场的所有权更有利于对秩序的维持。三则，《最高人民法院关于审理建筑物区分所有权纠纷案件具体应用法律若干问题的解释》第 3 条规定，在建筑区划内，"其他不属于业主专有部分，也不属于市政公用部分或者其他权利人所有的场所及设施等"，都应当属于业主共有。依据该条，就商品房小区现状而言，没有证据证明结建人防停车场为"业主专有"或"市政公用"，也没有证据证明"开发商予以了权利保留"。因此，依据"推定业主共有规则"，此时的结建人防停车场应当被认定为全体业主所有。

五、结论

随着我国房地产市场的兴起，结建防空地下室作为一种建筑类型日益普及，其除了具有防空、救灾等功能外，平时的使用价值也十分突出，围绕其所有权归属于国家，还是私人的争论成了一个社会热点问题。实际上，结建防空地下室归属于私人并不妨碍其人民防空功能的发挥。从更好地理顺权属关系角度，应当认定，结建防空地下室所占据的土地空间为开发商等私人主体享有的地表建设用地使用权可利用土地空间范围的一部分。在此基础上，就可以依法推导出开发商等私人主体对结建防空地下室的所有权以及相应空

---

〔1〕 如《江苏省物业管理条例》第 66 条第 2 款规定，开发商不得将结建人防车位分割转让，而只能面向全体业主开放，出租的租赁期不得超过 3 年。

〔2〕 参见刘阅春："区分所有建筑物的人防工程归属论"，载《法学》2013 年第 2 期，第 140 页。

间的土地使用权。而开发商在取得结建人防停车场所有权后，将其分割出售给业主，符合建筑物区分所有权性质，其结果是业主享有各车位的所有权，并分摊一定的地表建设用地使用权面积。而对于开发商没有分割销售，已经交付的小区，从现实因素考量，将结建人防停车场所有权确认给全体业主更为妥当。

地下油气管道占地权源：国有建设用地使用权、地下空间建设用地使用权，抑或地役权？

　　管道运输（Pipeline transport）是一种使用管道作为运输工具的长距离输送液体或气体物资的运输方式，通常专门用于由生产地区向销售地区输送石油、煤和化学产品等。管道运输相较于其他运输方式具有如下优势：①运量大。根据管道口径的不同，管道运输每年的运输量可达数百万吨到几千万吨，甚至超过亿吨。②占地少。作为运输载体的管道一般有95%以上被埋藏在地下，而地面仍可用于农业生产等活动。据统计，管道运输占地面积仅为公路占地的3%、铁路占地的10%左右。③建设周期短、成本低。和铁路运输相比，管道运输系统建设周期为铁路的1/3，成本比建设铁路低60%；和水路运输相比，航运水道虽然没有成本，但码头建设、运输船建造均需要花费巨资，成本也远在管道运输之上。④安全性强。管道运输多用于原油、汽油、天然气等易燃、易爆、易挥发、易泄露类物品的运输，由于管道的密封性，管道运输可以大大降低运输物品泄露带来的环境污染风险。而且，管道运输不受天气影响，可以持续、稳定地运输。

　　由于管道运输具有的上述一系列优势，其已经成为世界各国和水路运输、铁路运输、公路运输、航空运输并存的一种重要的运输方式，且随着科学技术的发展，运输物资也有从石油、天然气、化工产品等流体逐渐扩展到煤炭、矿石等非流体的趋势。

　　我国自1958年2月建成克拉玛依至独山子原油管道以来，经过了20世纪

70 年代、90 年代以及 21 世纪三大管道建设高潮。[1]截至 2020 年 8 月,我国已经建成的成品油管道总数为 485 条,其中包括 19 条省际干线,466 条省内干线。我国现有天然气管道项目总数为 4938 条。其中,国际管道数为 6 条,省际干线数为 71 条,省内干线数为 571 条,市城干线数为 3661 条,油气田集输干线为 629 条,海底管道数为 203 条,其中包括 30 条登陆干线,173 条油气田集输干线。[2]

在我国油气管道建设取得辉煌成绩的同时,需要注意到,长期以来,油气管道建设都是在获得国家相关批复立项后,在地方政府的大力支持下,由中石油、中石化、中海油等大型国有企业牵头建设。施工工程中,虽然也牵涉到油气管道占用土地的法律权属问题,但由于我国土地法律体系不完善,以及长期以来对私人土地权益不够重视等原因,故多通过行政手段、经济手段予以协调,而针对法律层面上如何构建油气管道所占用土地的相关权属的问题,我国法律一直处于空白状态。这一现象长期存在,已经产生了一系列的社会问题和纠纷,也日益引起地方政府、油气管道企业、占地权利人等各方的关注。

理论上,关于地下油气管道占地权属的性质,有"(国有)建设用地使用权""地下空间建设用地使用权""地役权"等几种思路。各种思路均有其理由,且也为部分学者所赞同。鉴于我国立法层面对地下油气管道占地权属尚不明确的现状,从完善立法角度,有必要对我国相关问题的现状予以分析,并对学者所提出的几种立法思路予以甄别。该问题研究既有利于我国地下油气管道占地土地权属制度的立法完善,也有利于进一步深化对空间建设用地使用权制度的认识,准确定位空间建设用地使用权制度的适用范围。

第一节　地下油气管道占地类型与权属现状

一、地下油气管道占地类型

油气管道网络是一个庞大的系统。其中,首末站、中间站(热战、加压站

---

[1] 参见范华军、王中红:"亚洲油气管道建设的特点及发展趋势",载《石油工程建设》2010年第 5 期,第 8 页。

[2] "中国天然气管道项目报告(截至 2020 年 8 月)",载 http://www.360doc.com/document/20/0827/16/11536064_932504581.shtml,最后访问日期:2021 年 10 月 5 日。

和热泵站）、分输站、线路截断阀室、检测点、线路标志桩、管道伴行路等用地都属于永久性占地。实践中，这些油气管网设施占用土地的权属往往都是由管道企业通过获得国有建设用地使用权的方式予以确定（如果牵涉到农村集体土地，则先征收为国有土地，再将国有建设用地使用权出让或划拨给管道企业）。相对而言，这一部分油气管网设施占地土地权属问题不存在过多纠纷。因此，这一部分油气管网永久设施占地的土地权属问题，不在本书的研究范围之列。

除了上述油气管网永久设施占地外，是漫长的油气管道所占用的土地。据统计，铺设的油气管道所使用的土地范围大致要占到整个油气管网使用土地范围的90%以上。例如，西气东输工程在 A 省境内穿越 4 个市和 9 个县区，涉及沿途 38 个乡镇，主干管道全长 348.3 公里，两条支干管道总长 121.206公里。其中，管道铺设占地和施工临时用地范围为 17 420.6 亩，而各类永久管网设施占地仅 129.344 亩。[1]而在整个西气东输工程中，各类永久设施占地面积为 1277.1 公顷，油气管道使用土地面积为 11 952 公顷。[2]

实践中，油气管道所穿越的土地类型中，主要是未设立国有建设用地使用权的国有土地（如未开发的国有荒地，以及国有的河流、湖泊、森林等等），以及农民享有土地承包权的集体土地。由于农村集体未发包土地数量不多，故油气管道穿越不存在农民土地承包权的集体未开发荒地以及集体所有的河流、林地、山岭等情形相对较少。而对于建设用地，从管道安全角度出发，油气管道通常会尽量选择远离城镇、人口密度小的区域铺设，故占用存在集体建设用地使用权和国有建设用地使用权的土地，相对也较少。特别是已经存在国有建设用地使用权土地，由于其多处于城镇中心区域，人口密集，故油气管道会尽量避免在此区域铺设。当然，有时由于地形、地质、规划等条件的限制，占用已经存在国有或集体建设用地使用权土地的情形也时有发生。

从油气管道铺设的方式看，其使用土地的方式可以被分为埋设占地和穿跨越占地两种。

（1）油气管道埋设占地是指，将油气管道埋设于地下后，管道上回填原土，管道将不直接暴露于外界。如根据国家强制标准《油气长输管道工程施

---

〔1〕　参见朱启荣、张旭青、田国强："管道工程建设用地中的农民利益缺失及其保护"，载《调研世界》2004 年第 3 期，第 39 页。

〔2〕　参见陈利顶等：《西气东输工程沿线生态系统评价与生态安全》，科学出版社 2006 年版，第11 页。

工及验收规范》（GB50369-2014）的规定，在通常情况下，管沟回填土宜高出地面 0.3 米以上，而管道距离地表高度不得小于 1.5 米，以避免干扰地面农业耕作。[1]

（2）油气管道穿跨越占地是指，油气管道铺设时需要穿越某类土地形式，以及与其他构筑物交叉时的穿越，采用地下埋设以外的多种方式予以通过的方式。所谓"穿"是指，如在需要贯穿山体、河流等时，油气管道可能采取隧道的方式予以通过；所谓"跨"是指，如对于需要通过某些水面、林地、草原等时，油气管道直接采取地上铺设的方式予以通过；所谓"越"是指，如需横穿某些公路、铁路、河道等时，油气管道采取从相关设施的空中越过的方式予以通过。以穿、跨、越方式铺设油气管道，在对土地利用的影响以及建设成本上存在较大差异。如以隧道方式穿越山体、河流，以及以上空飞越方式经过公路、铁路，对于相关土地类型或设施的影响相对较小，但油气管道建设成本将大大增加；而采取在地面、水面直接铺设的方式，建造成本将大为减少，但油气管道的存在将直接妨碍对相关土地、水域的使用，且存在较大的安全隐患。所以，从油气管道运行的安全性、铺设成本，以及对所经土地负面影响等诸多因素综合考量，世界上绝大多数的油气管道均采取地下埋设的方式进行铺设，其比例约占已建成油气管道的 98% 以上。[2]实践中，人们所称"油气管道"一般多指埋设于地面以下的"地下油气管道"。本章研究对象也主要限于埋设于地面以下的"地下油气管道"占地土地权属问题。

二、我国地下油气管道占地法律权属规范现状

关于地下油气管道所直接使用的土地范围内的权属关系，我国法律法规对此尚缺少明确规定。2001 年国务院颁布的《石油天然气管道保护条例》（2011 年失效）对此问题采取了回避态度，未予涉及。2010 年全国人大常委会颁布的《石油天然气管道保护法》对此问题也是语焉不详，模糊处理。该法第 14 条仅仅强调，油气管道建设用地依据"《土地管理法》等法律、行政法规"执行，给其他土地权利人造成影响的，按照"管道建设时土地的用途

---

〔1〕 参见中国石油天然气管道局等主编：《油气长输管道工程施工及验收规范》（GB50369-2014），载 http://www.mohurd.gov.cn/wjfb/201508/t20150829_224181.html，最后访问日期：2021 年 10 月 4 日。

〔2〕 参见张耀东："油气长输管道通过权研究"，华中科技大学 2008 年硕士学位论文，第 13 页。

给予补偿"。

2001 年 7 月 19 日，针对中国石油天然气集团公司的请示，原国土资源部作出《关于西气东输〔1〕管道工程用地有关问题的复函》（国土资函 327 号，2010 年 12 月失效）。该复函涉及与地下管道用地权属有关的两个方面：第一，临时用地问题。施工中，对于包括管道埋设区域在内的临时用地范围，建设单位应当向县级以上人民政府国土部门申请，经批准后，与有关国土部门或者农村集体经济组织、村民委员会签订临时用地合同，并支付临时用地补偿费。第二，管道地下通过权问题。建设单位就所铺设的管道，在相关区域内享有管道地下通过权。相关的权利义务由权利人与途经地区的国土部门以合同方式约定。管道地下通过权对相关土地产生负面影响的，权利人应对土地所有权人、使用权人给予补偿。

上述"管道地下通过权"概念虽然试图对油气管道所占用土地的法律权属关系进行界定，但是，一则由于该复函本身所规定的权利内涵不够清晰，二则此后 2007 年颁布的《物权法》并没有承认此项物权，沿袭原《物权法》的《民法典》"物权编"对此亦没有承认。而根据"物权法定原则"（原《物权法》第 5 条、《民法典》"总则编"第 116 条），非全国人大及其常委会所制定的"法律"承认的物权，不具有法律上的物权效力。因此，该复函所引入的"管道地下通过权"概念虽然为我们构建油气管道占用土地的法律权属关系提供了一定思路，但从法律制度层面上讲，其所确立的"管道地下通过权"并无法律效力。

基于以上法律法规现状，我国目前油气管道敷设实践中采用的是"临时用地+无偿权利限制"模式。具体而言：

（1）油气管道企业在管道施工过程中以临时用地方式使用相关土地〔2〕，

---

〔1〕　西气东输管道工程主干线起于新疆塔里木油田轮南首站，沿途横贯 10 个省、市、自治区的 70 个县，终于上海市白鹤镇末站，全长 3856 公里。该工程是我国自行设计、建设的第一条世界级天然气系统工程，与主线同步建设的还有 3 条支线和 1 条联络线。在西气东输项目批准后，原国土资源部提出特事特办，西气东输工程管道土地使用权拟采用审批地下通过权的办法解决，沿线地方政府也都表示要特事特办，支持该工程建设。由此可见，西气东输"管道地下通过权"的提出具有很大的政策因素。（参见张耀东："油气长输管道通过权研究"，华中科技大学 2008 年硕士学位论文，第 46 页。）

〔2〕　如在西部原油成品油管道工程中，同沟敷设的原油和成品油管道临时用地按 25 米计算，单根管道临时用地按 16 米宽计算。（参见张耀东："油气长输管道通过权研究"，华中科技大学 2008 年硕士学位论文，第 18 页。）

管道埋设施工结束后，油气管道企业恢复土地原貌，交还给土地权利人，土地利用关系结束。

（2）油气管道企业按照临时用地标准给予相关土地权利人临时占地补偿。一般而言，油气管道敷设施工过程中临时占地补偿以给土地权利人造成的实际损失为限，具体包括：青苗费（按照每年两季计算，影响不足一季的按一季补偿，超过一季但不足两季的按两季补偿）、土地肥力损失补偿、土地平整复耕费。此外，对树木、水井、水塘、建筑物、大棚等，也都是据实或者按国家标准予以补偿。

基于以上思路，鉴于油气管道企业对相关土地的使用是以"临时用地"形式出现的，且所给予的补偿亦仅限于油气管道施工过程中土地权利人的实际损失，故从法律上讲，在油气管道施工结束，油气管道企业将土地交还给相关土地权利人之后，油气管道企业对油气管道埋设区域土地不享有任何法律上的权利。[1]

（3）根据《石油天然气管道保护法》等法律法规的要求，除了油气管道所直接占用的土地空间外，在油气管道敷设完成后，油气管道两侧 5 米、50 米、200 米、500 米，乃至更大范围内，土地权利人为了维护油气管道安全需要承担诸多的土地使用限制措施，如不能种植深根植物、不能取土挖塘、不能建筑、不能爆破、不能建设危险设施等。[2]对于这些土地使用限制，因为有相关法律法规的明确规定，故一般认为其属于国家法律对相关土地权利人在公法上的限制措施，属于相关土地权利人应当遵守的法定义务，故亦不给予相关土地权利人以任何补偿。[3]土地权利人若违反了相关法定义务，将由行政管理部门予以行政处理。有学者将《石油天然气管道保护法》中所规定

---

〔1〕 参见朱启荣、张旭青、田国强："管道工程建设用地中的农民利益缺失及其保护"，载《调研世界》2004 年第 3 期，第 40 页。

〔2〕 根据《石油天然气管道保护法》第 30~35 条的规定：①管道中心线两侧各 5 米范围内，禁止种植深根作物、取土、采石、用火、挖塘、修渠、建温室等等。②在穿越河流的管道中心线两侧各 500 米范围内，禁止抛锚、挖砂、水下爆破等等。③在管道专用隧道中心线两侧各 1000 米范围内，禁止采石、采矿、爆破，因公共工程确需施工的，应当经管道保护部门批准，并采取安全防护措施。④穿跨越管道，在管道中心线两侧各 5 米~50 米范围内修建铁路、公路等设施，在管道中心线两侧各 200 米内爆破、挖掘、采矿等，需经过管道保护部门批准。⑤在管道中心线两侧修建人员密集的建筑物、易燃易爆物品场所的，需要符合国家技术规范的强制性要求。

〔3〕 参见中国土地矿产法律事务中心 2007 年 12 月发布的《管道地下通过权及补偿办法研究报告》，第 5 页。

的对管线两侧一定范围内土地利用的限制或禁止性规定称为公共地役权规范，不同于传统的地役权，其通过法律的规定即可设立。[1]亦有学者将其称为空间相邻关系规范，以协调管道企业与沿线相邻土地空间权利人的权益。[2]

上述做法也为我国相关地方性法规所认可。例如，《浙江省石油天然气管道建设和保护条例》第 15 条、第 17 条，《河南省实施〈中华人民共和国石油天然气管道保护法〉办法》第 10 条、第 15 条均有类似规范。

三、我国现行地下油气管道占地法律权属规范引发的问题

如前所述，我国目前的地下油气管道敷设使用土地的法律权属状况为：油气管道企业以临时用地及其补偿的方式敷设油气管道，而后将相关土地复原后交还相关土地权利人，自身不直接对相关土地享有法律上的权利。同时，辅之以国家法律强制性义务的形式无偿地限制相关土地权利人其后的土地开发方式。这一做法的优点在于：①法律关系简单，油气管道施工便捷。由于既不牵涉到征收集体土地问题，也不牵涉到设立（地下空间）建设用地使用权问题，故只需要在油气管道建设时与相关土地权利人达成一个临时性的用地协议即可开工建设，完全回避了"农转非建设用地指标""征地补偿""建设用地使用权设立、登记"等诸多繁琐程序。[3]②补偿标准较低，减轻了油气管道企业的负担。因为是临时用地，故其支付给土地使用权人的占地补偿标准亦是按照临时用地标准执行，且补偿期限一般仅为 2 年。③恢复了土地利用原貌，维持了原有土地利用状态。油气管道施工结束后，临时用地关系结束，油气管道企业有义务恢复土地原貌，而后将土地归还土地权利人，如农民等，农民维持原有的土地权利关系不变，继续耕种土地，使土地资源得到有效开发。

但是，上述做法在实践中也存在一系列弊端，导致了诸多社会矛盾：

（1）这种地下油气管道施工的临时用地模式和《土地管理法》《土地管

---

〔1〕　参见马强伟："油气管道铺设中的用地问题及解决思路——从公共地役权理论到空间建设用地使用权"，载《法治研究》2017 年第 6 期，第 79~81 页。

〔2〕　参见汪洋："地下空间物权类型的再体系化——'卡-梅框架'视野下的建设用地使用权、地役权与相邻关系"，载《中外法学》2020 年第 5 期，第 1387~1392 页。

〔3〕　参见马强伟："油气管道铺设中的用地问题及解决思路——从公共地役权理论到空间建设用地使用权"，载《法治研究》2017 年第 6 期，第 80 页。

理法实施条例》所规定的临时用地制度并不吻合。根据《土地管理法》第57条和《土地管理法实施条例》第20、21条的规定，适用临时用地的情形主要包括建设项目施工、地质勘查、抢险救灾、疫情防控等急需使用土地的情况。同时，根据《土地管理法》第57条，临时用地的，不得修建永久性建筑物。否则，根据《土地管理法实施条例》第52条，应当对在临时用地上修建的永久性建筑物、构筑物予以强制拆除。而油气管道一旦敷设，即长期存在于地下空间，永久占用土地，在性质上当然属于永久性构筑物。由此可见，其性质显然超出了《土地管理法》等法律法规所规定的临时用地制度适用类型。[1]

（2）油气管道企业付出巨额费用后，未获得法律上的土地权利确认，企业资产无从体现。地下油气管道建设实务中，油气管道所使用土地的补偿费用及其相关费用大约要占整个工程投资的12%，有些经过发达省市的油气管道，该项费用甚至可能占总投资的约30%。[2]但是，油气管道企业在投入巨额资金后，虽然完成了相关工程施工，但由于未获得相关地块的土地权利，故从企业会计核算的角度看，巨额资金只能以费用形式予以摊销，而不能转换为企业资产，即企业获得油气管道所使用土地的土地他项权利。[3]一方面，这种状况未真实反映油气管道企业的资产状况。油气管道企业所实际使用的相关土地客观上是存在财产价值的，应当体现为企业资产的一部分。而由于临时用地方式的制约，油气管道企业的这一部分财产价值未能体现为法律上的权利，以至于未能体现为可统计的企业资产。另一方面，由于油气管道企业对相关土地的权利未能得到法律上体现，无法体现为会计核算上的财产，故油气管道企业在公司上市、资产转让、抵押融资等经营活动中都无法体现这一部分的企业资产价值。这无形之中给企业造成了巨大的资产损失和资金压力。

（3）由于不享有对相关土地的法律权利，临时用地期间届满后，油气管道企业在后续地下油气管道维护过程中，需要再次进入相关土地时，缺少法

---

〔1〕 参见孙宇："油气管道地下通过权的法律属性探析"，载《吉首大学学报（社会科学版）》2016年第6期，第124页。

〔2〕 参见刘玉杰、李明："油气长输管道征地协调及专项手续研究"，载《化工管理》2018年第10期，第214页。

〔3〕 如"春晖种猪场与中石油辽河油田分公司排除妨害纠纷案"〔（2017）辽14民终851号〕中，管道公司实际上是按照"永久占地费"标准支付的补偿款，但是，性质仍是临时用地补偿，并未取得任何土地权利。

律依据。地下油气管道在后续运营过程中还大量存在检测、抢修、更换等维护活动，同样需要进入油气管道埋设区域进行作业。由于最初的油气管道建设系采用临时用地方式，临时用地期间届满，油气管道企业对相关地块是不享有任何法律上的权利的，故从理论上讲，油气管道企业是无权再次进入相关土地进行作业的。

《石油天然气管道保护法》第 27 条规定，管道企业为了管道的巡护、检测、维修等作业，可以日常性进入相关管道埋设区域，同时，对于造成的损害应当给予赔偿。依据该条，油气管道企业可以出于油气管道维护需要进入相关土地，但是，一方面，这一做法乃是基于法律赋予"有关单位、个人"的一种社会化义务，而非油气管道企业的权利；另一方面，由于油气管道企业原本即对相关土地不享有法律上的权利，故其对在相关区域后续维护作业给他人造成的损害需要承担赔偿责任。且这种赔偿属于"一事一议"性质，缺少长期性、稳定性的法律或合同保障，这必然增加了油气管道企业处理此类事务的成本和周期。[1]

（4）由于不享有对相关土地的法律权利，临时用地期间届满后，油气管道企业面对违反法律规定在相关土地范围内违法开发、建设、施工等行为，无法直接主张民事权利。《民法典》"物权编"第三章规定了"物权的保护"制度，即物权人的物权受到妨害，或者有妨害危险时，物权人可以直接向侵害人主张停止侵害、排除妨碍、消除危险、恢复原状等权利。[2]但是，这一权利的行使当以当事人享有法律上的物权为前提。在地下油气管道敷设施工中，因为管道企业仅仅享有临时用地的相关权利，施工结束后，从法律上讲，油气管道企业对相关土地并不享有土地权利。[3]既然管道企业不享有相关的土地权利（土地物权），其自然无法直接引用《民法典》"物权编"第三

---

〔1〕 如"张自兵诉中石油西部管道分公司财产损害赔偿纠纷案"（［2013］嘉民一初字第 884号）、"中石油管道建设项目经理部与罗海云等排除妨害纠纷案"（［2015］酒肃巡初字第 630 号）中，管道建设时，管道企业与土地权利人已经达成临时用地补偿协议并支付补偿款，但此后，土地权利人以自己对于相关土地享有承包权，管道企业无权干涉为由，继续种植树木等深根植物，严重影响管道安全。对此，管道企业只能以再次赔偿为前提，要求土地权利人铲除相关林木。

〔2〕 参见刘凯湘："物权请求权基础理论研究"，载梁慧星主编：《民商法论丛》（第 28 卷），法律出版社 2003 年版，第 60 页。

〔3〕 参见孙宇："油气管道地下通过权的法律属性探析"，载《吉首大学学报（社会科学版）》2016 年第 6 期，第 124 页。

章的规定直接向违法使用相关土地、妨害油气管道安全的妨害人主张物权请求权。

（5）由于油气管道企业无法直接向妨害油气管道安全的行为人主张权利，只能求助行政机关行政执法，故在制止妨害地下油气管道安全行为过程中，处于被动状态。按照《石油天然气管道保护法》的相关规定，地下油气管道埋设区域的土地权利人在相关范围内禁止实施建筑、挖土、爆破等土地开发行为，这是法律赋予相关土地使用人公法上的义务，若有违反，自然应当承担相应的责任，但其性质应当属于行政责任，应当由相关行政管理部门来确认、追究。《石油天然气管道保护法》第52条、第53条、第54条亦明确规定，发生有关妨害管道安全行为的，由相关的"县级以上地方人民政府主管管道保护工作的部门"进行查处，即由地方相关行政管理部门追究妨害人的行政责任。但在实践中，一方面，由于地方行政管理部门难免存在工作上的被动性，很难做到主动执法、积极执法，在大多情况下都是在油气管道企业再三要求之后，勉强查处，何况还存在许多执行不到位的情况，油气管道企业也往往无能为力。另一方面，地下油气管道的敷设限制了相关土地使用人开发利用土地的方式和程度，客观上也确实给土地使用权人造成了损失，而当初的临时用地补偿中并不包含这一部分损失。可能在最初的油气管道敷设过程中，相关土地使用人也还没有完全认识到这一部分损失，但随着此后的土地开发，土地使用人希望改变土地上种植的作物种类，或者需要建设一定的建筑物时，才意识到这种可能性已经被剥夺，发现自己的利益受到损害，弊端逐渐显现。[1]但由于未曾给予补偿，土地使用人主观上缺少遵守法律相关限制开发利用规定的意愿，因此，在行政管理部门对其违法开发利用相关土地行为进行查处时，抵触情绪较大，相关地方行政管理部门执法正当性也受到了质疑，执法力度十分有限。[2]

（6）有的地方相关部门在地下油气管道敷设结束、临时用地期间届满后，又将相关土地使用权批给其他权利人，在新的土地权利人未拿到补偿的情况下要求其遵守《石油天然气管道保护法》等限制，履行禁止土地开发的义务，

---

〔1〕 参见中国土地矿产法律事务中心：《管道地下通过权及补偿办法研究报告》（2007年12月），第5页。

〔2〕 参见孙宇："油气管道地下通过权的法律属性探析"，载《吉首大学学报（社会科学版）》2016年第6期，第125页。

难度更大。如前所述，油气管道企业对相关土地只是临时用地，期间届满后
并不享有任何的土地权利，也不进行任何土地权属登记。因此，从理论上讲，
相关部门将有关土地使用权再批给其他权利人是完全可以的。而且，由于到
期后，该土地上不存在油气管道企业的土地权利负担，故从法律上讲，新的
土地权利人是没有义务遵守所谓的土地开发利用限制、禁止义务的。更何况，
当初地下油气管道敷设时，油气管道企业所给予的补偿都让原土地权利人拿
去了，新的土地权利人并没有获得。法谚云："无补偿无限制。"在此情况下，
油气管道企业面对新的土地权利人要求其遵守《石油天然气管道保护法》的
相关规定，未免强人所难。[1]

　　由于油气管道企业在临时用地期间结束后未取得相关土地权利，且也未
对相关区域土地开发利用的限制予以适当补偿，加之地方行政管理部门行政
执法力度不够，导致违法开发利用相关土地、妨害油气管道安全的情况时有
发生。2000 年 2 月 19 日，山东三力集团濮阳分公司将厂房建在中原油田的输
气管线上，发生天然气爆炸的恶性事故，造成 15 人死亡、56 人受伤。2002
年，在中石油西南油气田公司所管辖的管道就拆除违章建筑 1979 处，但截至
2006 年 2 月底，仍有管道违章建筑 4646 处，其中直接占压管道 924 处。这些
违法开发利用土地行为严重影响了石油天然气管道的安全运行，也已经引发
多起相关事故。2012 年 1 月 1 日，大庆市一个体洗浴中心因地下洗浴污水腐
蚀地下天然气管线，造成天然气泄漏爆炸，导致 6 人死亡、5 人受伤。2015
年 9 月 6 日，重庆市九龙坡区井口镇陈堡社修建粮食加工厂违法施工，致使
Φ720mm 两佛线焊口断裂发生破裂、燃烧，造成 1 人死亡、4 人重伤、14 人
不同程度烧伤，天然气管道损坏、输气中断，周围部分建构筑物、农作物、
部分施工机械、电力设施损坏的重大事故。[2]

　　实践中，针对地下油气管道敷设后，对相关土地范围内土地使用人土地
开发利用限制缺少补偿以致引发社会矛盾的现象，油气管道企业也采取了措
施，尽量予以补偿。如在浙江省余姚市人民政府关于杭甬天然气输气管道

---

　　〔1〕　如中石油北京天然气管道有限公司所辖陕京二线，途经某县区域，2005 年建成并投入运行，
但几年后，该区域内建设了中学，教学区和生活区将站点及 240 米的天然气管道包围其中，引发极
大安全隐患。
　　〔2〕　参见原国家安全生产监督管理总局《关于石油天然气管道安全问题》；"油气输送管道安全监
督"，载 http://www.chinasafety.gov.cn/zjnsjg/ajss/yqgd_ 1/sgtb_ 01，最后访问日期：2018 年 9 月 1 日。

（余姚段）铺设工程建设征地的临时用地补偿范围中，除了青苗费、土地复垦费等实际损失补偿外，还包括了"耕作补偿费"。其中，"耕作补偿费"就含有因将来耕作受限制而给予的补偿。如在珠三角成品油管道项目中，除了临时用地补偿外，还给予"管道控制带用地"补偿，即对管道敷设后相关控制开发区域内的土地今后开发价值的减少给予补偿，其补偿的面积是管道控制带，补偿标准则按照征地补偿标准执行（扣除劳动力安置补偿费）。[1]立法上，有些地方性法规亦要求管道企业对相关土地使用人在今后土地开发利用中所遭受的权利限制给予适当的补偿。如《浙江省石油天然气管道建设和保护条例》第15条第2款规定："临时用地合同应当包括下列内容：……（四）改变种植、养殖方式造成损失的补偿及补偿对象。"《河南省实施〈中华人民共和国石油天然气管道保护法〉办法》第10条第3款亦有类似规定。但存在的问题是，上述油气管道企业对土地使用人在今后的土地利用过程中的开发方式和程度的限制、禁止的补偿，往往是混同在地下油气管道敷设施工过程中"临时用地补偿"的。即便存在这一补偿，有的地方甚至补偿标准很高（如前述珠三角已经类似于征地标准），但是，油气管道企业的这一"付出"既没有法律规范的支撑，也没有让土地权利人实际感受到相关土地开发利用限制的补偿对价已经支付过了。[2]故总的来讲，实施效果欠佳，社会矛盾依然突出。

第二节　国有建设用地使用权：地下油气管道占地权属思路之一

实践中，地下油气管道铺设对土地的利用程度较高，限制也较为严格。一则，相关油气管道需要直接埋设该区域土地之下，由于油气管道直径通常有一米左右，故属于一个较大的构造物直接占用该区域土地。二则，如前所述，根据相关法律法规，地下油气管道两侧各5米范围内的土地在今后的使用过程中在种植、取土、建筑等方面会受到诸多严格限制，土地使用权人的利益会实质上受到了较大影响。三则，地下油气管道在运行过程中还存在检

---

〔1〕　参见中国土地矿产法律事务中心2007年12月发布的《管道地下通过权及补偿办法研究报告》，第8页。

〔2〕　参见张耀东、戚爱华："构建油气管道安全保护的长效机制——《中华人民共和国石油天然气管道保护法》述评"，载《国际石油经济》2010年第9期，第13页。

测、维修、更换等需要，故存在油气管道企业继续使用该区域土地的可能性。

　　基于以上原因，有观点认为，既为了更便捷地保障油气管道企业占有使用该区域土地，也为了更充分地保障地下油气管道占地的土地使用权人利益，对这类土地，应当实施土地征收，将集体土地征收为国有土地（如若该土地原本即为国有的，则无需征收[1]），然后再由国家将该区域土地的国有建设用地使用权设定（有偿出让或无偿划拨）给油气管道企业。油气管道企业如此即完全地、独占地取得了对该区域土地的占有、使用的权利。因此，不论是对该区域土地的直接施工作业，抑或是对限制相关开发行为，便都具有了充分的法律权属依据。[2]实际上，在我国油气管道设施建设早期，我们就是通过征收土地的方式来解决相关油气管道占地的土地权属问题的。[3]甘肃省也曾经明确发文要求，油气管道企业对地下油气管道埋设范围内的集体土地实施征收，而后，油气管道企业以国有建设用地使用权形式取得相应土地权属。[4]

　　上述方案设计的好处是：

　　（1）油气管道企业占用的地下管道用地的土地权属关系明确，即独占性享有地下油气管道两侧各 5 米范围内的国有建设用地使用权。而相应的，原

　　〔1〕　在油气管道途经国有土地，而该土地已经设定有他人国有建设用地使用权时，该油气管道范围内占地"国有建设用地使用权模式"应如何设计其中的法律关系呢？有学者认为，此时只能在该土地已有国有建设用地使用权上再设立一个油气管道企业的建设用地使用权，即"在建设用地使用权上设立次一级的建设用地使用权"。（参见孙鹏、徐银波："社会变迁与地役权的现代化"，载《现代法学》2013 年第 3 期，第 79 页。）我们不赞成这种观点。我们认为，这时应当适用《民法典》"物权编"第 358 条："建设用地使用权期间届满前，因公共利益需要提前收回该土地的，应当依照本法第二百四十三条的规定对该土地上的房屋以及其他不动产给予补偿，并退还相应的出让金。"此时应当认为，国家"提前收回"土地权利人在油气管道占地范围内的国有建设用地使用权。而后，再将管道所涉的相关土地的国有建设用地使用权设定（有偿出让或无偿划拨）给油气管道企业，以使油气管道企业获得相应土地的国有建设用地使用权。

　　〔2〕　参见朱启荣、张旭青、田国强："管道工程建设用地中的农民利益缺失及其保护"，载《调研世界》2004 年第 3 期，第 40 页。

　　〔3〕　2000 年以前，我国地下油气管道铺设基本上采用征地的做法。征地范围为地下油气管道直径加外壁以外两侧各增加 1 米，面积是地下管道长度乘以征地宽度。国家取得土地所有权之后，以划拨国有土地使用权的方式将土地使用权授予油气管道企业。在中国石化股份有限公司上市时，经当时的国土资源部批准，中国石化集团管道储运公司管道用地由划拨地变更为授权经营用地，租赁给上市公司使用。

　　〔4〕　参见甘肃省原国土资源厅发布《关于油气管道建设征用土地有关问题的通知》（甘国土资规发〔2014〕71 号，已失效）。

土地权利人在此土地范围内的土地权利彻底消灭。

（2）在处理地下油气管道后续运行过程中与原土地权利人之间关系时，法律关系清晰。因为地下油气管道占地范围的土地使用权属于油气管道企业，故其在后续管道维护过程中使用土地的，有明确的法律权源。即便当地农民在征得管道企业同意后，在征地范围内种植浅根农作物，管道企业因为管道巡查、维护、事故抢修而使用该区域土地的，油气管道企业也有充分的权利，且对于给农作物造成的损失，也可以不予赔偿。[1]

（3）在遭遇地下油气管道被占压、盗采、违法施工等情形时，油气管道企业可以依据其享有的国有建设用地使用权寻求民法上的自力救济。实践中，地下油气管道运行过程中被占压、盗采、违法施工等情况屡见不鲜。根据《石油天然气管道保护法》等法律法规，这些行为都是违法的，有关油气管道保护部门可以对其施以行政处罚。[2]但实践中，当油气管道企业申请相关行政管理部门对这些行为采取行政执法措施时，行政管理部门由于种种原因往往推诿敷衍，没有有效地履行行政管理职责。对行政管理部门的这种行政不作为，油气管道企业往往也是无能为力。在油气管道企业取得了地下油气管道范围内的国有建设用地使用权后，如若出现上述情况，油气管道企业则可以以自己的国有建设用地使用权受到侵犯为由直接主张民事权利救济（主张物权请求权或者民事侵权损害赔偿），而非仅仅只能求助于行政管理机关。

但是，这种做法也存在一系列的缺陷：

（1）征地成本高，加之受到建设用地指标的限制，油气管道企业实施难度较大，"甚至举步维艰"。[3]一方面，采用征地的做法，即意味着油气管道企业要按照征地补偿标准给予相关区域土地用地补偿。关于补偿标准，我国原来系按照耕地被征收前3年平均年产值的6倍~10倍确定土地补偿费，而

---

〔1〕 参见朱启荣、张旭青、田国强："管道工程建设用地中的农民利益缺失及其保护"，载《调研世界》2004年第3期，第40页。

〔2〕 根据《石油天然气管道保护法》第52条、第53条、第54条的规定，对于违反规定占压、盗采、违法施工，危害油气管道安全的行为，"县级以上地方人民政府主管管道保护工作的部门"可以采取"责令停止违法行为""罚款""限期拆除违法修建的建筑物、构筑物或者其他设施""强制拆除违法修建的建筑物、构筑物或者其他设施"等行政执法措施。

〔3〕 参见孙鹏、徐银波："社会变迁与地役权的现代化"，载《现代法学》2013年第3期，第79页；汪洋："公共役权在我国土地空间开发中的运用：理论与实践"，载《江汉论坛》2019年第2期，第124~125页。

自 2020 年起，根据新修订的《土地管理法》，征收补偿标准将按照区片综合
地价确定，区片综合地价应当综合考虑土地原用途、土地资源条件、土地产
值、安置人口、区位、供求关系以及经济社会发展水平等因素，并根据社会、
经济发展水平适时调整。实践中，征地补偿金额非常高。[1]这必将大大增加
油气管道企业的建设成本。相应地，这些建设成本必然会经由油气商品价格
转嫁给终端的油气使用单位和个人，增加整个社会的石油天然气使用成本。
另一方面，按照我国的土地管理制度，将农村集体土地征收转为国有建设用
地必须符合"农转非"的建设用地指标。然而，国家每年下达的"农转非建
设用地指标"是十分有限的[2]，许多地方连自身城市开发建设都不能满足，
其能否将稀缺的指标授予油气管道企业，尚待拷问。即便在中央层面，考虑
到整体国土建设规划指标的约束，也不大可能为地下油气管道建设单列相关
的"农转非建设用地指标"。所以，"农转非建设用地指标"约束是地下油气
管道占地征地模式在实际运行中所遇到的一个重大阻碍，在某种程度上，可
能比高额的征地成本更具有现实阻碍性。

　　（2）油气管道企业虽独占性取得相关建设用地使用权，但并不会对土地
进行充分利用，可能造成土地资源闲置、浪费。即便油气管道企业取得地下
管线范围内的国有建设用地使用权，这些土地也多为狭窄漫长的带状土地，
且多地处荒郊，远离城市，何况多为集体土地所包围，故油气管道企业很难
实际进行开发利用。实践中，在将地下油气管道埋设于地下后，在通常情况
下，油气管道企业既没有能力，也没有意愿对相关土地进行利用。"油气管道
的权利人并不长于耕种农地，依其职能只好闲置耕地，但这显然不符合我国保
护耕地、不许耕地荒芜的政策。"[3]而实际上，在地下油气管线深埋于地下
后，其所涉土地和相邻土地还是保持整体性、连贯性，如果由相邻土地权利
人继续对管线范围内的土地在符合相关法律法规规定的情况下继续使用，实

---

　　〔1〕　参见崔建远：《物权：规范与学说——以中国物权法的解释论为中心》（下册），清华大学
出版社 2011 年版，第 626~627 页；朱启荣、张旭青、田国强："管道工程建设用地中的农民利益缺失
及其保护"，载《调研世界》2004 年第 3 期，第 39 页。
　　〔2〕　依据《土地管理法》第 44 条第 3 款的规定，应当按照土地利用年度计划，在土地利用总体
规划范围内分批次，将农用地转为建设用地。据此，依据我国现行法律，相关单位在没有获得农用地
转为建设用地指标的情况下，是无法征收集体农地转为国有建设用地的。
　　〔3〕　参见崔建远：《物权：规范与学说——以中国物权法的解释论为中心》（下册），清华大学
出版社 2011 年版，第 626~627 页。

质上更能充分发挥该区域土地的利用价值，不致造成土地资源闲置、浪费。[1]

（3）油气管道企业即便取得地下管线范围的国有建设用地使用权，也无法从实质上对相关土地使用权进行有效监管。地下油气管道线路漫长，动辄几百甚至上千公里，加之地处偏远，油气管道企业其实根本不可能对相关管道沿线土地进行有效的、排他的管理。实践中，即便将地下管线范围的国有建设用地使用权设定给油气管道企业，管道沿线的社会主体实质上也还是会去利用这些土地，如农民在其上进行耕种等。实践中，油气管道企业限于人力、资金、社会稳定等方面的考虑，多难以实际清除。因此，即便油气管道企业取得了管线范围内的国有建设用地使用权，管道企业最终也还是不可能实际独占性、排他性地使用这些土地。事实上，相邻的原土地权利人还是会继续维持原有的这些土地利用方式。

综上所述，我们认为，以国有建设用地使用权思路来构建地下油气管道范围内土地权属关系，虽然具有法律关系清晰等优点，但是，也存在缺少现实可操作性、土地资源限制、预设目标难以实现等诸多不足。[2]考虑到国有建设用地使用权通常是为了实现对他人土地的完整地独占性使用目的，故而以这种用益物权模式来解决地下油气管道的占地需求，实在是"大材小用"[3]，实用可能性"非常有限"。[4]

第三节　地下空间建设用地使用权：地下油
气管道占地权属思路之二

有学者提出以"地下空间建设用地使用权"模式来解决地下油气管道占

---

〔1〕　参见卢新海、张耀东："初论管道通过权及其设立"，载《中国土地科学》2009年第2期，第27页。

〔2〕　2019年《土地管理法》修改，第63条允许集体经营性建设用地使用权在不经征收的情况下直接出让给土地使用人。以集体经营性建设用地使用权形式配置油气管道占地土地权属，可以规避征地、建设用地指标等困境，但是，管道企业独占性取得相关土地使用权，而不对地表进行利用，还是会导致土地资源的闲置浪费。

〔3〕　参见崔建远：《物权：规范与学说——以中国物权法的解释论为中心》（下册），清华大学出版社2011年版，第626~627页。

〔4〕　参见王明远："天然气开发与土地利用：法律权利的冲突和协调"，载《清华法学》2010年第1期，第144页。

地土地权属问题。[1]"地下空间建设用地使用权"是指，在土地的地下一定范围的空间（如油气管道所占据的地下1米~地下2米）内，建设相关建筑物、构筑物的一种用益物权。地下空间建设用地使用权人作为他物权人，有权在他人所有的土地的地下一定范围内的空间进行占有、使用、收益，甚至处分。如前所述，依据我国《民法典》"物权编"第345条有关"建设用地使用权分层设立"的规定，我国引入了"地下空间建设用地使用权"概念。[2]具体而言，以"地下空间建设用地使用权模式来构建地下油气管道占地土地权属问题"的思路是：由油气管道企业取得埋设于地下的油气管道所占据的地下空间的"地下空间建设用地使用权"。据此，油气管道企业可以"为在他人地下一定空间建筑和保有油气管道而对他人地下空间进行占有、使用和收益"。[3]

这一思路的优点在于：一方面，和前述"国有建设用地使用权"思路一样，如此设置的地下油气管道所占据的土地权属关系清晰、明了，同时也便于油气管道企业基于自己的"地下空间建设用地使用权"来维护自己的合法权益，及时制止危害管道安全的危险行为。[4]另一方面，和前述"国有建设用地使用权"思路相比，其仅仅系将油气管道所占据的地下空间作为权利范围，客体界定更加精准、土地利用更加精细，也符合土地集约化利用的国家土地政策。

但是，本方案设计存在以下两大问题：

（1）本方案被运用于集体土地上铺设的地下油气管道时，将存在法律上的阻碍。根据《民法典》"物权编"第345条的规定，可以在国有土地上设立国有地下空间建设用地使用权，因此在国有土地上铺设油气管道时，以油气管道所占据的国有地下空间为客体设立相应的地下空间建设用地使用权是完全可行的。但是，若是在集体土地上铺设油气管道，该如何设计制度呢？

对此，不同学者提出了不同的解决方案。一种方案为：国家仅对地下油

---

〔1〕 参见马强伟："油气管道铺设中的用地问题及解决思路——从公共地役权理论到空间建设用地使用权"，载《法治研究》2017年第6期，第76页。

〔2〕 参见梁慧星、陈华彬：《物权法》（第6版），法律出版社2016年版，第240页。

〔3〕 参见孙宇："油气管道地下通过权的法律属性探析"，载《吉首大学学报（社会科学版）》2016年第6期，第125页；马强伟："油气管道铺设中的用地问题及解决思路——从公共地役权理论到空间建设用地使用权"，载《法治研究》2017年第6期，第83页。

〔4〕 参见孙宇："油气管道地下通过权的法律属性探析"，载《吉首大学学报（社会科学版）》2016年第6期，第125页。

气管道所占据的集体土地的地下特定空间进行征收，变为国有土地后，再以"国有地下空间建设用地使用权"的形式（无偿划拨或有偿出让）设定给油气管道企业。[1]另一种方案是：维持集体土地所有权性质不变，直接以集体土地上油气管道所占据的地下特定空间为对象，为油气管道企业设立"集体地下空间建设用地使用权"。[2]

然我们认为，上述两个方案均存在法律上的障碍。对于方案一，若将地下油气管道所占据的集体土地地下特定空间征收为国有土地，这也就意味着，此时对同一块土地，以特定范围空间为界，将区分为一定空间为国有土地，一定空间为集体土地。在所有权层面上是否承认以一定空间为标的的"空间所有权"，在学理上是有人持赞成立场的。[3]但是，就我国现行立法而言，尚未承认以特定空间为客体的"空间所有权"制度。[4]所以，上述思路实施后所出现的同一块土地上同时存在一定空间范围内的国有土地所有权和一定空间范围内的集体土地所有权的"空间所有权"结果，目前尚无法律支撑。对于方案二，若在保持集体土地所有权不变的情况下，直接以油气管道所占据的地下空间为客体设立"集体地下空间建设用地使用权"，这种以"集体土地的一定地下空间"为客体设立地下空间建设用地使用权的做法，在法律技术上是可行的。但问题是，我国《民法典》"物权编"目前仅仅承认"国有土地上的地下空间建设用地使用权"（即第345条），而并没有承认"集体地下空间建设用地使用权"这种物权种类。[5]根据"物权法定原则"，非"法律"所允许的"集体地下空间建设用地使用权"，其法律效力恐怕无法得到承认。

（2）本方案虽然可以解决地下油气管道占用地下空间的土地权属问题，但是，无法解决管线范围内限制种植、取土、建筑等开发需求的问题。地下

---

[1] 参见马强伟："油气管道铺设中的用地问题及解决思路——从公共地役权理论到空间建设用地使用权"，载《法治研究》2017年第6期，第85页。

[2] 参见孙宇："油气管道地下通过权的法律属性探析"，载《吉首大学学报（社会科学版）》2016年第6期，第125页。

[3] 参见梁慧星主编：《中国物权法研究》（上册），法律出版社1998年版，第349页。

[4] 其实，从世界范围来看，大陆法系国家立法一般也均未承认空间所有权概念。

[5] 《民法典》"物权编"第361条（原《物权法》第151条）规定："集体所有的土地作为建设用地的，应当依照土地管理等法律规定办理。"2019年修订的《土地管理法》第63条虽然允许为建设单位设立"集体经营性建设用地使用权"，但该条并未允许分层设立"集体地下空间建设用地使用权"。

油气管道建设完成后，在管线范围内限制种植、取土、建筑等，是保持油气
管道安全运行的必备条件，这一限制性规定也必须在法律层面上予以固定。
然而，前述"地下空间建设用地使用权"思路仅仅解决了地下管道的土地权
属问题，对上述土地开发限制却未能提供任何法律依据。依据不动产相邻关
系制度，对相邻不动产的利用权利应当予以适当的限制或扩张，以此维护相
互之间的利益衡平，满足各不动产正常的利益需求。但是，不动产相邻关系
所产生的权利义务限制一般均为轻度的权利限制，而如《石油天然气管道保
护法》所规定的管道范围内的相关限制，则显然程度过于严苛，超出了相邻
关系制度所能承载的范畴。当然，还有一种思路，即把这些限制均理解为法
律所规定的土地权利人应当承担的行政法上的义务。但其同样存在问题，这
么严苛的义务是否具有正当性？完全依赖行政机关对违反相关义务的行为进
行行政执法，其是否高效？

综上所述，我们认为，以地下空间建设用地使用权制度来构建地下油气
管道所占据的土地权属关系，虽然目的良好，具有创新性，但是，在我国现
行法律框架下存在诸多法律障碍。而且，该思路也未能全面地解决地下油气
管道范围内所存在的限制土地开发法律问题。因此，从整体上看，这一思路
亦难以值得赞同。[1]

---

〔1〕 实践中，还有学者主张以空间建设用地使用权思路解决管道穿跨越工程土地权属问题。油
气管道建设实践中，许多管道需要从空中或地下跨越公路、铁路、水利工程、河道等等。在施工过程
中，上述被跨越单位往往以其享有被跨越土地的土地使用权为由，要求油气管道企业支付相应的"土
地使用费"，否则即不允许油气管道企业施工。针对于此，有学者认为，这些被跨越单位所享有的土
地权属性质应当为国有建设用地使用权。而且，根据其利用需求和方式，其仅仅享有地表上下有限空
间的"地表建设用地使用权"，而对此外地上（地下）一定范围的空间，并不享有相应的空间建设用
地使用权。因此，根据原《物权法》空间建设用地使用权的规定，土地所有人国家可以在被跨越单位
所享有的"地表建设用地使用权"之外，为了油气管道铺设，而为管道企业设立新的"地上（地下）
空间建设用地使用权"。如此，油气管道企业跨越相关设施所占用空间的法律权属问题就得到了解决。
（参见张耀东、戚爱华："构建油气管道安全保护的长效机制——《中华人民共和国石油天然气管道保
护法》述评"，载《国际石油经济》2010年第9期，第12页。）对于上述观点，我们认为，其设计思
路符合我国现行法律架构。实践中，油气管道所需要跨越的公路、铁路、水利工程、河道等，均已经
属于国有土地，而同时为被跨越单位享有地表建设用地使用权（地表土地使用权）。在满足被跨越单
位使用相关土地需求的情况下，允许油气管道企业取得相应的油气管道跨越所需要的一定地上空间或
地下空间的空间建设用地使用权，是符合《民法典》"物权编"第345条（原《物权法》第136条）
分层设立国有建设用地使用权精神的，具有法律上的可行性。但是，我们认为，若直接通过"地役
权"方式满足油气管道企业的管道跨越需求，其实更加具有简便性、经济性、可行性。具体理由可参
见后文有关以地役权思路建构油气管道范围内占地土地权属问题的论述。

第四节　地役权：地下油气管道占地权属思路之三

通过以上对"国有建设用地使用权""地下空间建设用地使用权"两种制度模式构建地下油气管道占地土地权属关系优缺点的分析，我们认为，这两种模式在我国均不具有可行性。本节，我们将试图通过"地役权"制度，尝试定位地下油气管道占地权属关系，分析其利弊，并具体设计其制度内涵。

一、以地役权建构我国地下油气管道占地权属关系的制度优势

我们认为，以地役权思路建构我国地下油气管道范围内占地土地权属关系，该思路具有如下优势：

（1）通过地役权，可以赋予油气管道企业对地下管道占地的相应土地权利。如前所述，目前我国在实践中采取的地下油气管道建设临时用地模式最大的弊端在于，油气管道企业在建设完成后对管道占地区域没有任何法律上的土地权利。这种状况一方面导致油气管道企业在今后运行过程中无法以自身权利直接排除相关的违法侵害行为，[1]另一方面导致建设时的巨额投资无法转换为企业资产，投资价值无从体现。通过赋予油气管道企业对地下管道占地以地役权的方式，可以很好地解决上述两个问题。一则，油气管道企业在油气管道建设完成后将对相关土地享有地役权。地役权作为一项《民法典》"物权编"承认的用益物权类型，自然应当受到法律保护，可以适用相邻关系制度、侵权保护制度、物上请求权制度等，油气管道企业也无需申请相关行政管理部门制止、惩戒有关违法行为，可以自行以民事权利人身份直接主张权利。二则，地役权可以表现为企业资产，彰显企业实力，增强企业融资能力。根据我国《城镇土地估价规程》（GB/T 18508-2014）的规定，地役权作为一种土地权利，具有市场价值，可以予以评估、确认。而实际上，我国《城镇土地估价规程》也已经将"管线通过权"定性为一种地役权，并规定

---

[1]　目前，由于管道企业对于管道占地和管道设施的权利不明，故在权益受到侵害时，难以主张侵权损害赔偿。如西气东输山西省某段，因180米外高速公路滑坡导致油气管道泄露，管道企业在索赔时，即面临缺少请求权基础的尴尬境地。若管道企业对于相关土地享有地役权，并享有相关管道设施所有权，即可以物权人身份主张损害赔偿。

了相关的价值评估程序和方法。[1]油气管道作为油气管道企业的最主要资产，它的价值得以体现，对于准确表现企业实力、科学核算企业资产、增强企业市场能力而言具有重要意义。

（2）地役权权利内容具有广泛性，能够满足油气管道企业对相关土地的多种需求。地役权权利内容具有广泛性是地役权相较于其他用益物权的一个重大区别。[2]其他用益物权种类，其权利内容都是相对固定的，如为建筑目的设立的地上权，如为耕作目的设立的永佃权。然地役权的具体权利内容全部委诸当事人，由其设立地役权时根据需要具体确定，法律并无限制。如史尚宽先生所言："简言之，为需役地之便宜得，①为供役地之使用；②由供役地取得孳息；③限制供役地使用权人之权利行使；④排除邻地因相邻权所定之权能。"[3]凡此种种，具体究竟是对供役地进行什么方式的利用，全部由当事人于设立时确定。油气管道企业在管道范围内对土地的利用需求是多方面的，既包括建设时的占用、挖掘，也包括运行时对种植、取土、爆破等行为的限制，还包括日常维护、检修时的临时出入，等等。这些对土地的多类型需求，都可以在设立地役权时予以事先明确，进而固定为地役权的内容，以满足油气管道企业的合理需求。

（3）地役权的设立可以具有较长期限，甚至无期限，能够确保油气管道运行的长期性、稳定性。一般认为，所有权是没有期限的，但用益物权应当附有期限，不得永久存在，否则即有实质上永久剥夺所有权权能之嫌。但从地役权的历史发展来看，其是可以永久存续的。"这一要求（永续性）源于罗马法，意思为供役地必须能够持续不断地满足需役地的需要。"[4]这主要是因为：一方面，地役权是为了配合需役地的需要而设立的，只要需役地存在，地役权就应当与之相伴，永续存在，否则即与设立地役权的目的相冲突。另一方面，地役权对相关供役地（不动产）的利用程度不深，实践中，同一供

---

〔1〕《城镇土地估价规程》第7.6.2.2条（管线通过权价格评估）规定：管线通过权价格评估可用需役地因设定地役权而致地产增值部分评估，还可用供役地因设有地役权而减少的土地价值部分，加上因负有地役权而致减价的市场修订值来评估。

〔2〕参见张鹏、史浩明：《地役权》，中国法制出版社2007年版，第113页。

〔3〕参见史尚宽：《物权法论》，中国政法大学出版社2000年版，第205页。

〔4〕Reinhard Zimmermann and Daniel Visser, *Southern Cross-Civil Law and Common Law in South Africa*, Clarenden Press, Oxford, 1996, pp.795.

役地（不动产）存在地役权的，在很多情况下并不妨碍该土地（不动产）进行其他形式的利用，故地役权的永续存在不会对所有权人利益产生实质性影响。如我妻荣先生指出："其理由是地役权限制所有权之程度非常低，而且，由于其限制范围内，并不是全部剥夺所有权人的使用。"〔1〕各国立法中，《俄罗斯联邦土地法典》第 23 条即规定，地役权可以是有期限的，也可以是无期限的。〔2〕《美国统一环境保护地役权法》第 2 条第 3 款规定，保护地役权的期限是永久性的，除非合同中有其他规定。我国《民法典》"物权编"第 373 条虽然规定，地役权合同应当明确"利用期限"，但需要注意，这里并没有规定期限的最长时间。如关于建设用地使用权，我国现行法律法规规定，住宅性质的最长为 70 年，工业性质的最长为 50 年，商业娱乐性质的最长为 40 年。油气管道属于国家基础能源工程，建设投资巨大，资金回笼较慢，且老旧油气管道可以分段更新，所有这些特点都决定了，地下油气管道占地的土地权属应当保持长期性，参照工业性质的建设用地使用权的 50 年期限显然过短。如我国最早的原油管道克拉玛依—独山子线始建于 1958 年，经过不断改造，至今仍在使用。由于地役权设立具有长期性，根据《民法典》"物权编"，可以约定相当长的一个期限，以便充分保障地下油气管道的长期稳定运行。相较于其他类型的用益物权，这也是以地役权制度建构地下油气管道占地土地权属的优势所在。

（4）地役权与其他用益物权可以共存于土地上，能够维持土地利用现状的稳定，充分发挥土地利用效能。用益物权作为发挥物的使用价值的权利，一般而言，具有独占性，即设立后，在其权利范围内，用益物权人将独占性使用该不动产，而排斥其他人再占有、使用该不动产，即便是不动产所有权人，也只是保留所有权的名分，而并不能实际占有、使用该不动产。因此基本没有再设立其他的用益物权的可能性。这也是一物一权原则、物权优先性的体现。但是，地役权具有和所有权、其他用益物权共存于不动产之上的特点。设立地役权后，在不妨碍地役权设立目的的前提下，不动产所有权人，甚至其他用益物权人仍然可以继续占有、使用该不动产。根据《民法典》"物权编"第 376 条的规定，在符合"合同约定的利用目的和方法"的前提下，地役

〔1〕 参见［日］我妻荣：《日本物权法》，李宜芬校订，五南图书出版公司 1999 年版，第 382 页。

〔2〕 参见［俄］E. A. 苏哈诺夫主编：《俄罗斯民法》（第 2 册），王志华、李国强译，中国政法大学出版社 2011 年版，第 542 页。

权人应当尽量减少对供役地权利人物权的限制。地役权与其他用益物权的共存，是其区别于其他用益物权的一个重要特点。[1]地役权的这一特点刚好符合地下油气管道建设后，继续维持土地权利人利用土地原状的需要。如前所述，地下油气管道埋设完成后：一方面，油气管道企业没有能力利用其所占用的地表土地；另一方面，继续由原土地权利人使用相应区域的地表土地可以最大限度发挥土地效能。实际上，若赋予油气管道企业对地下油气管道占用土地的绝对的、排他的"建设用地使用权"，反而可能导致土地资源闲置、社会资源浪费。

（5）地役权设立便捷，可以极大地减轻油气管道企业成本。以设立地役权的方式来建构地下油气管道两侧各 5 米范围内的土地权属关系，从设立程序上看，相对较为便捷：一则，设立地役权不牵涉到征地的问题。如前所述，若依国有建设用地使用权等思路，在集体土地上建设油气管道时，依据我国现行法律，必须先将集体土地征收为国有土地，而这其中牵涉"建设用地农转非指标""拆迁安置""征地补偿"等一系列问题，实施难度很大。设立地役权则无需经历这些程序，直接与集体土地所有权人、土地承包权人等土地权利人设立即可。二则，设立、登记地役权条件更简单，程序更简洁。地役权并不需要将供役地地块进行分割，而后单独登记发证，而是在供役地的不动产登记上以权利负担的形式予以备注。因此，在进行地役权登记时，无需对供役地相应土地的权属进行确权审查，也不需要对土地范围进行标准化测量并提供相关的由有检测资质的机构提供的勘测报告，而只需要提供供役地人和需役地人的相关地役权合同，并依据该合同约定进行登记即可，设立程序相对简单。[2]

----

[1] 参见张鹏："地役权若干问题研究"，载王利明主编：《物权法专题研究》（上册），吉林人民出版社 2002 年版，第 665 页。曾经有学者认为，鉴于地役权的这一特性，地役权不应当被归类于用益物权。"一般用益物权是不能并存于同一不动产之上的，而地役权却可以。这说明不是用益物权内在的不统一，就是地役权的定性不准确，笔者认为原因在于地役权的定性。……地役权不能简单定性为用益物权。"（参见彭诚信："现代意义相邻权的理解"，载《法制与社会发展》1999 年第 1 期，第 27 页。）

[2] 如根据原国土资源部 2017 年颁布的《不动产登记操作规范（试行）》，申请国有建设用地使用权登记的，除了登记申请书、申请人身份证明外，还需要提供：①土地权属来源材料，如出让合同、划拨决定书、作价出资批准文件，以及缴清土地出让价款凭证等；②不动产权籍调查表、宗地图、宗地界址点坐标等不动产权籍调查成果；③依法应当纳税的，应提交完税凭证。而如果是设立地役权的，除了登记申请书、申请人身份证明外，仅还需要提供：①需役地和供役地的不动产权属证书；②地役权合同。两相比较，我们可以看出，显然登记设立地役权所要求的程序更为简便。

（6）以地役权思路解决地下油气管道占地土地权属问题具有现行法律支撑。在缺少上位法支撑，甚至于是否要引入该制度还存在争议的情况下，无论是在地下油气管道建设实践中采用此方法，还是在有关油气管道单行法律法规中规定此项制度，恐均不现实。而地役权制度已经为我国理论和实务所熟知，且《民法典》也已经设立专章予以规定，前述地役权的诸多特性均有法律明文规定作为依据，故引用该制度解决相关地下油气管道占地土地权属问题，显然更具现实可操作性。

以地役权思路解决地下油气管道占地土地权属问题，实际上也得到了我国许多学者的赞同。[1]李成业教授认为："管道地下通过权是指管道建设单位与土地权利人约定，以管道从地下通过其土地、限制埋管地上一定范围内土地的用途并给予相应的补偿为内容的地役权。"[2]崔建远教授认为："川气东送项目，是为了输送天然气而必须采取的手段，这些场合利用土地的权利正符合地役权的特质。"[3]

二、以地役权建构我国地下油气管道占地权属关系的制度难点

以地役权建构我国地下油气管道范围内占地土地权属关系虽然存在一系列的制度优势，但是我们也必须看到，在实际运用中也存在一些制度难点：

1. 关于需役地的确定问题

若以地役权思路解决地下油气管道占地土地权属问题，如何确定其中的需役地呢？有学者质疑："若将管道地下通过权视为地役权，则只有供役地，即容忍管道通过于其下的土地，而缺少需役地，即管道权利人并没有事先取得某块不动产的权利。"[4]

我们认为，此点担心其实并不成立。第一，地役权的设立虽然以存在需役地为必要，但其实，在认定需役地方面，我国采取了极为宽松的态度。我

---

〔1〕 参见汪洋："公共役权在我国土地空间开发中的运用：理论与实践"，载《江汉论坛》2019年第2期，第124~127页。

〔2〕 参见李成业："论管道地下通过权——一个基于解释论的分析"，载《国际石油经济》2010年第2期，第21页。

〔3〕 参见崔建远：《物权：规范与学说——以中国物权法的解释论为中心》（下册），清华大学出版社2011年版，第626~627页。

〔4〕 参见孙宇："油气管道地下通过权的法律属性探析"，载《吉首大学学报（社会科学版）》2016年第6期，第125页。

国《民法典》"物权编"第372条规定，设立地役权必须是为了"提高需役
地效益"。但是，何为"需役地效益"？其范围极为宽泛。从某种程度上讲，
只要需役地人有一块土地，其所有的需要即均可以被视为"需役地需要"。[1]
从这个角度上看，无论以油气输出地作为需役地，还是以油气输入地作为需
役地，其为了生产经营或者能源使用的需要，均满足使用油气管道占地、提
高自己土地"效益"的目的。故而均可以被视为"需役地"。第二，油气输
出地或油气输入地虽然与油气管道占地相距甚远，但这并不妨碍需役地、供
役地关系的存在。实际上，自罗马法以来，地役权从未要求需役地和供役地
必须相邻，若是距离遥远，就不能成立地役权。罗马法上，《学说汇纂》即列
举了不相邻的土地可设立导水地役的实例。[2]供役地和需役地"两者之距离，
不致地役权无从实现为已足"。[3]近现代各国民法典中，关于地役权的定义更
是无一强调需役地和供役地相连或相邻（《法国民法典》第637条、《德国民
法典》第1018条、《日本民法典》第280条），只要存在需役地与供役地，并
且两者之间有互为利用的必要，不问距离远近，均可成立地役权。所以，即
便油气管道纵横千里，绵延漫长，而油气输出地或输入地端距两段、相距甚
远，但这并不应当成为存设供役地、需役地，设立地役权的障碍。综上所述，
我们认为，以油气输出地或输入地作为需役地，油气管道所经区域土地为供
役地，以此成立地役权完全具有可行性。

2. 如何解决地役权强制设立问题

虽然以"油气管道通过地役权"方式可以较好地满足油气管道范围内土
地权属构建问题，但是我国《民法典》"物权编"第372条（原《物权法》

---

〔1〕 参见薛军："地役权与居住权问题——评《物权法草案》第十四、十五章"，载《中外法
学》2006年第1期，第93页。

〔2〕 尤里安：《评米尼奇》（第2卷）：3块相互连接的土地分别属于3个人，最下面那块土地的
所有人为其土地获得了从最上面那块土地取水的役权，他经中间那块土地的所有人同意而经其土地将
水导向他自己的土地，后来他购买了最上面那块土地，随后又卖掉了已导入水的最下面那块土地。产
生的问题是：两块土地变成了同一个所有人的，在这两块土地之间不可能存在役权，因而最下面那块
土地是否丧失了导水权？我认为，那一役权并未丧失，因为导水经过的那块土地是另一个人的。就像
只有将水导经中间那块土地，最上面那块土地才能负担水被导至最下那块土地的役权一样，只有当水不
导经中间那块土地或3块土地都变成了一个土地所有人的土地时，最下面那块土地的同一个役权才能消
灭。D.8.3.31.（参见 ［意］桑德罗·斯奇巴巴编：《物与物权》，范怀俊译，中国政法大学出版社1999
年版，第161页。）

〔3〕 参见陈朝璧：《罗马法原理》，法律出版社2006年版，第310页。

第 156 条）目前仅仅承认了"约定设立地役权"这一种方式，而在油气管道建设实践中，因为管道漫长、牵涉土地众多、各地区差异巨大，完全依靠油气管道企业与众多土地权利人逐一协商，合意约定地役权，恐存在较大障碍。考虑到油气管道建设基础性能源工程所具有的社会公共利益性质，适当地引入国家强制力，强令相关土地权利人为油气管道企业设立"油气管道通过地役权"亦是具有必要性的。如崔建远教授认为，为了保证川气东送等工程所需地役权的顺利设立，必须引入强制设立地役权制度。[1]如李延荣教授认为，公共产品的经营者（如油、气、水管道等）埋设占用土地的，可以强制设立地役权。[2]

关于如何构建"油气管道通过地役权"强制设立制度，理论上有两种路径可供选择。

第一种路径是增加"地役权法定设立制度"。我国《民法典》仅仅承认了约定设立地役权。其实，自罗马法以来，各国立法例一直承认可依法定条件和程序强制性设立地役权。在意大利，依据《意大利民法典》第 1032 条，就法定地役权而言，在当事人不能就相关事项达成协议时，"该地役权由判决设立"。当然，判决应当同时规定"地役权的条件和支付的补偿金的数额"。在俄罗斯，根据《俄罗斯民法典》第 274 条第 3 款规定，地役权亦可以依法定设立，"根据利害关系人的请求可以由法院按照强制程序设定"。[3]崔建远教授亦认为，地役权取得方式可以分为"通过地役权合同设立地役权"和"依据法律的直接规定而取得地役权（法定地役权）"。[4]法定设立地役权，即依据法律强制设立地役权，所以，强制设立地役权一定要以法律（基本法或单行法）依据作为前提。而实际上，法律允许强制设立地役权又以该事务符合社会公共利益为前提，如果仅为个人私利，则不能动用国家公权力予以强制干涉。同时，国家强制设立并不代表着是无偿设立，有关补偿不能达成

---

〔1〕 参见崔建远：《物权：规范与学说——以中国物权法的解释论为中心》（下册），清华大学出版社 2011 年版，第 633 页。

〔2〕 参见李延荣："土地管理视角下的法定地役权研究"，载《中国土地科学》2012 年第 6 期，第 7 页。

〔3〕 参见［俄］E. A. 苏哈诺夫主编：《俄罗斯民法》（第 2 册），王志华、李国强译，中国政法大学出版社 2011 年版，第 542 页。

〔4〕 参见崔建远：《物权：规范与学说——以中国物权法的解释论为中心》（下册），清华大学出版社 2011 年版，第 634 页。

协议时，可以通过行政裁决或法院裁判的方式予以确定。

第二种路径是扩大征收制度内涵，承认"他物权剥夺类征收"。我国现行法律仅仅承认"无补偿的私人物权行使限制"和"应补偿的私人物权的永久剥夺"这两种物权限制方式，而缺少"应补偿的私人物权行使限制（有偿的他物权剥夺）"这种物权限制方式。然而，在现代征收制度中，所有权的剥夺属于征收，而他物权（或物权权能）的剥夺也属于征收。在德国，"对不动产施加公务负担即构成部分剥夺"，"通过征收可以……剥夺不动产上的其他权利或者为其施加负担"。[1]在法国，"依据1958年10月23日的法令，允许为了消灭某种不动产物权目的单独征收这个物权，毋须征收不动产的所有权"。[2]我国学者也认为："通过征收而取得地役权，是国家通过征收的方式直接强制取得地役权，也可以认为是一种特殊的地役权设定方式。"[3]依据这一思路，在认定油气管道建设、运行符合社会公共利益的情况下，国家可以动用国家征收权力，强制在相关区域土地为油气管道企业设立"油气管道通过地役权"。

上述两种思路在我国都缺少现行法律支撑，都需要以立法的形式予以引入、规范。但是，究竟选择哪一种思路立法成本更小、更具操作性呢？我们认为，引入"地役权法定设立方式"恐更具现实性。物权限制的方式和类型是民事财产权的一项基本内容，也牵涉国家公权力对私人财产权干涉的限度问题。虽然增加"应补偿的私人物权行使限制（有偿的他物权剥夺）"这种物权限制方式在我国亦具有合理性和现实价值，也有许多学者提出了引入建议，但是这一重大问题必须以基本法，甚至宪法的名义予以规范较为妥当。当前，在《宪法》《民法典》《土地管理法》等重要法律均未规定的情况下，由涉及油气管道建设的单行法律法规就油气管道建设事项单独予以规定，似乎有僭越法律位阶、超越法律权限之嫌。而期待上述法律作为上位法修改，因为牵涉内容较多，在短时间内亦难以实现，远水难救近火，故可行性不大。相较而言，地役权制度已经为我国《民法典》"物权编"所明确规定，相关权利性质、内容构造、法律效果均已经有了法律依据，只是在设立方式上，

---

〔1〕　参见［德］哈特穆特·毛雷尔：《行政法学总论》，高家伟译，法律出版社2000年版，第684页。

〔2〕　参见王名扬：《法国行政法》，中国政法大学出版社1988年版，第370~371页。

〔3〕　参见房绍坤等：《公益征收法研究》，中国人民大学出版社2011年版，第248页。

《民法典》"物权编"仅仅规定了"约定设立"这一种方式。在此情况下，有关油气管道建设法律法规以单行法的形式增加"法定设立"这一种地役权设立方式，因为并不涉及地役权的本质内容，仅仅是设立方式的增加而已，故从立法权限上讲应当是完全可行的。因此，我们认为，从立法可行性上看，还是以选择采用增加"地役权法定设立方式"更好。

三、以地役权构建我国地下油气管道占地权属的制度设计

关于我国以"法定设立油气管道通过地役权"方式解决地下油气管道范围内土地权属问题的方案设计，还有以下几个问题值得探讨：

1. 如何确定地下油气管道通过地役权的供役地人

在我国，土地属于国家所有或集体所有，而同时，国家或集体所有的土地上又多存在各类土地使用权人，如国有土地上有国有建设用地使用权人，集体土地上有农村土地承包经营权人、集体建设用地使用权人等。那么，地下油气管道在经过相关土地时，作为供役地人的应当是土地所有权人——国家或集体，还是各类土地使用权人呢？这一问题在地下油气管道途径集体土地时表现得尤为突出，即商谈设立地役权的对象是农村集体组织，还是农村土地承包经营权人？原国土资源部《关于西气东输管道工程用地有关问题的复函》（国土资函327号，已失效）指出："建设单位应当依据《土地管理法》有关规定，与有关土地行政主管部门或者农村集体经济组织、村民委员会签订临时用地合同，并按合同约定支付临时用地补偿费。"照此理解，油气管道通过地役权中的供役地人似乎是作为集体土地所有权人的农村集体组织。实践中，油气管道企业也多是与农村集体组织商谈地役权设立事项，并将补偿款发放给集体组织。而至于集体组织如何分配补偿款、如何补偿土地承包权人，则是其内部事务，油气管道企业不予过问。对此做法，我们认为，存在不妥。[1]

---

[1] 实践中，油气管道企业仅和土地所有权人签订用地协议，支付补偿，产生了诸多后遗症。在"石德明、高德刚与营口市鲅鱼圈区芦屯镇杨屯村民委员会承包地征收补偿费用分配纠纷案"（［2018］辽08民终1242号）中，由于村委会未合理、及时分发补偿款，土地承包人以未得到补偿为由，阻碍施工。在"高成富与中石油管道分公司、吉林石油集团工程建设有限责任公司财产损害赔偿纠纷案"（［2016］吉0381民初3431号）中，管道公司在和水面所有权人（灌区管理局）签订协议并支付补偿款后，因为水面承包人未获得补偿，故还是被法院判令予以补偿。

　　从充分尊重土地权利人利益，妥善、彻底处理油气管道通过地役权土地权利关系角度看，我们认为，应当同时获得土地所有权人和土地使用权人的同意。具体理由如下：

　　（1）若仅仅获得土地使用权人同意，而未获得土地所有权人同意，显然不妥当。因为随着土地使用权人权利期限的届满，地下油气管道通过地役权因为事先未征得土地所有权人同意，故其可以不承认该地役权的有效性，此将严重损害油气管道运行的稳定性。

　　（2）若仅仅获得土地所有权人同意，而未获得土地使用权人同意，同样是不妥当的。依据《民法典》"物权编"第379条的规定，土地上已经设立其他用益物权的，土地所有权人再行设立地役权，应当征得既存的用益物权人同意。因此，在国有或集体土地上已经存在国有建设用地使用权、农村土地承包经营权的情况下，设立油气管道通过地役权，必须同时获得相关土地使用权人的同意。

　　（3）油气管道通过地役权的设立不仅仅需要同时获得土地所有权人和土地使用权人同意，而且其相应的补偿款也必须同时分别给土地所有权人和土地使用权人。在我国，由于实行土地公有制，私人不能取得土地所有权，故只能以使用权方式实际占有、使用土地。为了维持土地利用关系的稳定，我国规定的各类土地使用权期限均较长，如工业用地性质国有建设用地使用权期限为50年，农村土地承包经营权为30年。[1]因此，地下油气管道埋设后所实际造成损害的往往可能是实际占有土地的土地权利人，而非土地所有权人。依据《民法典》"物权编"第327条，因为不动产征收影响不动产之上其他用益物权人利益的，应当给予其相应补偿。参照这一规定，地下油气管道通过地役权设立后，应当获得补偿的，不仅仅是土地所有权人，还包括土地使用权人。从某种程度上讲，相对而言，土地使用权人应当获得更多的补偿。我国目前实践中即存在将土地承包权人排斥在地下油气管道占地补偿谈判程序之外，将对土地承包权人的补偿完全委诸政府、集体组织的单方确定，引发了各级组织截留补偿款、农民补偿不到位的问题，也引起了农民的极大

　　〔1〕《民法典》第332条（原《物权法》第126条第2款）规定，前款规定的承包期限届满，由土地承包经营权人依照农村土地承包的法律规定继续承包。而十九大报告进一步指出，"保持土地承包关系稳定并长久不变，第二轮土地承包到期后再延长三十年"。据此，目前农户所实际取得的农村土地承包权将长期保持稳定不变。

反感。[1]

综上所述，我们认为，设立油气管道通过地役权时，应当由土地所有权人作为供役地人，以此保证权利的稳定性、长期性，实现油气管道运行安全。但设立时，一定要获得相关既存土地使用权人的同意。相关补偿亦要在土地所有权人和土地使用权人之间进行合理分配，其中土地使用权人必须获得相应的合理补偿。

2. 地下油气管道通过地役权依法强制设立过程中的辅助措施

地下油气管道通过地役权依法定设立，实质上是国家动用国家公权力为了保证社会公共利益实现而强制干涉私人财产权的一种表现，其性质类似于公用征收，理论上也称之为"准征收"。一提到征收，人们往往会觉得就应当是国家公权力的单方面体现，按照国家规定的程序和方式征收私人财产，其中并不存在和当事人进行平等协商的空间。其实，这是对征收的一种错误理解。征收虽然是国家对于私人财产权的一种强力干预，但是这种强制力应当是候补的、第二位的。如果能够和财产权人以协商的形式达成取得私人财产的协议，应当优先适用平等协商方式，而国家强制干涉只有在平等自愿协商不能发挥作用时方才显现、走上前台。这样对于更加充分地保障财产权人正当权益、协调各方利益冲突具有更好的社会效果。如在德国，根据《德国建设法典》进行公用征收时，征收机关应当首先促成参加人达成协议，"征收必须以下述条件为前提：亦即其申请人曾郑重地试图以直接购买被征地之方式"。[2]在西班牙，由私人投资的管道项目，当双方不能达成协议时，政府可以基于公共利益的需要强制裁定设立。[3]因此，我们建议，针对地下油气管道通过地役权的设立，也可以先由油气管道企业自行与相关土地权利人进行协商设立，只在油气管道企业自行协商未果的情况下，才由基层人民政府强制设立。

当然，我们也要看到，地下油气管道管线漫长，跨越众多土地，牵涉土地权利人众多，如果一概委诸油气管道企业去和土地权利人——去协商谈判，工作量可能确实巨大，且还可能由于相关土地权利人的滥用权利行为导致油

---

〔1〕 参见朱启荣、张旭青、田国强："管道工程建设用地中的农民利益缺失及其保护"，载《调研世界》2004年第3期，第40页。

〔2〕 参见［德］哈特穆特·毛雷尔：《行政法学总论》，高家伟译，法律出版社2000年版，第700页。

〔3〕 参见张耀东："油气长输管道通过权研究"，华中科技大学2008年硕士学位论文，第31页。

气管道施工阻滞，同时还可能由于各方谈判能力不同造成补偿价款不统一。借鉴各国立法例，我们认为，可以在先行协商阶段采取"集体谈判""格式条款"等方式。

（1）如在英国，围绕管道铺设，英国天然气和电力公司会和英国全国农场主联合会（NFU）和国家土地所有人协会（CLA）经谈判后签署一项国家级协议，明确管道铺设的位置、占地情况、土地限制、补偿标准等一系列问题。协议签订后，对全国农场主联合会（NFU）和国家土地所有人协会（CLA）所辖的会员均发生效力，各会员土地因管道建设发生占地补偿问题时，均按照此协议标准予以签署。[1]通过这种方式，既充分尊重了土地权利人和油气管道企业的自主意愿，也避免了与土地权利人逐一谈判的巨大磋商成本。在我国，缺少土地权利人协会等社团组织，但我们认为，至少可以以县区为单位，在当地政府的协调下，组织油气管道途经的各集体经济组织代表进行集体谈判，统一确定油气管道建设方案、补偿标准、各方权利义务等内容，并以此作为全县（区）范围内油气管道通过权设立的统一标准。如果不能够达成上述集体合同，或者集体组织的土地权利人事后反悔，不愿执行合同，可以由行政机关参照相关标准单方面制定设立方案、补偿标准，并予以强制执行。

（2）为了保证油气管道企业和各土地权利人订立的油气管道通过地役权合同内容的统一，还可以由油气管道企业在充分调研、听取各方意见的基础上事先拟定格式合同，以供将来和各土地权利人订立合同时参照执行。油气管道主管部门可以通过政府部门、企业和社会公众的论证、听证[2]确定合法合理的格式条款，供油气管道企业和供役地人签订参考。[3]格式条款没有约

---

〔1〕　参见岳晓武："英国的管线通过权制度"，载《中国土地》2005 年第 5 期，第 19 页。

〔2〕　实际上，我国目前有关油气管道建设过程中，有关占地方案、补偿标准的确定，都吸收了一定的民众参与，并在听取民众意见的基础上再作出相应的实施方案。如兰—郑—长成品油管道工程在驻马店境内施工时，驻马店市国土资源局组织了对该项目的听证会，国土资源局各科室负责人，各区县规划工作负责人，乡镇土管工作负责人以及村支部书记、村长、村民代表参加了听证会。听证会上，听证代表围绕项目建设、用地、补偿以及群众关心的其他问题提出了意见和建议，听证人就代表普遍关注的问题——做了解答。（参见张耀东："油气长输管道通过权研究"，华中科技大学 2008 年硕士学位论文，第 42 页。）

〔3〕　参见肖宇："对中国'公共地役权'制度的探讨和立法建议"，载《中国土地科学》2009年第 9 期，第 66 页。

定的内容，双方还可以签订补充协议。总之，通过一些制度创新，我们完全可以既做到尊重土地权利人自主意愿，又节约油气管道企业谈判成本，实现各方利益的互赢。

实践中，建设地下油气管道，取得途经土地权利人的许可授权，并不容易，往往需要花费大量时间、金钱，经过繁琐的谈判磋商，以及申请国家公权力介入，方才能够最终设定油气管道企业对相关土地的权利。以美国科洛尼尔成品油管道为例，该管道以美国得克萨斯州的休斯敦为起点，途径 14 个州，到达新泽西州的终点站林登。于 1954 年酝酿筹建，到 1979 年 9 月底复线完成，前后整整经历了 26 年。最终，管道公司共获得 17 000 份通过权利证书（协议）和 1500 份允许穿过公路、铁路、河流、特殊地带、林区等的许可证，亦为此支付了高达 2000 多万美元的补偿款。在这些协议中，自行协商解决和经过法院解决的各占一半。[1]

3. 设立地下油气管道通过地役权的补偿范围和标准

在地下油气管道范围内设立油气管道通过地役权，自然需要给予相关土地权利人以补偿。具体有三个问题值得讨论。

（1）关于补偿的范围。因为设立油气管道通过地役权而给予的补偿应当包括土地权利人现实的财产损失和将来的收入损失两部分。[2]所谓的"现实的财产损失"是指，由于设立油气管道通过地役权，在建设管道期间，地面农作物、建筑物等必须拆除等造成的损失。所谓的"将来的收入损失"是指，由于设立油气管道通过地役权后，土地权利人在管道范围内将受到种植、建筑、取土、爆破等一系列土地开发限制。相应地，其收入必将因此减少，对于这些将来收入的减少，油气管道企业也必须予以补偿。

（2）关于补偿的计算依据。对于土地权利人"现实的财产损失"，自然是根据实际财产价值，评估后予以计算。如因为建设地下油气管道而拔除了已经种植的小麦等作物，自然应当评估当季小麦收成予以赔偿；如因为建设地下油气管道而拆除了大棚等建筑物，自然应当评估大棚当季收益予以赔偿。此点在实践中争议不大。对于土地权利人"将来的收入损失"，自然应当依据

---

〔1〕 参见梁翕章、唐智圆编著：《世界著名管道工程》（修订版），石油工业出版社 2002 年版，第 187~190 页。

〔2〕 参见张耀东："油气长输管道通过权研究"，华中科技大学 2008 年硕士学位论文，第 46 页。

因为铺设油气管道后遭受到土地利用限制而产生的损失予以赔偿，该赔偿数额如何计算，我们将在后文中讲。

这里需要强调的一个问题是，在计算土地权利人因为土地开发限制而遭受的损失时，用以参照计算的土地利用状况应当是既有的土地利用状况。即如现有土地利用状况是粮食作物农田，那么计算因为土地开发限制而遭受损失时，就应当以粮食作物农田开发限制所造成的损失来计算，而不得要求按照果园性质、菜地性质，甚至是工业用地性质标准计算损失。在实践中，有土地权利人要求按照较高土地利用性质标准计算补偿，这一要求是不合理的。一方面，按照土地规划控制制度，土地权利人负有遵守土地利用规划的义务，在土地规划确定土地利用性质的情况下，其不得违反规划进行其他的土地利用形式。故而，其所主张的遭受了较高土地利用方式损失，其实是不存在的。另一方面，虽然土地利用规划存在变更的可能性，但是是否变更、何时变更均具有不确定性。因此，土地权利人以尚未确定的事实主张较高的补偿，显然也是不合适的。对此，《石油天然气管道保护法》第14条第2款明确规定，管道企业应当按照"管道建设时土地的用途"给予补偿。

（3）关于补偿的核算方法。关于"现实的财产损失"，其核算即只要依据市场价值进行评估即可。而关于"将来的收入损失"，则应当如何核算呢？《城镇土地估价规程》（GB/T 18508-2014）第7.6.4.1规定："供役地价格可用不负有地役权情况下的土地利用价格扣除设定的地役权给供役地的土地利用带来的影响程度来评估。"因此，因为埋设地下油气管道而限制相关土地开发给供役地造成"将来的收入损失"的计算，应当以"设立该地役权后，土地开发所遭受的收入减少"为依据。而具体数额的确定则可能需要由评估机构根据具体的管道性质、直径、埋藏深度以及土地性质予以逐一确定。[1]如原本是果园用地，但因为埋设浅层管道后不能种植深根作物，只能改种一般浅根的粮食作物，则可能将来损失较大；如原本是小麦种植土地，埋设深层管道后，可能对小麦生产影响有限，则将来损失较小。实践中，各国是参照永久性征地补偿标准确定一个地下油气管道通过地役权补偿的百分比取值区间，然

---

〔1〕《城镇土地估价规程》也明确指出，设定地役权对于供役地开发的影响程度，可用专家经验判断，故确实具有一定的主观性、差异性。

后根据油气管道和途经土地的具体情况再确定一个百分比予以补偿。[1]结合世界各国惯例，埋设地下油气管道给途经土地权利人造成的将来收益损失，一般在土地整体价值的50%左右。如在英国，"对于商业性管道，通过权补偿标准应当按照所影响土地原来价值的75%确定"。[2]在西班牙，"地下管道通过权的补偿一般为地上管道通过权费用的50%~90%"。[3]在美国，油气管道地役权价值补偿，经验数据一般为土地价值的25%。[4]我国有关机构也参照各国和地区做法，结合我国实际国情，提出了一个地下油气管道深度与补偿率关系表。

表6-1 管道深度与补偿率关系表[5]

管道深度（米）	0.8~1.2	1.3~1.6	1.6~2.0	2.0~2.5
补偿率（%）	40	35	30	25

---

〔1〕 参见张耀东、戚爱华："构建油气管道安全保护的长效机制——《中华人民共和国石油天然气管道保护法》述评"，载《国际石油经济》2010年第9期，第13页。

〔2〕 贺嘉等："欧洲管道立法管窥（之一）——俄罗斯、西班牙、英国油气管道保护立法考察"，载《中国石油企业》2006年第5期，第107页。

〔3〕 参见张耀东："油气长输管道通过权研究"，华中科技大学2008年硕士学位论文，第31页。

〔4〕 参见中国土地矿产法律事务中心2007年12月发布的《管道地下通过权及补偿办法研究报告》，第27页。

〔5〕 参见中国土地矿产法律事务中心2007年12月发布的《管道地下通过权及补偿办法研究报告》，第38页。

我国地下空间开发法制体系研究

地下空间建设用地使用权制度为地下空间开发明确了权利归属，提供了法律权属上的前提保障。但是，我们必须注意到，地下空间开发牵涉到规划、勘测、建设、验收、管理、维护等诸多方面，地下空间建设用地使用权制度仅仅是其中的一个方面。地下空间开发的顺利实施还有赖于其他诸多制度的协同配合、通力合作。实际上，我国相关部门和地方除了针对地下空间建设用地使用权制度出台了诸多规范性文件外，还对地下空间开发过程中空间规划、工程建设、工程管理等诸多方面也进行了法制规范。在地下空间建设用地使用权法律制度之外，对我国完整的地下空间开发法制体系及其重点内容展开研究，对于真正落实、促进地下空间开发具有十分重要的价值。[1]基于以上认识，本章将对我国地下空间开发法制体系展开研究，以构建我国完整的地下空间开发法制系统，同时，还将对地下空间开发中十分重要的地下空间开发规划法制、地下空间开发勘测和调查法制两个问题展开专题研究。

第一节　我国地下空间开发法制体系现状

伴随着我国地下空间开发利用事业的发展，地下空间开发法制建设工作也在逐步推进。1995年原国家土地管理局发布的《确定土地所有权和使用权的若干规定》就对地下空间建筑设施所占用地下空间的土地权属确认问题进行了规范；1997年颁布的《人民防空法》对地下人防工程的建设、管理进行

---

〔1〕　参见魏秀玲：《中国地下空间使用权法律问题研究》，厦门大学出版社2011年版，第85页。

了规范；1997 年建设部颁布的《城市地下空间开发利用管理规定》较全面地对城市地下空间规划、工程建设、工程管理等问题进行了系统规定；2007 年颁布的《物权法》引入"建设用地使用权分层设立原则"，据此可以设立"地下空间建设用地使用权"，从而正式承认了地下空间的独立建设用地使用权地位；2020 年颁布的《民法典》"物权编"继续贯彻"建设用地使用权分层设立原则"。与此同时，我国各级地方人大、政府也密切结合地方实践制定了一系列地方性法规、规章。上述中央和地方各项立法工作为我国初步建立了地下空间开发利用法制体系。

一、我国地下空间开发法律法规类型化分析

有关地下空间开发建设牵涉到规划、建设、政策扶持等诸多方面，我国目前中央及地方有关规范性文件存在两种不同体例：[1]

（1）针对地下空间开发建设中各类行政管理的综合性规范性文件。例如，建设部的《城市地下空间开发利用管理规定》《深圳市地下空间开发利用管理办法》《葫芦岛市城市地下空间开发利用管理办法》。这类规范性文件基本上涵盖了地下空间开发建设过程中所涉及的城市规划、项目立项、建设流程、工程管理、政策扶持、设施维护、法律责任等各项内容，可以看作是地下空间开发建设法制体系中的一类基础性法律文件。

（2）针对地下空间开发建设过程中各类不同环节或方面分别制定有关的规范性文件。中央部委或各地方也针对地下空间开发建设过程中遇到的方方面面的不同问题，分别制定了不同的规范性文件。有关地下空间规划问题，如《天津市地下空间规划管理条例》；有关地下空间登记问题，如原《苏州工业园区地下空间土地利用和建筑物房地产登记管理办法》[2]；有关地下空间设施设备的安全问题，如《上海市地下空间安全使用监督检查管理规定》《上海市地下空间安全使用管理办法》；有关地下空间管线的管理，如《北京市城市地下管线管理办法》；有关地下人防设施的管理，如《上海市民防工程建设

---

〔1〕 参见徐生钰、朱宪辰："中国城市地下空间立法现状研究"，载《中国土地科学》2012 年第 9 期，第 55 页。

〔2〕 原《苏州工业园区地下空间土地利用和建筑物房地产登记管理办法》已经于 2015 年 2 月 2 日被废止，调整的相关内容现适用《苏州市地下（地上）空间建设用地使用权利用和登记暂行办法》相关条款。

和使用管理办法》；有关地下空间修建地铁等相关问题，如《深圳市地下铁道建设管理暂行规定》。上述各类规范性文件都是针对地下空间开发建设、使用管理过程中某一个方面的问题所进行的专门性规范和调整，即有关地下空间开发建设法制体系中的专门性法律文件。

二、我国地下空间开发法制体系的不足

我国各部门和地方长期以来围绕地下空间开发制定了一系列规范性文件，初步对我国现有地下空间开发利用实践进行了有效的规范，也已经取得了很多成效，初步探索建立了有中国特色的地下空间开发法制体系。但毋庸讳言的是，和我国地下空间开发实践所提出的法制需求相比，我国现行地下空间开发法制体系仍然是捉襟见肘、不敷应用。[1] 从整体上看，仍然存在诸多不足：

（1）目前有关地下空间开发的法律规范位阶过低。[2] 目前有关地下空间开发规范体系中仅有《人民防空法》和《民法典》两部法律对其某些内容有所涉及。《人民防空法》第三章"人民防空工程"对人民防空工程的标准、建设、使用、保护等问题进行了规范；《民法典》"物权编"于第十二章"建设用地使用权"第 345 条、第 348 条确立了"建设用地使用权分层设立原则"，认可国有建设用地使用权可以在地上、地表、地下分别设立。除了上述法律之外，其他的地下空间开发规范性文件，除了原建设部的《城市地下空间开发利用管理规定》之外，绝大多数都是各地方人大或政府通过的地方性法规和规章。我国目前已经形成了较为完备的土地开发法制体系，颁布了诸如《土地管理法》《城市房地产管理法》《城乡规划法》等一系列法律，国务院也颁布了《城镇国有土地使用权出让、转让暂行办法》等行政法规。但是，由于社会发展阶段的限制，这些法律、行政法规大都是以地表土地开发为规范对象，其中的许多内容并不适合地下空间开发。因此，在制定地下空间开发法律规范时，往往需要突破现行法律、行政法规的诸多约束，采取一系列的新规范。虽然部门立法和地方性立法均有创新性和探索性特点，是其立法优

---

〔1〕　参见范菽英："宁波'轨道+物业'的实践初探"，载《现代城市研究》2016 年第 8 期，第 94 页。

〔2〕　参见魏秀玲：《中国地下空间使用权法律问题研究》，厦门大学出版社 2011 年版，第 85 页。

势[1]，但是从法制体系的完整性角度看，行政机关立法以及地方立法无论怎样不能和上位法律相冲突，否则将破坏法制的权威性和统一性。由于现有的地下空间开发法律规范的位阶过低，在调整地下空间开发过程中，倘若和现有的上位法发生冲突，需要突破现行上位法律规范既存规定，这些低位阶的法律规范将显得心有余力不足。而这种状况也直接导致了现有相关地下空间开发规范性文件对许多问题无法突破，或者无法细化，相关措施缺少可操作性。相关事例，我们将在下面予以介绍。

（2）目前有关地下空间开发的规范性文件主要以行政法律规范为主，民事法律规范还十分欠缺。[2]地下空间开发建设的法制体系包括纵向国家行政管理法制体系和横向民事权利行使法制体系两个方面。纵向方面指行政机关对地下空间开发的各个环节进行规范和约束，如地下空间开发的规划制定、项目立项、政策扶持、建设管理、运行监督等方面诸多内容。横向方面指地下空间作为一种土地权利，包括在设立、登记、交易、保护和相邻不动产权利关系等方面的诸多内容。地下空间开发法制体系是一个复杂的法律系统，应当包括国家行政规范和民事法律调整两个方面，缺一不可。[3]由于我国目前的地下空间开发法律规范多为部门规章或地方性规范、规章，这些规范性文件的制定者多为各级、各地行政机关。行政机关自然是从自己工作需要出发制定相关的规范性文件，故其内容主要侧重于政府对地下空间开发的行政管理也就不足为怪了！但是，地下空间也是一种重要的民事权利，如果要想吸引社会资本进入地下空间开发建设，自然必须实现投资者对地下空间土地权利的确认和保护，并制定一系列配套的交易规则。地下空间土地权利和我国现行法律体系中的地表土地权利存在一系列特殊之处，并不能简单地套用现行以地表土地权利为蓝本建立的土地权利民事法律规范体系。也正因为此，某些地方在进行地下空间开发过程中，由于投资者无法确认其地下空间的民事土地权利并进行交易、融资，导致其投资失败，极大地挫伤了民营资本投

---

　　[1]　参见陈年冰："地方土地法制对中国土地权利制度的推动与回应"，载《学习与探索》2016年第9期，第81页。

　　[2]　参见付坚强：《土地空间权制度研究》，东南大学出版社2014年版，第96页。

　　[3]　参见王国萍、黄锡生："我国城市地下空间利用的立法探讨"，载《城市发展研究》2014年第8期，第85页。

资地下空间开发的积极性。[1]特别是在土地开发已经较为成熟地区继续开发地下空间，因为地上部分土地使用权已经被以各种形式设定给了各类社会主体，相关地块的地下空间的民事财产权属关系及其和地上土地权利人之间的关系已经成了一个十分敏感的社会问题。[2]

（3）目前各类地下空间开发法律法规的相关条文内容过于粗糙，未能契合地下空间开发的特点，缺少可操作性。如《苏州市地下（地上）空间建设用地使用权利用和登记暂行办法》第5条[3]，围绕地下空间开发的各主管部门，分别使用了"等有关部门""按照各自职责""相关管理工作"一系列"不确定概念"。可以说，这些"不确定概念"所指含义模糊而不确定，为相

---

〔1〕 20世纪90年代，戴永革在哈尔滨创立"人和商业模式"。该模式系将地下人民防空工程改造为商业设施，通过出租商铺和转让商铺经营权的方式获取回报。1992年，人和商业在哈尔滨开设了第一个项目——"地一大道"地下商业街，获得巨大成功。此后，人和商业获得快速发展，陆续在武汉、成都、大连等城市依托人民防空工程建设了多个地下商业场所。2008年10月，人和商业在香港成功上市，截至2013年底，人和商业在全国12个城市共拥有22个运营项目。但此后，由于该模式存在的内在弊端，导致人和商业资金压力巨大，迅速衰落。至2016年3月18日，人和商业发布公告，宣告出售旗下所有地下人民防空工程商业场所，公司彻底退出商业地产，转业经营农产品销售。据估算，相关转让将造成141亿元的亏损。分析"人和模式"失败的原因，其和地下人民防空工程商业场所的民事权利法律地位不明大有关系。人和商业所运营的地下人民防空工程的所有权究竟是谁的？我国现行法律缺少明确定位。这种状况下，人和商业对其所运行的地下人防商业设施，既不享有所有权，也不享有使用权。相应地，其在对地下商业场所分割销售时，购买商铺的经营者也无法获得相应的所有权或使用权，而只能以所谓的"商铺出租"或"商铺经营权"面貌出现。一方面，这种"商铺出租"或"商铺经营权"销售方式的法律地位显然没有所有权、使用权等物权类型明确、安全，故在相当程度上影响了商铺经营者的购买意愿。另一方面，更重要的是，这种"商铺出租"或"商铺经营权"方式使人和商业及其商铺经营者融资遭遇了巨大困难。一则，由于人和商业没有获得地下人防工程商业场所的所有权或使用权，其自身无法像一般企业那样，以房地产产权进行抵押贷款。如此，造成人和商业自身融资困难，增加了融资成本。二则，鉴于商铺经营者无法以自己的商铺抵押融资的实际情况，人和商业开发了一套自己的融资模式——用公司银行存款为商铺经营者的银行信用贷款提供连带保证。这一模式虽然解决了商铺经营者融资困难的窘境，但由于人和商业要把大量资金固定在银行账户作为保证金，挤占了公司许多资金，导致公司资金链十分紧张。在遇到经营困难时，资金链十分脆弱，难以为继。

〔2〕 参见翁锦程："基于存量开发的地下空间控制性详细规划的思考"，载《城市发展研究》2016年第1期，第65~69页。

〔3〕《苏州市地下（地上）空间建设用地使用权利用和登记暂行办法》第5条规定："国土资源管理部门负责所属行政辖区内地下、地上空间建设用地使用权利用和登记工作。发改、规划、民防、住建、园林绿化、公安、环保等有关部门按照各自职责，做好地下、地上空间开发利用相关管理工作。"

关机关的"不作为"和"乱作为"留下了极大的空间。[1]再如,《武汉市地下空间开发利用管理暂行规定》第 14 条强调规定,按照土地管理相关规定确定的用途类别分别确定土地使用权年限。这实际上也是各地确定地下空间建设用地使用权年限的一个普遍做法。但问题是,地下空间建设用地和地表建设用地在功能性质、建造成本、重建可能等方面存在较大差异,能否简单照搬地表建设用地的使用年限呢? 这一问题恐存较大疑义。造成上述问题的原因,一方面是相关政府部门和各级地方立法能力欠缺,无法优化立法技术,使得立法更具科学性、可操作性。另一方面,也是受制于相关政府部门和各级地方立法权限。如前所述,地下空间开发实践和当前以地表为中心的土地开发实践存在较大差异,若想对其进行有效规范则势必需要对现有的土地开发"法律"进行突破。比如有关地下空间建设用地使用权期限设置问题,即属此例。但是,我国现有的地下空间规范性文件位阶均较低,无权突破现有的上位法律、行政法规的限制。所以,相关部门和地方即便有意创设一些新的适合地下空间开发实践需要的法律规范,限于权限问题,恐也难以实现。[2]

第二节　我国地下空间开发立法体制完善路径

地下空间开发是现代社会随着土地资源稀缺和建筑技术发达而产生的新问题,在已经存在相对完善的以地表为中心的土地开发法制体系的既定条件下,如何构建符合中国国情和土地开发规律的地下空间开发法制体系将是我们法律界所面临的一个重要问题。本节,我们将对学界有关我国地下空间开发立法体制构建的思路予以评析,并提出完善建议。

一、"地下空间开发分散立法体制"思路评析

关于如何建设我国地下空间开发立法体制,有学者认为:无需单独专门制定地下空间开发的一般性法律,而只需要对我国目前现有的各类土地开发

〔1〕 参见王贵松:"行政法上不确定法律概念的具体化",载《政治与法律》2016 年第 1 期,第 65 页。

〔2〕 参见王者洁:"空间地上权:一项新型用益物权的生成",载《东北师大学报(哲学社会科学版)》2018 年第 6 期,第 89 页。

建设法律法规进行适度修改和细化即可。具体而言，在基本套用我国现有土地法律制度的基础上：一方面，应当修改相关法律法规，确保相关法律规则能够适用于地下空间开发建设；另一方面，对某些地下空间开发建设过程中的特殊问题，以修改法律或制定新法的方式，将相关问题予以解决即可。[1]

对于上述主张通过增修现行法律相关条文，以制定单行法规规章为配套的分散立法思路构建我国地下空间开发法制体系的观点，我们并不赞同。

（1）针对地下空间开发和地表土地开发之间的诸多差异，必须仰仗"法律"突破现行障碍。我国目前已经形成了较为完备的土地开发法制体系，但这一体系主要是以地表土地开发为蓝本进行设计的，其中的许多规则恐怕未必适合地下空间开发。例如，《民法典》"物权编"第347条强调，商业、旅游、娱乐等经营性国有（地表）建设用地使用权出让方式应当以"公开竞价"的方式进行出让，禁止以划拨、协议等"内部操作"的方式进行。[2]此举对于避免国有建设用地使用权出让中暗箱操作、防止国有资产流失具有重要意义。但是，就地下空间开发而言，由于其开发的高成本和低收益，愿意进行开发的投资者其实并不多，甚至于还需要依赖地方政府鼓励政策才会从事开发。在此背景下，如果一味坚持商业、旅游、娱乐等经营性国有地下空间建设用地使用权出让方式"必须"选择"公开竞价"的方式进行，在实践中恐怕是极难操作的。因此，为了实现地下空间建设用地使用权的有序设立，必须改变《民法典》"物权编"上述强调"经营性国有建设用地使用权必须采用公开竞价方式的规定"。虽然目前有些地方规范性文件已经对此问题进行了突破，如深圳市规定，附属于地铁项目的商业性地下空间建设用地使用权，可以"协议方式"出让设立。[3]但是，从法制体系完整性上讲，目前各地方的规范性文件和《民法典》相冲突，应当是无效的。要解决这一问题，必须由全国人大常委会制定的"法律"来实现这一突破，针对地下空间建设用地使用权规定切实可行的使用权出让方式。再如，我国目前有关国有建设用地使用权使用期限的法律依据是《城镇国有土地使用权出让和转让暂行条例》

---

〔1〕 参见王国萍、黄锡生："我国城市地下空间利用的立法探讨"，载《城市发展研究》2014年第8期，第87页。

〔2〕 对此，原国土资源部针对性制定了《招标拍卖挂牌出让国有建设用地使用权规定》。

〔3〕 根据《深圳市地下空间开发利用管理办法》第17条第2款的规定，地下交通设施所涉及地下空间建设用地使用权，可以以协议方式进行出让。

的相关规定，即居住用地 70 年、工业用地 50 年、科教文卫体用地 50 年、娱乐商业用地 40 年、综合或者其他用地 50 年。而这一规定同样不适用于相应用途的地下空间建设用地使用权，而如果要突破这一限制，显然也不是部门规章、地方性法规或规章所能解决的，同样需要全国人大常委会的"法律"来实现这一突破。

（2）地下空间开发和地表土地开发存在诸多差异，寄希望于逐一修改既存土地开发法律法规，工作量十分繁琐。地下空间开发和地表土地开发存在许多不同点，而有关这些差异的规定却分散在目前众多的以地表开发为中心的土地法律法规体系中。如强化地下空间开发规划，细化规划内容牵涉《城乡规划法》等相关内容的修改；如前置地下空间勘测，调查地下空间建设用地使用权设立前的地质情况则牵涉到《城乡规划法》《土地管理法》等相关内容的修改；如创新地下空间建设用地使用权设立方式，切合地下空间开发实际需要则牵涉到国务院《城镇国有土地使用权出让和转让暂行条例》、原国土资源部《招标拍卖挂牌出让国有建设用地使用权规定》、原国土资源部《协议出让国有土地使用权规定》、原国土资源部《划拨土地目录》等相关内容的修改；如引入三维登记系统，准确展示地下空间土地权属状况则牵涉到国务院《不动产登记暂行条例》、原国土资源部《不动产登记暂行条例实施细则》等相关内容的修改；如引入地下空间相邻关系约定制度，事先协调地下空间使用关系则牵涉到《民法典》《不动产登记暂行条例》等相关内容的修改。对上述众多法律法规的修改，存在诸多困难。一则，在众多的既存土地法律法规中，为了配合地下空间开发法制体系的建立，哪些内容要修改、哪些内容不要修改，甄别起来，工作量巨大。稍有疏忽，难免挂一漏万。二则，即便全面梳理、逐一修改，因为这些内容分散在不同的法律文件中，修改尺度难免不一，法律体系的完整性实难保障。三则，现存各类土地法律法规的制定机关不一、修改程序各异，因此，在对其进行适合地下空间开发实践需要的规范修改时，难免存在难易不一、进度不同的问题。如若遭遇某部法律法规、某个立法机关工作滞后，抑或利益阻挠，则必然阻碍地下空间法制体系的有序、快速构建。

（3）现有法律修改或单行法规规章制定的启动者往往是行政机关，此极易导致地下空间开发法制体系中重视行政管理、轻视民事权利保护现象的进一步加剧。一则，我国法律实践中，就法律修改而言，通常不存在专设法律修改机构，都是有关机关根据实际需要向全国人大常委会提出法律修改意见，一事一议。虽然从理论上说，全国人大代表以及常委会委员也可以启动法律修改程序，但毋庸讳言的是，由于我国全国人大代表及其常委会委员法律素养的欠缺，往往很难以个人身份提出法律修改意见。在实践中，提出法律修改建议的往往是各类行政部门根据自己工作需要或者直接通过国务院提出，或者通过全国人大各专门委员会提出，而行政部门在工作中所面临的问题，自然主要以行政管理为主。[1]所以，可以想见，通常都是行政机关结合自身行政管理工作的实际需求提出修改法律意见。因此，我们认为，在既有法律修改过程中，可能往往是地下空间开发行政管理类内容被及时修订、增补，而社会主体对地下空间的民事权利确认、交易、保护等民事法律内容则会被忽视。二则，就制定单行法规、规章而言，就更加是行政机关主导了，必然更是以地下空间开发行政管理为重心。所谓行政法规，乃是由国务院制定的规范性文件；所谓地方性法规，虽然是由有立法权限的地方人大制定的，但考虑到地方人大立法能力的不足，实践中一般都是由地方行政机关主导草拟的；所谓规章，无论是部门规章，还是地方性规章，都是国务院各部门或各级地方人民政府制定的，都属于行政立法范畴。由此可见，主张通过制定单行法规、规章来规范地下空间开发法制体系的，由于立法主导机关的限制，势必造成对地下空间民事权利调整规范的不足。

二、构建"以《地下空间开发法》为统领的多层次地下空间开发法律规范体系"

我们认为，鉴于地下空间开发法制体系的特点，以及我国法制实践现状，就地下空间开发立法而言，应当由全国人大常委会单独制定一部新法——《地下空间开发法》。在这部法律中，既要规定有关地下空间开发规划制定、项目立项、政策扶持、建设管理、运行监督等行政管理类内容，也要规范地

---

〔1〕　根据《立法法》第 59 条、第 26 条、第 27 条规定，我国法律修改程序为：由 10 名以上全国人大常委联名，或者国务院、中央军事委员会、最高人民法院、最高人民检察院、全国人民代表大会各专门委员，向全国人大常委会提出修改法律案，由委员长会议决定是否列入全国人大常务委员会会议议程，修改法律案经全国人大常委会审议通过后生效。实践中，极少出现 10 名以上全国人大常委联名提交修改法律案，多为国务院、最高人民法院、最高人民检察院、全国人大各专门委员提交法律修改案，并最终获得通过。

下空间作为一种土地权利，其在设立、登记、交易、保护和相邻不动产权利关系等方面的诸多民事权利内容。具体而言，在立法过程中，应当注意如下几点：

（1）由全国人大常委会成立专门的立法制定机构，统筹制定《地下空间开发法》。全国人大常委会作为专业立法机构，在人员组成、立法思路、价值衡量、规范对象等方面应当相对较为中立和全面。全国人大常委会可以责成相应的工作委员会组成专门的立法起草小组，考虑到组成人员单位性质和法制视野，可以对地下空间开发过程中的行政管理内容和民事权利保障等诸多内容进行全方位"一揽子"立法。在立法过程中，当然要进行行政机关有关地下空间行政管理方面的调查研究，但同时也要听取人民法院以及地下空间开发单位、使用单位等对地下空间民事权利运行的意见。如此，我们相信，全国人大常委会一定可以制定一部内容全面、利益衡平、贴近现实的科学的《地下空间开发法》。

（2）在具体条文拟定时，可以广泛采用"转至"等立法技术。对于可以"参照"现有土地开发法律相关条款的事项，我们可以采用"参照《×××××法》的相关规定执行"的立法表述。例如，有关地下空间建设用地使用权以招标、拍卖、挂牌的形式出让的具体程序，由于其和一般地表建设用地使用权出让采用的招拍挂程序相同，故完全可以表述为"有关地下空间建设用地使用权招标、拍卖、挂牌出让的具体程序参照其他国有建设用地使用权出让法律法规办理"。甚至可以兜底性规定："有关地下空间建设用地使用权出让，除本法另有规定外，参照其他国有建设用地使用权出让法律法规办理。"

（3）但是，对于关涉地下空间开发和传统地表建设用地使用权开发不同之处，我们必须予以单独规定。如关于地下空间建设用地使用权设立方式问题，考虑到地下空间开发投入产出效益问题，从鼓励社会资本投资角度，应当扩大地下空间建设用地使用权"划拨设立""协议设立"的适用范围。而这些内容显然要突破现行《土地管理法》《民法典》《划拨土地目录》的规定，因此，对于地下空间建设用地使用权能够采取划拨设立、协议设立的范围、认定标准，"地下空间开发法"应当予以明确规范。

在制定统一的"地下空间开发法"的同时，还需要允许各部门、各地方结合各自工作和地方实践，制定一些单行法规、规章。全国人大常委会制定的《地下空间开发法》只能是对地下空间开发利用过程中的诸多基础性、关键性、特有性问题进行规范，不可能涵盖地下空间开发过程中的所有细节问题，这在立法技术上亦是不可能的。因此，在《地下空间开发法》制定之后，应当还允许相关行政机关和地方人大契合实践制定一些单行法规、规章。[1]例如，鉴于地下空间规划在地下空间开发中的突出地位，在《地下空间开发法》对地下空间规划的性质、内容、强制性等方面进行规范的基础上，应当允许有关部门或地方制定有关地下空间规划的单行法规、规章。实践中，如上海市、天津市都制定了有关地下空间规划的单行条例。再如，重庆市地处山区，利用山体内地下空间情形较多，其和一般平原地区地下空间开发存在较多差异，故应当由重庆市地方人大或政府结合重庆地方实践，在符合《地下空间开发法》立法精神基础上，制定单行的地方性法规、规章。

第三节　我国地下空间开发法制体系的主要内容

我国地下空间开发法制体系应当是一个内容广泛、逻辑周延、相互匹配的法制系统，各部分内容既要统辖于鼓励和规范地下空间开发的整体指导思想，也要保持相对独立性和可操作性。根据学者的研究，结合我国地下空间土地开发利用实践，我们认为，我国的地下空间开发法制建设需要包含如下方面的制度建设：

（1）地下空间资源调查和评估制度。地下空间资源调查和评估制度是地下空间开发利用的前提性基础，我国目前尚未形成完整的地下空间资源调查、评估制度，而这种状况直接制约了我国大规模地下空间资源的开发，同时也对地下空间开发规划制定、权利设立、工程管理等问题形成了制约。因此，我国亟须建立适合我国国情的地下空间资源调查和评估制度。具体而言，应当明确地下空间资源调查和评估主管部门、调查和评估对象、调查和评估标准、调查和评估程序、调查和评估信息汇交、调查和评估数据使用等诸多内容。

（2）地下空间规划制定和实施制度。地下空间规划在地下空间开发利用中具有极端重要性，处于核心枢纽地位。我国有关地下空间规划问题，虽然

---

〔1〕　参见陈年冰："地方土地法制对中国土地权利制度的推动与回应"，载《学习与探索》2016年第9期，第83页。

已经引起了相关部门的重视，在若干法律文件中也有所涉及，但仍然存在内容零散、缺少强制性等不足。地下空间规划制度的不健全直接导致了我国地下空间开发中的诸多乱象，因此建立健全适合我国国情的地下空间规划制定和实施制度也是我国当前一项十分紧迫的任务。如《上海市地下空间规划建设条例》对上海市地下空间规划制定、实施中的诸多问题进行了规范。具体而言，应当明确地下空间开发利用规划制定的主管部门、地下空间规划种类、地下空间规划效力、地下空间规划制定程序、地下空间规划中的强制性内容、地下空间规划和既存城市规划之间的关系、地下空间规划信息公开、地下空间规划许可管理、地下空间规划检查验收、违反地下空间建设规划的法律责任等诸多问题。

（3）地下空间土地使用权管理制度。地下空间开发利用最终需要由特定社会主体投资完成，并进行后续的管理、维护，为了激发社会主体的投资热情，并维护有序的地下空间投资开发利用秩序，必须确认并保护社会主体与地下空间的土地使用权属关系。但是，由于我国现有的土地权利体系多是以地表土地权利为中心建立的，在确认地下空间土地权属关系时，存在诸多障碍。也正因为此，实践中，许多社会主体投资开发利用的地下空间土地权属关系往往无法得到法律的确认，也无法办理相应的产权手续。这种状况直接制约了社会主体投资地下空间的积极性，导致许多地下空间开发利用受阻。在大连，曾有沃尔玛超市看中了一处防空设施，预备投资，但由于我国缺少地下空间产权制度，无法给其办理房地产产权登记，而只能以租赁形式进行操作（依我国原《合同法》，租赁最长不得超过20年）。最终，沃尔玛因为担心权利不稳定而放弃了投资。因此，建立适合我国国情的地下空间土地权属制度也已经是十分迫切了。如《上海市城市地下空间建设用地审批和房地产登记试行规定》及其实施意见对地下空间建设用地使用权的设立、交易、确权等内容进行了规范。具体而言，地下空间土地权属制度应当包括如下内容：地下空间所有权制度、地下空间建设用地使用权制度、地下空间建设用地使用权设立程序、地下空间建设用地使用权设立方式、地下空间建设用地使用权出让金制度、地下空间建设用地使用权权利内容、地下空间建设用地使用权流转制度、地下空间建设用地使用权消灭制度等诸多内容。

（4）地下空间建设管理制度。地下空间建设具有投资大、不可逆性、隐蔽性等特征。所以，政府在地下空间建设过程中必须积极介入，加强监督管理，以防止地下空间建筑设施存在建筑隐患，以致影响将来地下空间设施的正常使用。我国已经建立了相对较为完善的建筑工程建设管理制度，也已经取得了良好的社会效果。但是，地下空间建设管理和地表工程的建设管理还是存在一定差异，针对地下空间建设工程中的一些特殊之处，我们还是应当建立起有针对性的地下空间建设管理制度体系。具体而言，地下空间建设管理制度应当包括如下内容：地下空间建设工程审批流程、地下空间建设工程施工许可制度、地下空间建设工程质量控制制度、地下空间建设工程安全保障措施、地下空间建设工程竣工验收管理制度、地下空间建设工程互联互通要求等。

（5）地下空间开发工程质量标准制度。地下空间开发相较于地表土地开发技术难度更大、危险性更高，而且地下空间开发具有不可逆性，因此必须通过经过科学论证的工程质量标准来保证地下空间工程在建设之初就能够安全、可靠地进行。同时，为了相关监理单位、工程质量检验部门、投资主体监督、验收工程质量，也有必要对地下空间开发建设的各项技术标准予以固定和标准化。我国现有的建设工程技术标准是以地表建设工程为主要规范对象的，而地下空间建筑物、构筑物和地表建筑物存在较大差异，因此有必要对一些特殊的地下空间开发工程的技术标准进行规范。具体而言，地下空间建设开发质量标准制度包括：空间建设技术标准、内部环境技术标准、换气技术标准、防灾技术标准、垂直运输技术标准、移动物流技术标准、盾构法技术标准、地质调查解析技术标准、施工中的计测技术标准、地下水控制技术标准、立桩挖掘技术标准、长距离挖掘技术标准、大空间挖掘构筑技术标准、排土技术标准、评价技术标准等。

（6）地下空间开发与周边设施协调、补偿制度。地下空间开发建设对于相邻上下以及周边建筑物均有较大的影响，如何协调好地下空间开发建设和临近土地开发、建筑设施使用之间的关系，对于充分发掘地下空间利用潜能具有十分重要的价值。实践中，因为和附近土地以及建筑设施就地下空间开发未能协调好，以致地下空间开发建设工程不能顺利进行的情形累有发生。地下空间设施建成后对临近土地、建筑物使用造成损害，受害人要求赔偿的事例也时有发生。如某市冶炼公司在某地块筑有两层的工矿仓库，为配合地铁公司修建地铁，约定地铁公司在该地块下20米深处修建隧道，为了便于施工，冶炼公司临时拆除了该仓库。但此后，地铁公司额外在该地块下不足2

米的地方修建了环形通风隧道，并在地表建有通风口，导致冶炼公司无法在该地块上再修建大型仓库。冶炼公司认为，其对于该地块的使用权益受到了影响，发生纠纷。[1]针对地下空间开发利用和周边土地、建筑物利益之间的协调问题的解决，无非有事先与事后两种方式。事先调整是指，通过地下空间设施建设前的城市规划、相互协商等方法避免相关损害的发生，并取得利益相关方之间的互谅互让。事后调整是指，地下空间设施建成后，如果确实给相邻土地、建筑物的正常使用造成了损害，应当承担相应的损害赔偿责任。具体而言，地下空间开发与周边设施协调、补偿制度包括：科学制定地下空间开发建设规划，协调各方利益；地下空间开发建设前，相关建设单位的告知、异议以及协议制度；地下空间开发过程中相邻不动产利用限制约定的公示制度；地下空间建筑设施隔离层制度；地下空间开发相邻设施补偿制度；地下空间建设相邻损害禁令制度。

（7）地下空间开发建设促进制度。虽然地下空间开发利用具有良好的社会前景，但我们也必须看到，由于建筑成本高昂、利用环境受限等原因，虽然不排除在少数地区，针对少数投资主体，地下空间开发建设具有较好的经济效益，社会主体有较强的投资意愿，但实践中，大多数情况下，对于大多数社会主体而言，投资开发建设地下空间仍然是一件投资巨大而效益有限的事情。所以，从整体上讲，我国社会主体投资开发地下空间的积极性还不是很高。考虑到地下空间开发对于集约利用土地、保证我国有限土地资源的可持续开发的积极社会效益，政府应当积极推进地下空间开发建设的进行。有学者认为，如果开发商超出城市建设规划自愿多开发地下空间深度和面积，不仅应当对相关地下空间土地出让金采取优惠计算方法，甚至于还应当给予财政补贴，甚至允许将财政补贴直接用于抵扣相应地块的土地出让金。[2]实践中，各地政府对于地下空间开发建设实施了一系列的鼓励促进政策。如2013年江苏省苏州市政府出台了《关于加快苏州市城市地下空间开发利用的实施意见的通知》。同年，浙江省丽水市政府也出台了《丽水市人民政府鼓励投资城市地下空间开发利用优惠政策》。上述文件对于鼓励、促进相关地区地下空

---

〔1〕 参见付坚强：《土地空间权制度研究》，东南大学出版社2014年版，第148页。

〔2〕 参见罗秀兰："高层建筑之地下空间权利冲突探析——兼论对结建地下空间开发的规制与激励"，载《中国土地科学》2015年第5期，第75~76页。

间开发建设起到了积极效果。具体而言，地下空间开发建设促进制度包括如下内容：地下空间开发建设中房屋容积率鼓励政策、地下空间土地使用权出让金优惠政策、地下空间开发建设财政资金扶持政策、地下空间开发建设金融融资优惠政策、地下空间开发建设税收减免政策、地下空间开发建设规费收缴优惠政策、地下人防工程建设扶持政策等。

（8）地下空间土地权属登记制度。地下空间土地权属属于不动产权利，而依照我国的相关法律，不动产权利应当进行登记。所以，地下空间土地权属登记制度是地下空间开发利用制度中不可或缺的部分。我国长期以来已经建立了相对较为完善的不动产权属登记体系，也取得了良好的社会效果。但是，我国目前的不动产权属登记体系是以地表土地权利为中心建立的，而这一登记体系和地下空间土地权属登记之间存在诸多不一致的地方。以地表土地权利为中心建立的不动产权属登记是以二维坐标为基础建立的登记系统，反映的是水平状况下的土地权属状况，而地下空间土地权属登记需要以三维坐标为基础，反映立体的地下空间开发利用状况。这一要求导致地下空间权属登记中，宗地号编码、地图绘制、权利标示等诸多内容均存在特殊性。虽然有些地方开始了地下空间土地权属登记试点，但从整体上看，我国目前的地下空间土地权属登记体系还没有建立。具体而言，地下空间土地权属登记制度包括如下内容：地下空间土地权属登记种类、地下空间土地权属登记程序、地下空间土地权属登记审查标准、地下空间土地权属登记簿和权利证书格式、地下空间土地权属地籍调查程序和内容、地下空间土地权属登记的坐标系统、地籍图和宗地图的绘制、宗地编码编制方式等。

（9）地下空间设施使用管理制度。地下空间设施在建成后，也存在设施保养、维护的问题，考虑到其处于地下空间，在问题发现、隐患排除方面存在诸多困难，应当建立起比地上建筑设施更为完备的地下建筑设施使用管理制度。如地下通风设备、地下防洪设施、地下消防设备等的维护，对地下空间设施的正常使用具有至关重要的作用。实践中，也已经多次发生因为暴雨、排气、火灾等原因而导致地下空间设施不能正常使用，甚至发生人员财产损失的事故。我国各地也十分重视对地下空间设施的相关使用和维护，有些地方也制定了相关的规范性文件。如《上海市地下空间安全使用管理办法》对地下空间设施使用过程中相关安全管理制度进行了较为全面的规范。具体而言，地下空间设施使用管理制度包括：地下空间设施安全管理部门职能分工、地下空间设施安全管理协调配合、地下空间设施业主责任、地下空间通风和排烟系统维护、地下空间防汛系统维护、地下空间设施消防系统维护、地下空间设施紧急疏散预案、地下空间紧急救援预案、地下空间设施致害责任保险制度、地下空间设施安全检查与监督制度等。

（10）地下空间开发建设信息档案系统制度。实践中，地下空间开发牵涉到多个部门，如各公共事业单位分别铺设的自来水、煤气、供电、通信、排水等管道设施，地铁部门建设的地铁隧道，人防部门建设的人防设施。多个地下设施共处于地下空间，加之为地面所覆盖，外观上难以识别，所以经常发生某单位的地下设施被其他建设单位施工破坏的情况。如在重庆市，电信部门经有关部门批准后，在某地块下埋设电信交换机及配套设备（价值1亿），但该地下空间利用信息却不为国土部门所知晓。此后，国土部门给规划部门出具拟供地函，准备按照规划出具的相关手续及供地程序把该宗地出让给某开发公司。电信公司获知后提出异议，表示地上不宜修建房屋。如果按规划设计修建房屋，电信交换机及配套设备就必须拆迁安置补偿；如果不拆迁，须重新修改规划设计，影响整个项目，造成开发商损失。[1]基于以上原因，长期以来，我国有关部门和学者一直呼吁建立完整的地下空间开发建设信息档案系统。[2]具体而言，地下空间开发建设信息档案系统制度包括：地下空间开发建设信息汇缴部门、需要汇缴的地下空间开发建设信息种类、汇缴的地下空间开发建设信息格式、汇缴的地下空间开发信息查询、汇缴的地下空间开发信息强制使用范围等。

第四节　我国地下空间开发规划法制建设

地下空间开发规划在地下空间开发过程中的重要性不言而喻，在整个地下空间开发过程中处于中枢和核心位置。一方面，地下空间开发牵涉的问题点多量大，故必须在事先有一个全面、科学的开发规划。地下空间开发牵涉到地表环境协调、地面设施匹配、地下空间附属设施建设、地下空间设施内

---

〔1〕 参见姜栋、孙建宏主编：《我国土地空间权利制度调查与研究》，中国大地出版社2014年版，第111页。

〔2〕 参见林坚、黄菲、赵星烁："加快地下空间利用立法，提高城市可持续发展能力"，载《城市规划》2015年第3期，第28页。

部格局设置、相邻地下空间设施互连互通等诸多问题，可谓是牵一发而动全身，因此必须事先对地下空间开发建设有一个全面、细致的统筹考虑。另一方面，地下空间开发具有不可逆性，建成后极难重建、改建，故也必须事先有一个全面、科学的开发规划。如果是地面建筑设施，即便事先建设规划不尽完善，在相关设施建设完成后，仍然有机会进行相关改建，甚至重建。而地下空间建筑设施，由于深处地下，建设空间有限，加之建设成本巨大，在一般情况下，建成之后的改建、重建可能性几乎为零。因此，为了避免地下空间设施在建成后不堪正常使用，但又无法改建、重建以至于陷入相关设施闲置、浪费的窘境，必须在地下空间设施建设之初即全盘考虑相关工程的各个环节。[1]

一、我国地下空间开发规划法制建设中存在的主要问题

受制于我国目前整体的地下空间法制体系现状，我国地下空间开发规划法制体系仍然存在诸多问题：

（1）我国现行法律法规对于地下空间开发规划缺少强制性的规定。《城乡规划法》对是否应当将地下空间开发利用纳入城市建设规划，并没有作出强制性规定。该法第33条规定[2]，地方政府应当对于城市地下空间开发规划进行统筹安排。但是，依据该条，地方政府并没有将地下空间开发规划纳入地方建设规划的义务，而是可以根据各地情况自行安排相关的规划编制。虽然《城市规划编制办法》第32条所规定的"城市总体规划的强制性内容"[3]包括地下空间规划的相关内容，但是其效力低下，实际成效还有待实践的检验。

由于我国相关法律法规对地下空间开发利用规划的编制缺少强制性要求，加之一些地方政府未能认识到地下空间开发规划的重要性，导致许多地方、

---

〔1〕　参见张安等："控规体系中城市地下空间开发控制初探"，载《城市规划》2009年第2期，第20页。

〔2〕　《城乡规划法》第33条规定："城市地下空间的开发和利用，应当与经济和技术发展水平相适应，遵循统筹安排、综合开发、合理利用的原则，充分考虑防灾减灾、人民防空和通信等需要，并符合城市规划，履行规划审批手续。"

〔3〕　《城市规划编制办法》第32规定："城市总体规划的强制性内容包括：……（三）城市建设用地。包括：规划期限内城市建设用地的发展规模，土地使用强度管制区划和相应的控制指标（建设用地面积、容积率、人口容量等）；城市各类绿地的具体布局；城市地下空间开发布局。"

许多地块在开发利用时，地下空间规划空缺，而完全放任地表土地开发人自行开发。近年来，各地在出让地表建设用地使用权时，对地表建设的规划越来越详尽，除了明确地块用途、建筑密度、建筑高度、容积率、绿地率等常规项目外，还明确学校、幼儿园、公厕、道路等基础设施配套情况，甚至连建筑的风格、外墙体的材料、投资强度等均以建设规划的形式予以明确。但是，从笔者了解的情况来看，各地很少将相应地块的地下空间开发利用情况纳入建设规划范围。相反，一些地方在出让高层建筑用地时明确"本次挂牌出让土地使用权不含地下空间建设用地使用权"。[1]这样一种地下空间规划的空白状态，必然导致地下空间开发利用的混乱，也为地下空间的有序开发增加了难度。[2]

（2）我国现行各类地下空间开发规划部门不统一。地下空间具有多种用途，除了建设开发为地下停车场、地下商场等设施外，还可以埋设地下管线、建设人防设施，或者用作地下交通设施空间。而根据我国现行各类法律法规的规定，后几类利用地下空间开发建设的设施，其建设规划分布在不同的部门。就地下人防工程规划而言，根据《人民防空法》第6、7条的规定，由各地人民防空部门负责各自地区的"人民防空工程建设规划"。因此，城市人民防空部门也成了地下空间规划编制的主体。[3]就地下管线规划而言，有些地方引入了"综合管沟"解决各类地下管线重复铺设的问题，但相关"综合管沟"的建设规划权限却被赋予了市政部门，而在有些地方，煤气、水、电、电信等各类地下管线的埋设事项仍处于各自为政阶段，各公用事业单位自行埋设各自的地下管线设施，这些情况加剧了地下空间开发规划的混乱。就地下交通设施（如地铁建设）而言，许多地方均是由交通部门主持编制地下铁路建设规划，虽然形式上也要求其编制的交通规划应当与城市整体规划相配套，而且要将相关地下交通规划上报给城市规划部门，但由于地下交通规划具有专业性，而相关城市规划部门缺少必备的专业人才，故地下交通规划编制实

---

〔1〕《宜昌市建设用地使用权出让公告——宜土网挂（2014）45-49号》，载 http://www.yclr. gov. cn/art/2014/6/19/art_ 27046_ 538963. html，最后访问日期：2017年9月6日。

〔2〕 参见吕翾："国土空间立体化开发中的权属界定及管理"，载《法学》2020年第6期，第160页。

〔3〕 参见李传斌、潘丽珍、马培娟："城市地下空间开发利用规划编制方法的探索——以青岛为例"，载《现代城市研究》2008年第3期，第20页。

际上是由各地交通部门所主导。而交通部门对城市整体规划（尤其是地下空间规划）缺少足够了解，相应地，地下交通规划和城市整体规划、城市地下空间开发规划之间的脱节、冲突也就难以避免了。"各个系统独立地开发利用把地下空间弄得支离破碎，在一些地区甚至连地下空间的管理部门都不清楚地下有什么，给管理及后续发展带来了极大的难度与障碍。"[1]针对各类地下空间开发活动，相关部门设置了相应的建设规划要求，其目的本是协调地上、地下空间一体化建设，防止出现重复建设、利益冲突的现象。但是，由于各类地下空间开发规划制定主体不一，相关项目规划之间的重叠和冲突自然难以避免。

（3）地下空间专项规划落实不到位。目前，虽然有些地方编制了地下空间开发建设专项规划，但是地下空间开发专项规划并非"法定"规划项目，换言之，地下空间开发规划并没有法律强制约束力。依据我国相关法律法规，城市建设项目实际流程是：城市总体规划—控制性详细规划—修建性详细规划。其中，"城市总体规划"由地方规划部门制定后报相关上级批准[2]；"控制性详细规划"由地方规划部门根据"城市总体规划"制定[3]；"修建性详细规划"（建设工程设计方案）由开发建设单位负责编制；开发建设单位编制的"修建性详细规划"（建设工程设计方案）经地方规划部门批准，核发"建设工程规划许可证"[4]。实践中，"城市总体规划""控制性详细规划"多遗漏对地下空间开发的规划内容，而"地下空间开发专项规划"又缺少强制约束性，加之各地一般也极少规定地下空间开发"建设工程规划许可证"的申请、核发[5]程序。由此造成的后果是，建设单位就地上部分的建设开发一般会严格依据各类规划的约束，而就地下部分的建设开发，往往具有很大的自主权。有的建设单位基于建设成本和经济效益的考虑，在完成人防工程建设量后，可能自行决定不再进一步进行地下空间开发建设；有的建设单位出于某些因素，从自身利益出发，也可能自主增加地下空间开发工程量，而具体范围和数量，由于缺少规划约束，具有相当大的自由空间。但是，不

---

〔1〕 李微、陈志龙、郭东军："国外城市地下空间规划借鉴——以赫尔辛基为例"，载《国际城市规划》2016 年第 3 期，第 123 页。

〔2〕 参见《城乡规划法》第 14 条、第 15 条。

〔3〕 参见《城乡规划法》第 19 条、第 20 条。

〔4〕 参见《城乡规划法》第 40 条。

〔5〕 参见林坚、黄菲、赵星烁："加快地下空间利用立法，提高城市可持续发展能力"，载《城市规划》2015 年第 3 期，第 26 页。

论何种情况，由于缺少整体性地下空间开发规划约束，在地上建设工程和地下建设工程相互衔接，以及地下建设工程的地面出入口设置、通风、采光、互连互通等方面，均仰赖于开发建设单位的"自我设计""自我安排"，其科学性、整体性必然会大打折扣。[1]

二、完善我国地下空间开发规划法制建设的几点建议

我国目前各地地下空间开发法律法规均十分重视地下空间开发规划的编制问题。在各类规范性文件中，均专章规定了地下空间规划的相关内容，此外，有些地方还出台了专门的地下空间规划类地方性规范，如《天津市地下空间规划管理条例》等。这些规范性文件对我国地下空间开发规划的编制进行了有益尝试，也取得了一些经验，但也仍然存在一些不足。在此，我们将对我国地下空间开发规划法制建设提出如下几点建议：

（1）制定地下空间开发规划时，应当建立开放、包容的多方沟通和协商机制，实现社会公共利益和私人财产利益衡平发展。城市规划是对城市建设开发的整体规模、方式、程度的通盘设计，是为了实现城市的有序发展，维护社会健康、可持续运行。可以说，是为了谋求社会公共利益。但是，我们也要看到，城市规划所调整的各地块的各个建设项目直接牵涉到各个建设单位以及相关利害关系人的现实利益，考虑到不动产价值，其中的利益数额往往是巨大的。城市地下空间开发规划制定过程中，极易出现地下空间开发的社会公共利益和私人财产利益之间的冲突。随着当代中国社会尊重私人权益意识的强化，恐再也不能延续过去"公共利益高于一切"的传统观念，而应当充分尊重私人权益，在此基础上实现私人利益和社会公共利益的兼容与并包。即便为了社会公共利益必须牺牲私人财产利益，也应当通过适当的机制予以充分的沟通，以求得到相关权利人及利害关系人的谅解，在一定情况下还应当予以适当的补偿、救济。考虑到地下空间开发所具有的土地空间狭小、受地质因素影响巨大、建设工程具有不可逆性等特点，地下空间开发规划更应当采取开放、包容的机制，尽可能倾听各方声音，反映各方诉求，兼顾各方利益。[2]

---

〔1〕 参见翁锦程："基于存量开发的地下空间控制性详细规划的思考"，载《城市发展研究》2016 年第 1 期，第 65~66 页。

〔2〕 参见于文悫、顾新："从规划许可困境看地下空间规划组织与编制"，载《城市规划》2015 年第 5 期，第 67 页。

我国制定地下空间开发规划时，也应当改变过去由政府单方面制定，相关建设单位和利害关系人单纯服从、执行的"自上而下模式"，而应当在制定规划之初就多听取各方意见，既要面向未来，做好城市发展的远期谋划，也要面对现实，结合城市发展的历史现状；既要贯彻上级领导城市发展理念，也要咨询城市规划专家，更要倾听土地权利人和利害关系人的切身需求。具体而言，应当在地下空间开发规划制定方式上建立一整套制度予以保障，如在地下空间开发规划制定主体上，除了政府、专家外，还应当保证有土地权利人和利害关系人的参加；如在地下空间开发规划制定原则上，应当贯彻尊重私人合法权益，衡平兼顾社会公共利益和私人财产利益；如在地下空间开发规划制定程序上，应当建立一整套信息公开、异议反馈、质询听证制度。只有这样，才可以形成政府统筹、市场协作、专家咨询、公共参与相结合的地下空间开发规划制定工作模式。这样制定出来的地下空间开发规划才可以保证其科学性、公正性，以及可实施性。

（2）增加地下空间开发规划编制的强制性，将地下空间开发规划纳入控制性详细规划编制范畴。[1]一方面，为了改变过去地下空间规划编制约束性不强的问题，许多地方明确规定，应当编制地下空间开发专项规划，且要纳入城市总体规划范畴。明确地下空间规划是总体规划的组成部分，所有总体规划均应包含地下空间规划内容。如《上海市地下空间规划建设条例》第9条等，对此均有明确的强制性规定。另一方面，为了改变过去地下空间规划停留在总体规划层面，无法落实的现象，许多地方明确要求编制"地下空间开发控制性详细规划"，且相关内容必须和地下空间开发总体规划相一致，以此真正使地下空间开发有序进行。如《天津市地下空间规划管理条例》第8条等，对此均有明确规定。

（3）进一步增加地下空间开发重点地区的规划强度。如前所述，实践中，地下空间开发主要集中于城市，特别是城市中心区域，这些区域不仅是商业中心、交通枢纽，也是市政设施、市政管网集中的地区，地下开发密集度高，往往是牵一发动全身，因此，有必要对这些地下空间开发的重点区域实施综合性、整体性规划，绝不能放任各种地下开发行为各自进行，否则必然导致

---

[1] 参见翁锦程："基于存量开发的地下空间控制性详细规划的思考"，载《城市发展研究》2016年第1期，第66页。

这些区域地下空间开发状况的混乱。有鉴于此,许多地方对地下空间开发重点地区提高了规划强度,细化了规划内容,以此确保重点地区地下空间的有序开发。如在上海市,对于重点地区,控制性详细规划需要明确地下交通设施之间、地下交通设施与相邻地下公共场所的连通要求,还需要明确地下空间的开发范围、开发深度、使用性质,明确建筑量控制要求、使用性质、出入口位置和连通方式等内容(参见《上海市地下空间规划建设条例》第10条)。在天津市,《天津市地下空间规划管理条例》第9条亦有类似规范。

(4)区分地下空间规划指标类型,保持地下空间规划体系的适度弹性。地下空间开发虽然应当由规划部门对整个城市地下空间进行整体性、统筹性设计,但也不应当过于刻板、机械,完全否定建设单位对地下空间开发的自主决定权。考虑到规划部门自身对地块信息了解的程度,以及行政管理部门规划设计出发点的差异,允许建设单位在地下空间开发过程中根据实际情况和自身需求保留一定的自主设计权也是完全符合社会实际需求的。规划部门没有必要,也没有可能把地下空间开发过程中的所有要素均予以完全固化。因此,规划部门对地下空间的开发规划可以被区分为"强制性指标"和"指导性指标"两类。根据学者研究,地下空间规划强制性指标包括:地下使用功能、地下用地边界、地下开发面积、地下容积率、地下建筑密度、地下建筑退界、地下停车泊位、地下公共连通道、地下人行过街设施、地下公共停车场停车泊位与控制范围、地下轨道交通设施控制范围、地下道路控制范围、市政综合管廊控制范围、地下空间禁止开口处、地下防灾设施级别与规模等。地下空间规划指导性指标包括:地下开发深度与层数、地下建筑层高、竖向标高、地下公共开放空间、下沉广场及地下公厕等其他环境与设施配套要求。[1]上述强制性指标和指导性指标内涵也不是固定不变的,需要结合具体地块进行适度的调整和转换。如"地下人行过街设施"指标,考虑到人流量、交通安全、建造成本等多方面因素,在城市商业中心、交通主干道区域,其应当作为一个强制性地下空间规划指标,然对于一般城市区域而言,该指标可以设计为指导性地下空间规划指标。

---

〔1〕 参见沈雷洪:"城市地下空间控规体系与编制探讨",载《城市规划》2016年第7期,第20页。

此外，即便对于强制性地下空间开发规划指标，也可以采取"指标限制"的方法，即采用"上限指标"和"下限指标"的方式。所谓上限指标是指，地下空间开发规划仅规定地下空间开发程度指标的上限，而对下限没有限制，可以由建设单位根据自身情况和地块情况自主决定。如地下容积率、地下建筑密度、地下开发面积等指标，可以"上限指标"形式出现，在不突破上限的情况下，由建设单位自主决定。所谓下限指标是指，地下空间开发规划仅规定地下空间开发程度指标的下限，而对上限没有限制，可以由建设单位根据自身情况和地块情况自主决定。如建筑退界、地下（公共）停车泊位、地下公共连通道的数量等指标，可以"下限指标"形式出现，在满足下限的情况下，由建设单位自主选择。上述"指标限制"措施可以在很大程度上保持地下空间开发规划体系的弹性，结合具体地块和建设单位情况，赋予适度的自由裁量空间。

（5）针对重点地区的地下空间开发，政府深度参与工程的设计与建设，确保地下空间开发规划的全面落实。实践中，政府对相关地区地下空间开发建设有完整的规划目标，制定了相应的地下空间开发总体规划，以及控制性详细规划。从政府规划管理层面而言，相关工作其实已经完成。但实际操作中存在的问题是，地下空间开发整体规划和控制性详细规划都是对一定范围的区域的整体规划，而该区域内实际从事建设开发的往往是多个独立的建设项目。[1]这些建设项目隶属于不同的业主，从事地下空间开发建设时，往往是各自独立设计、独立施工。依据目前的建设工程施工步骤，各建设单位需要依据相应地区的控制性详细规划，结合本单位的工程需求，制定修建性详细规划或者工程设计方案，并报城市规划部门审批。然而，各建设单位制定的修建性详细规划或工程设计方案是否能够切实贯彻地下空间开发总体规划、控制性详细规划？是否能够真正实现地下空间的整体性、集约性开发？是否能够真正实现地下工程和配套设施的协同开发、协同利用？实践中，虽然规划部门对各建设单位拟定的各工程修建性详细规划或者工程设计方案会进行审核，但一方面，纸面审查和实际建设之间往往存在较大差距，在许多情况下，各建设单位最终实施建设的地下空间工程可能和政府规划的要求存在较

---

〔1〕　参见吕翾："国土空间立体化开发中的权属界定及管理"，载《法学》2020年第6期，第166页。

大差距；另一方面，地下空间开发总体规划和控制性详细规划覆盖众多建设工程，其贯彻实施需要各建设工程单位之间的通力协作和相互配合，而各建设单位由于利益各异、信息不畅、标准不一等原因，往往难以形成合力，相互配合，共同落实政府所制定的上述地下空间开发总体规划和控制性详细规划。同时，地下空间开发建设具有不可逆性，一旦建成，很难再进行重建、改建。因此，在上海市，"以往有些集中开发区域，虽然在控制性详细规划中有明确的地下空间规划要求，但由于设计环节未予落实而未能实施"。[1]

有鉴于此，上海市针对重点地区的地下空间开发建设，进一步加强了政府的介入程度，除了制定地下空间总体规划和控制性详细规划外，还进一步参与区域内各项建设工程的实际设计，甚至施工。通过这样的方法，可以确保相应区域内的地下空间开发建设状况和政府预先规划保持高度一致，以此实现地下空间开发的良好效果。上海市针对特定重点地区的地下空间开发建设，除了强化规划约束力度外，还引入了"强制性整体设计、建设"制度。具体包括两种模式：①整体设计、分别建设。即对特定重点地区的地下空间的各项建设工程设计方案进行整体设计、整体平衡、整体审批，而后再由各建设单位按照规划部门批准的整体性工程建设方案分别实施各项建设工程。②整体设计、统一建设。即由特定重点地区的相关政府或授权单位对该区域内的各项地下空间建设工程进行整体设计、统一施工，而后再将已经建成的各地下空间建设工程分别出让或划拨给各使用单位。上述整体设计、整体施工的方式可以确保特定区域内各项地下工程对地下空间总体规划、控制性详细规划的有效落实，进而有力保障地下空间各项开发建设活动的有序开展。如上海市世界博览会期间，针对 A 片区、B 片区以及虹桥商务区等地下空间集中开发区域进行了上述"强制性整体设计、建设模式"的探索试点，取得了良好的社会经济效果。[2]

---

〔1〕 参见庄少勤（时任上海市规划和国土资源管理局局长）：《关于〈上海市地下空间规划建设管理条例（草案）〉的说明》，2013 年 9 月 17 日在上海市第十四届人民代表大会常务委员会第七次会议上讲话。

〔2〕 庄少勤（时任上海市规划和国土资源管理局局长）：《关于〈上海市地下空间规划建设管理条例（草案）〉的说明》，2013 年 9 月 17 日在上海市第十四届人民代表大会常务委员会第七次会议上讲话。

第五节 我国地下空间开发勘测、调查法制建设

地下空间的地质状况对于地下空间开发建设具有极其重要的影响。一方面，地下空间地质情况会直接影响到地下空间开发能否顺利开展。在一些特殊的地质地形区域，相应的地下空间极难开发，即便建设，也需要增加巨额的建造成本。[1]另一方面，地下空间开发建设也将对地下地质条件产生影响，如果缺少事先的规划和设计，往往会对地块的地下地质构造、地质安全产生负面影响。[2]此外，地下空间建设对地下水环境也存在影响，地下水环境的适宜与否直接决定着相应区域地下空间开发的可行性。[3]

世界上发达国家和地区在地下空间开发建设过程中，对地下空间开发前的勘测、调查制度十分重视。例如，在英国，在进行地下空间开发之初，需要根据地下空间的地质勘测、调查情况，就地下空间开发对于已有建筑、结构稳定性、地质条件、周边影响、交通影响、环境影响、水文地质的影响进行评估。[4]在芬兰，首都赫尔辛基已经基本完成了对地下空间地质情况的勘测，摸清了相关岩石性质、构造，对适合的地下空间开发深度作出了预估。[5]

然而，我国目前的法律、行政法规等对地下空间的前期勘测、调查制度还缺少系统性的规定。其主要表现在：一方面，相关调查、评估进行得不够；另一方面，相关调查、评估机构的权威性不足。[6]针对这一现状，我国也有学者提出了批评：在缺少前期地下空间勘测、调查的情况下，根本"无从提

---

〔1〕 参见刘桂禄、杨浪："城市地下空间开发利用特征及限制因素初探"，载《城市规划学刊》2010年第S1期，第108页。

〔2〕 参见刘桂禄、杨浪："城市地下空间开发利用特征及限制因素初探"，载《城市规划学刊》2010年第S1期，第108页。

〔3〕 参见刘桂禄、杨浪："城市地下空间开发利用特征及限制因素初探"，载《城市规划学刊》2010年第S1期，第108页。

〔4〕 参见杨滔、赵星烁："英国地下空间规划管理经验借鉴"，载《城乡治理与规划改革——2014中国城市规划年会论文集》，第3~7页。

〔5〕 参见李微、陈志龙、郭东军："国外城市地下空间规划借鉴——以赫尔辛基为例"，载《国际城市规划》2016年第3期，第122页。

〔6〕 参见林坚、黄菲、赵星烁："加快地下空间利用立法，提高城市可持续发展能力"，载《城市规划》2015年第3期，第26页。

出规划条件"。[1]

我们认为，我国地下空间开发建设中的前期勘测、调查制度应当包括两方面的内容：

（1）地下空间开发规划制定前的勘测、调查制度。规划部门在拟定地下空间开发建设规划前，应当对相应地区的地下空间的地质情况、现有开发情况等进行详细的勘测、调查。就地下空间的地质情况而言，考虑到国土部门具有专业技术能力，应当由国土部门进行相应地区的地下空间地质情况调查，以确定相应的岩层情况、地下水情况、应力结构情况等，并在此基础上编制相应地区的土地利用规划。建设规划部门应当根据国土部门所调查的地质情况，以及土地利用规划，拟定相应的地下空间开发总体规划，以及控制性详细规划。就地下空间现有开发情况而言，规划部门应当收集人防、市政、地铁、水电气公用事业单位等已经建成的地下空间开发信息。这些地下空间现有开发情况信息最好能够借助于"地下空间开发建设信息档案系统"进行汇交，这样可以便利规划部门全面、及时、准确地了解相关情况。

对于地下空间开发建设规划制定前，规划部门需要收集相关的信息，我国目前地下空间开发规范性文件也已经有所涉及。如根据《天津市地下空间规划管理条例》第10条的规定，编制地下空间规划，应当对地下空间建筑基础、人防设施、地下交通、各类管线、各类水井、地源热泵等情况进行事先的勘测、调查。但是，现有的规定还较为笼统，具体调查内容并不明确，而且缺少足够的法律强制力。这些问题还需要在今后不断修改、完善。

（2）地下空间开发建设前勘测、调查制度。除了规划部门制定地下空间开发规划前需要对相关地下空间地质情况以及现有开发情况进行勘测、调查外，建设单位在具体设计建设方案，拟定修建性控制规划，实际进行建设开发时，也需要对相关地块的地下空间开发利用情况进行勘察、调查。建设单位要实际从事地下空间的开发建设，因此对于地下空间开发建设过程中的相关情况必须进行预先的勘测、调查、评估，以做到事先了解情况，以备不时之需。当然，考虑到建设单位的专业技术能力，其不可能大规模地亲自进行相关地块地下空间的地质情况、现有开发情况的勘测、调查。其既不具备相

---

[1] 参见罗秀兰："高层建筑之地下空间权利冲突探析——兼论对结建地下空间开发的规制与激励"，载《中国土地科学》2015年第5期，第74页。

关的调查能力（如进行地质调查的专业技能），也不具备相关的调查权力（如进入某些场所进行实地勘测）。所以，建设单位在地下空间开发建设前的勘测、调查工作主要是既有资料的收集、复核、标注责任。如收集有关地下空间地质情况信息、地下市政管道信息、地下人防设施信息等等，并在需要的情况下对相关信息进行实地复勘、标注，以确保地下空间开发建设过程的顺利进行。

对于地下空间开发建设前，建设单位收集、调查相关信息的问题，我国目前的地下空间开发建设规范性文件也有所涉及，如《武汉市地下空间开发利用管理暂行规定》第17条规定："地下空间开发利用项目建设单位应当全面调查登记该项目地面、地下及周边现有建（构）筑物、市政设施、地下管网、人防工程、文物、古树名木、公园绿地等，采取有效措施，确保安全。建筑单位应当制订应对可能造成损坏或者重大影响的应急预案和预防措施，并在施工过程中进行动态监测。"但是，上述规定在有些地方还需要进一步完善。如前所述，考虑到建设单位的实际能力，这里应当明确建设单位收集、调查相关地下空间开发利用信息主要应当是既有现存资料的收集义务，而仅在必要的情况下方才承担实际勘测、调查责任。我们不能简单地、笼统地赋予建设单位勘测、调查义务。否则，既超出了建设单位的实际能力，不具有可操作性，而且据此追究建设单位的相关法律责任，也有欠公允。

参考文献

著作类

1. ［德］卡尔·拉伦茨：《德国民法通论》，王晓晔等译，法律出版社 2004 年版。

2. ［俄］E. A. 苏哈诺夫主编：《俄罗斯民法》（第 2 册），王志华、李国强译，中国政法大学出版社 2011 年版。

3. ［德］鲍尔·施蒂尔纳：《德国物权法》（上），张双根译，法律出版社 2004 年版。

4. ［韩］金东熙：《行政法Ⅱ》，赵峰译，中国人民大学出版社 2008 年版。

5. ［德］曼弗雷德·沃尔夫：《物权法》，吴越等译，法律出版社 2002 年版。

6. ［美］Richard H J.：《美国的土地利用与管制》，秦明周译，科学出版社 2004 年版。

7. ［德］哈特穆特·毛雷尔：《行政法学总论》，高家伟译，法律出版社 2000 年版。

8. ［德］汉斯·J. 沃尔夫、奥托·巴霍夫、罗尔夫·施托贝尔：《行政法》（第 2 卷），高家伟译，法律出版社 2002 年版。

9. ［法］弗朗索瓦·泰雷、菲利普·森勒尔：《法国财产法》，罗结珍译，中国法制出版社 2008 年版。

10. ［日］田山辉明：《物权法》（增订本），陆庆胜译，齐乃宽、李康民审校，法律出版社 2001 年版。

11. ［意］彼德罗·彭梵得：《罗马法教科书》，黄风译，中国政法大学出版社 1996 年版。

12. ［美］理查德·A. 爱泼斯坦：《征收——私人财产权和征用权》，李昊等译，中国人民大学出版社 2011 年版。

13. ［美］杰西·杜克米尼尔、詹姆斯·克里尔：《财产法》，中信出版社 2003 年版。

14. ［英］巴里·尼古拉斯：《罗马法概论》，黄风译，法律出版社 2000 年版。

15. 南京地铁用地物权研究课题组：《空间建设用地物权研究——南京地铁建设用地物权权属调查与土地登记》，江苏人民出版社 2015 年版。

16. 陈利顶等：《西气东输工程沿线生态系统评价与生态安全》，科学出版社 2006 年版。

17. 曾大鹏：《建筑物用益物权制度研究——以权利体系的建构为中心》，法律出版社 2009 年版。

18. 谢在全：《民法物权论》（第 5 版·上册），中国政法大学出版社 2011 年版。

19. 姚瑞光：《民法物权论》，中国政法大学出版社 2011 年版。

20. 史尚宽：《物权法论》，中国政法大学出版社 2000 年版。

21. 王泽鉴：《民法物权》（第 2 版），北京大学出版社 2010 年版。

22. 全国人大常委会法制工作委员会民法室编著：《物权法（草案）参考》，中国民主法制 出版社 2005 年版。

23. 全国人大常委会法制工作委员会民法室编：《中华人民共和国物权法条文说明、立法理 由及相关规定》，北京大学出版社 2017 年版。

24. 江平主编：《中国土地立法研究》，中国政法大学出版社 1999 年版。

25. 梁慧星主编：《中国物权法研究》，法律出版社 1998 年版。

26. 梁慧星主编：《中国民法典草案建议稿附理由——物权编》，法律出版社 2004 年版。

27. 梁慧星、陈华彬：《物权法》（第 6 版），法律出版社 2016 年版。

28. 孙宪忠：《德国当代物权法》，法律出版社 1997 年版。

29. 孙宪忠：《国有土地使用权财产法论》，中国社会科学出版社 1993 年版。

30. 孙宪忠主编：《中国物权法：原理释义和立法解读》，经济管理出版社 2008 年版。

31. 王利明主编：《中国民法典建议稿及说明》，中国法制出版社 2004 年版。

32. 王利明：《物权法研究》（第 4 版），中国人民大学出版社 2016 年版。

33. 崔建远主编：《我国物权立法难点问题研究》，清华大学出版社 2005 年版。

34. 崔建远：《物权：规范与学说——以中国物权法的解释论为中心》（下册），清华大学 出版社 2011 年版。

35. 徐国栋主编：《绿色民法典草案》，社会科学文献出版社 2004 年版。

36. 屈茂辉：《用益物权制度研究》，中国方正出版社 2005 年版。

37. 陈华彬：《我国物权立法难点问题研究》，首都经济贸易大学出版社 2014 年版。

38. 范怀俊译：《学说汇纂：物与物权》，中国政法大学出版社 1999 年版。

39. 陈朝壁：《罗马法原理》，法律出版社 2006 年版。

40. 周枏：《罗马法原论》（上册），商务印书馆 2001 年版。

41. 孟勤国：《物权二元结构论——中国物权制度的理论重构》，人民法院出版社 2002 年版。

42. 高富平：《物权法原论》（第 2 版），法律出版社 2014 年版。

43. 王卫国、王广华主编：《中国土地权利的法制建设》，中国政法大学出版社 2002 年版。

44. 温世扬、廖焕国：《物权法通论》，人民法院出版社 2005 年版。

45. 刘保玉：《物权体系论——中国物权法上的物权类型设计》，人民法院出版社 2004

年版。

46. 马俊驹、余延满：《民法原论》，法律出版社 2007 年版。

47. 朱岩、高圣平、陈鑫：《中国物权法评注》，北京大学出版社 2007 年版。

48. 李锡鹤：《民法原理论稿》（第 2 版），法律出版社 2012 年版。

49. 尹田：《物权法》（第 2 版），北京大学出版社 2017 年版。

50. 姜栋、孙建宏主编：《我国土地空间权利制度调查与研究》，中国大地出版社 2014 年版。

51. 陈祥健：《空间地上权研究》，法律出版社 2009 年版。

52. 付坚强：《土地空间权制度研究》，东南大学出版社 2014 年版。

53. 尹飞：《物权法·用益物权》，王利明审定，中国法制出版社 2005 年版。

54. 房绍坤、王洪平：《公益征收法研究》，中国人民大学出版社 2011 年版。

55. 王名扬：《法国行政法》，中国政法大学出版社 1988 年版。

56. 杨建顺：《日本行政法通论》，中国法制出版社 1998 年版。

57. 陈新民：《德国公法学基础理论》，山东人民出版社 2001 年版。

58. 史浩明、张鹏：《地役权》，中国法制出版社 2007 年版。

59. 魏秀玲：《中国地下空间使用权法律问题研究》，厦门大学出版社 2011 年版。

论文类

1. ［日］平松弘光："日本地下深层空间利用的法律问题"，陆庆胜译，载《政治与法律》2003 年第 2 期。

2. 赫磊、戴慎志、王岱霞："上海城市地下空间规模需求预测的实证研究"，载《城市规划》2018 年第 3 期。

3. 胡毅夫、梁凤："城市地下空间开发效益研究综述"，载《水文地质工程地质》2015 年第 4 期。

4. 裴亚洲、陈柏桥："经济学视角下的地下空间权的探讨"，载《生产力研究》2011 年第 4 期。

5. 翁锦程："基于存量开发的地下空间控制性详细规划的思考"，载《城市发展研究》2016 年第 1 期。

6. 刘桂禄、杨浪："城市地下空间开发利用特征及限制因素初探"，载《城市规划学刊》2010 年第 S1 期。

7. 王国萍、黄锡生："我国城市地下空间利用的立法探讨"，载《城市发展研究》2014 年第 8 期。

8. 罗秀兰："高层建筑之地下空间权利冲突探析——兼论对结建地下空间开发的规制与激励"，载《中国土地科学》2015 年第 5 期。

9. 陶钟太朗、杨遂全："论宅基地使用权的空间权塑造"，载《中国土地科学》2014 年第 6 期。

10. 贺俏毅、蔡庚洋："中小城市地下空间开发利用规划实践——以浙江省绍兴县地下空间开发利用专项规划为例"，载《规划师》2014 年第 1 期。

11. 陈本寒、谢媛："论物权法上空间权的类型与立法模式"，载《财经法学》2018 年第 3 期。

12. 马栩生："论城市地下空间权及其物权法构建"，载《法商研究》2010 年第 3 期。

13. 袁震："论农村土地承包经营权的相当所有权属性"，载《河南大学学报（社会科学版）》2016 年第 5 期。

14. 陈华彬："土地所有权理论发展之动向——以空间权法理之生成及运用为中心"，载梁慧星主编：《民商法论丛》（第 3 卷），法律出版社 1999 年版。

15. 史浩明、张鹏："论我国法律上的空间权及其类型"，载《政法论丛》2011 年第 5 期。

16. 陈耀东、罗瑞芳："我国空间权制度法治化历程与问题探究"，载《南开学报（哲学社会科学版）》2009 年第 6 期。

17. 徐生钰、朱宪辰："中国城市地下空间立法现状研究"，载《中国土地科学》2012 年第 9 期。

18. 范菽英："宁波'轨道+物业'的实践初探"，载《现代城市研究》2016 年第 8 期。

19. 陈年冰："地方土地法制对中国土地权利制度的推动与回应"，载《学习与探索》2016 年第 9 期。

20. 王贵松："行政法上不确定法律概念的具体化"，载《政治与法律》2016 年第 1 期。

21. 林坚、黄菲、赵星烁："加快地下空间利用立法，提高城市可持续发展能力"，载《城市规划》2015 年第 3 期。

22. 李微、陈志龙、郭东军："国外城市地下空间规划借鉴——以赫尔辛基为例"，载《国际城市规划》2016 年第 3 期。

23. 于文憙、顾新："从规划许可困境看地下空间规划组织与编制"，载《城市规划》2015 年第 5 期。

24. 沈雷洪："城市地下空间控规体系与编制探讨"，载《城市规划》2016 年第 7 期。

25. 杨滔、赵星烁："英国地下空间规划管理经验借鉴"，载《城乡治理与规划改革——2014 中国城市规划年会论文集》。

26. 官本仁："美国空间权制度"，载《引进与咨询》2005 年第 8 期。

27. 陈祥健："建立我国空间建设用地使用权制度若干问题的探讨"，载《政法论坛》2003 年第 1 期。

28. 王利明："空间权：一种新型的财产权利"，载《法律科学（西北政法大学学报）》2007 年第 2 期。

29. 田野："论空间权"，载《上海大学学报（社会科学版）》2002 年第 5 期。

30. 罗瑞芳、陈耀东："空间权设立与运行的典型问题分析"，载《中国房地产》2009 年第 8 期。

31. 彭诚信："我国土地公有制度对相邻权的影响"，载《法商研究（中南财经政法大学学报）》2000 年第 1 期。

32. 李开国："我国城市建设用地使用权制度的完善"，载《现代法学》2006 年第 2 期。

33. 张坚："论区分建设用地使用权"，载《中国土地科学》2015 年第 1 期。

34. 朱孟钰、庄大昌、张慧霞："2000—2015 年中国城市土地利用效率的时空演化"，载《水土保持通报》2018 年第 3 期。

35. 薄燕娜、刘植："建设用地分层使用的空间权利探讨"，载《福建论坛（人文社会科学版）》2012 年第 3 期。

36. 程昌钧、朱媛媛、胡育佳："桩基的稳定性：理论和最新进展"，载《固体力学学报》2010 年第 5 期。

37. 滕延京、李建民、李荣年："建筑地基基础耐久性设计的新理念"，载《建筑科学》2012 年第 S1 期。

38. 施建辉："建设用地分层使用权的实践考察及立法完善——以南京地铁建设为例"，载《法商研究》2016 年第 3 期。

39. 陈华彬："空间建设用地使用权探微"，载《法学》2015 年第 7 期。

40. 蔡立东、姜楠："农地三权分置的法实现"，载《中国社会科学》2017 年第 5 期。

41. 赵秀梅："土地空间权与其他权利的冲突及协调——以《物权法》第 136 条的适用为中心"，载《法律适用》2012 年第 3 期。

42. 付莹："深圳经济特区有偿使用土地制度变迁及其影响"，载《深圳大学学报（人文社会科学版）》2016 年第 4 期。

43. 张鹏、史浩明："论中国空间建设用地使用权的设立"，载《中国土地科学》2012 年第 1 期。

44. 张鹏："民法典视野下建设用地使用权分层设立制度的实施路径"，载《法学家》2020 年第 6 期。

45. 张鹏："论我国相邻空间利用关系约定制度的构建"，载《法商研究》2013 年第 1 期。

46. 王瑞："上海城市土地空间权利体系与登记研究"，载《上海国土资源》2014 年第 3 期。

47. 陈颖："地铁上盖物业合作开发模式研究"，载《财经界》2015 年第 14 期。

48. 殷秀云、张占录："论中国地下空间权利登记制度的建立"，载《中国土地科学》2010 年第 6 期。

49. 邢鸿飞："论城市地下空间权的若干问题"，载《南京社会科学》2011 年第 8 期。

50. 向明："我国不动产登记簿制度研究"，载《政治与法律》2011 年第 2 期。

51. 马栩生："论城市地下空间权的物权登记规则"，载《法学杂志》2010 年第 8 期。

52. 廖远琴："上海三维地籍宗地模型设计研究"，载《上海国土资源》2014 年第 2 期。

53. 温丰文："空间权之法理"，载《法令月刊》1988 年第 3 期。

54. 苏永钦："区分地上权的立法问题"，载《联合报》1987 年 2 月 5 日。

55. 吴珮君："区分地上权之探讨——以物权编修订草案为中心"，载《月旦法学》2001 年第 12 期。

56. 祝悫智："全球油气管道建设现状及发展趋势"，载《油气运输》2015 年第 12 期。

57. 孙宇："油气管道地下通过权的法律属性探析"，载《吉首大学学报（社会科学版）》2016 年第 6 期。

58. 刘玉杰、李明："油气长输管道征地协调及专项手续研究"，载《化工管理》2018 年第 4 期。

59. 张耀东、戚爱华："构建油气管道安全保护的长效机制——《中华人民共和国石油天然气管道保护法》述评"，载《国际石油经济》2010 年第 9 期。

60. 李成业："论管道地下通过权——一个基于解释论的分析"，载《国际石油经济》2010 年第 2 期。

61. 岳晓武："英国的管线通过权制度"，载《中国土地》2005 年第 5 期。

62. 张翔："财产权的社会义务"，载《中国社会科学》2012 年第 9 期。

63. 杜仪方："财产权限制的行政补偿判断标准"，载《法学家》2016 年第 2 期。

64. 张鹏："财产权合理限制的界限与我国公用征收制度的完善"，载《法商研究》2003 年第 4 期。

65. 何波："退耕还林过程中经济补偿问题探讨"，载《中国农业信息》2015 年第 19 期。

66. 吴明发等："基本农田保护经济补偿的经济学分析"，载《经济体制改革》2011 年第 4 期。

67. 王明远："天然气开发与土地利用：法律权利的冲突和协调"，载《清华法学》2010 年第 1 期。

68. 孙鹏、徐银波："社会变迁与地役权的现代化"，载《现代法学》2013 年第 3 期。

69. 耿卓："地役权的现代发展及其影响"，载《环球法律评论》2013 年第 6 期。

70. 雷秋玉："地役权的功能泛化与本质复归"，载《中南大学学报（社会科学版）》2015 年第 2 期。

71. 张鹏："役权的历史溯源与现代价值定位"，载梁慧星主编：《民商法论丛》（第 18 卷），香港金桥文化出版公司 2001 年版。

72. 李延荣："土地管理视角下的法定地役权研究"，载《中国土地科学》2012 年第 6 期。

73. 程雪阳："土地发展权与土地增值收益的分配"，载《法学研究》2014 年第 5 期。

74. 刘阅春："区分所有建筑物的人防工程归属论"，载《法学》2013 年第 2 期。

75. 马俊驹："国家所有权的基本理论和立法结构探讨"，载《中国法学》2011 年第 4 期。

76. 刘向辉："国防建设投资主体多元背景下的国防资产及所有权解析"，载《军事经济研究》2011 年第 6 期。

77. 史浩明、张鹏："海峡两岸空间权利设计思路之比较——以'区分地上权'和'空间建设用地使用权'为中心"，载《苏州大学学报（哲学社会科学版）》2010 年第 1 期。

78. 金鹰："人防地下车库所有权归属探析"，载《法治研究》2013 年第 9 期。

79. 房绍坤、王洪平："从财产权保障视角论我国的宪法财产权条款"，载《法律科学（西北政法大学学报）》2011 年第 2 期。

80. 任超："区分所有建筑物共有部分的界定——从实证规范和理论学说的角度展开论述"，载《河北法学》2016 年第 5 期。

81. 何红、袁国辉："《物权法》背景下房产测绘共有建筑面积测算方法及制度研究"，载《工程勘察》2014 年第 8 期。

82. 赵文聘："建筑面积与建筑物区分所有权的有效对接"，载《中国房地产》2012 年第 22 期。

83. 常鹏翱："物上之债的构造、价值和借鉴"，载《环球法律评论》2016 年第 1 期。

84. 唐勇："论按份共有的三层次私法构造——兼评《中华人民共和国物权法》的按份共有规则体系"，载《法商研究》2014 年第 5 期。

85. 马强伟："油气管道铺设中的用地问题及解决思路——从公共地役权理论到空间建设用地使用权"，载《法治研究》2017 年第 6 期。

86. 于明明、李磊："民法典物权编编纂背景下的空间权利法律制度重构"，载《广西社会科学》2019 年第 10 期。

87. 王者洁："空间地上权：一项新型用益物权的生成"，载《东北师大学报（哲学社会科学版）》2018 年第 6 期。

88. 王刚："我国建设用地分层利用制度之物权法建构"，载《甘肃政法学院学报》2013 年第 1 期。

89. 郑程元等："城市方舟———基于军民融合的新型城市地下空间设计"，载《隧道建设（中英文）》2021 年第 1 期。

90. 陈广华、庞艳杰："城市地下空间连通义务研究"，载《现代城市研究》2019 年第 4 期。

91. 崔文星："民法典视野下空间物权体系的解释论"，载《江汉论坛》2020 年第 11 期。

92. 汪洋："地下空间物权类型的再体系化——'卡-梅框架'视野下的建设用地使用权、地役权与相邻关系"，载《中外法学》2020 年第 5 期。

93. 汪洋："公共役权在我国土地空间开发中的运用：理论与实践"，载《江汉论坛》2019年第 2 期。

94. 吕翾："国土空间立体化开发中的权属界定及管理"，载《法学》2020 年第 6 期。

95. 周沛、熊文华："不动产地下空间权利界限确定方法"，载《地下空间与工程学报》2020 年第 4 期。

96. 周沛、熊文华："地铁设施不动产三维空间权利范围及确权方法"，载《城市轨道交通研究》2021 年第 1 期。

97. 程光华等："国内城市地下空间开发利用现状与发展趋势"，载《地学前缘》2019 年第 3 期。

98. 廖钰琪、许熙巍、汤岳："日本城市历史地区地下空间的适应性利用与借鉴"，载《国际城市规划》2021 年第 5 期。

99. 雷升祥等："城市地下空间开发利用现状及未来发展理念"，载《地下空间与工程学报》2019 年第 4 期。

后 记

　　对于土地空间权制度的研究，最早源于作者于 2007 年、2008 年承担的中国土地勘测规划院委托课题"城市地上地下土地权利研究"。以此为起点，围绕我国空间建设用途使用权，作者又先后承担了江苏省社科基金项目"我国城市土地地上地下空间权属及其利用研究"（08FXD015）、住房和城乡建设部科学技术项目"地下空间建设用地使用权制度研究"（2010-R3-18）、国家社科基金项目"空间建设用地使用权制度研究"（13BFX108）。多年来，围绕该主题也形成了多篇论文并发表，如《海峡两岸空间权利设计思路之比较——以"区分地上权"和"空间建设用地使用权"为中心》（《苏州大学学报（人文社科版）》2010 年第 1 期）、《论我国法律上的空间权及其类型》（《政法论丛》2011 年第 5 期）、《论中国空间建设用地使用权的设立》（《中国土地科学》2012 年第 1 期）、《论我国"相邻空间利用关系约定制度"的构建》（《法商研究》2013 年第 1 期）、《我国地下空间开发法制体系的反思与完善》（《苏州大学学报（哲社版）》2017 年第 5 期）、《论我国结建防空地下室的权利归属》（《学习与探索》2020 年第 11 期）、《民法典视野下建设用地使用权分层设立制度的实施路径》（《法学家》2020 年第 6 期）、《长输油气管道用地法律权属的中国法配置》（《中国土地科学》2021 年第 8 期）。相关成果也曾先后荣获中国法学会第十二届中国法学家论坛征文优秀奖、2018 年度国土资源部"国土资源科学技术奖"二等奖等荣誉。

　　在本课题研究过程中，得到了各方好友的大力支持和帮助，如自然资源部王亦白先生，中国国土勘测规划院姜栋女士、胡碧霞女士，上海财经大学马强伟先生，以及为相关论文编辑发表提供帮助的中国人民大学法学院高圣平先生、中国国土勘测规划院王庆日先生、《学习与探索》编辑部朱磊女士、

后　记

广东外语外贸大学法学院耿卓先生、上海政法学院康敬奎先生等，在此表示感谢，并将铭记在心！作者的研究生，刘龙、王洪伟同学对于本书的校对工作也付出大量时间，也表示感谢！

我国土地空间权制度整体上尚处于初创阶段，无论理论研究，还是实践探索，均尚不够深入，本书成果只是对于相关问题的初步研究，尚需要包括作者在内的各方面人员的进一步思考与创新。我们抛砖引玉，希望以本书出版为契机，引发各界更多关注与研究，也预祝我国土地空间权制度建设能够日趋成熟、日臻完善！

作者

2021 年 11 月 21 日